영재를 위한

# 오피스 교육론

이태욱 · 안성훈 · 박정호 · 배영권 · 남승현 지음

Education of Office

KYOWOO CO. Publishing 教友社

# 머 리 말

현 지식정보화 시대에는 정보를 효과적으로 다루는 것이 중요시 되는 시대로 정보를 수집 · 분석 · 가공할 수 있도록 도와주는 컴퓨터는 이젠 정보화 사회에 적응하기 위해 누구나 필수적으로 배워야하는 도구가 되었다.

따라서 미국 · 영국 등 세계 여러 나라들은 컴퓨터에 대한 이해와 활용의 폭을 넓히고 인재를 조기 발굴하기위해 유치원에서부터 컴퓨터를 가르치고 있다. 우리나라도 2000년부터 초등학생들에게 정보통신기술을 필수적으로 지도하고 있으며, 2006년부터는 IT인재육성을 위해 전국적으로 시 · 도 교육청을 중심으로 확대된 정보영재교육을 실시하고 있다.

이에 본 교재인 〈영재를 위한 오피스 교육론〉은 일선현장에서 정보영재를 지도하고 있는 교사와 컴퓨터의 이해 및 조작의 기초 수준을 넘어선 정보영재아동들의 컴퓨터 활용능력 신장을 위해 마련되었으며 전반적인 내용은 다양한 문제상황을 중심으로 효과적으로 정보를 처리 할 수 있는 실생활의 사례를 중심으로 구성 되었다.

따라서 1장에서는 정보영재아동들의 개념과 특징에 대한 내용으로 이루어져 있으며 2장부터는 실제로 『워드프로세서』개념과 활용을 다루고, 3장에서는 『프레젠테이션』개념과 활용을 다루고, 4장에서는 『스프레드시트』개념과 활용을 다루고 있다.

전체적인 구성이 주제별로 이루어져 있어 순차적인 학습보다는 자신이 직접 경험한 유사한 상황 또는 관심 있는 주제를 우선적으로 학습하면서 오피스를 효과적으로 이해 할 수 있다.

이 책을 만드는 과정에서 여러 가지로 바쁜 일과 속에서도 책이 나올 수 있도록 많은 격려와 훌륭한 길잡이가 되어주신 오판근 사장님 이하 출판사 관계자 여러분들께도 진심으로 고마운 마음을 전한다.

끝으로 본 교재로 공부하시는 모든 분들에게 무한한 발전과 성공이 깃들기를 기원한다.

2007. 3.

저자 일동

# 차 례

## 제 3장. 스프레드시트



## 제 4장. 프리젠테이션

영재를 위한 오피스 교육론

# 1장 정보영재

영재를 위한 오피스 교육론

# 1장 정보영재

# 01 왜 정보영재가 필요할까요?

21세기를 흔히들 지식정보화 사회라고 한다. 오늘날 우리 사회의 정보의 양이 하루가 다르게 늘어나고 있기 때문에 그렇게 일컫는다.

그런데 이런 지식정보화 사회에서는 우수한 두뇌를 지닌 인재들이 국가와 사회, 더 나아가 인류의 발전을 이끌어가고 있다.

예를 들어, 우리가 잘 아는 증기기관차는 영국의 제임스 와트가 발명하여 산업혁명을 일으키는 원동력이 되었고, 미생물학 교수 플레밍은 페니실린을 발견하여 인간의 수명을 배로 연장시켰다. 그리고 컴퓨터 분야에서는 미국의 빌게이츠가 지금 우리들이 컴퓨터를 이용할 때 많이 사용하고 있는 DOS나 WINDOW 시리즈와 같은 운영체제를 개발하여 많은 사람들이 컴퓨터를 편리하게 사용할 수 있도록 함으로써 우리 사회가 정보사회로 발전할 수 있도록 한 사람이다.

이렇게 한 사람의 영재가 한 시대와 국가의 경제적 · 사회적인 부를 창출할 수 있는 원동력이 될 뿐만 아니라 인류문명의 급속한 발전의 계기를 제공하는 것을 보면 영재교육의 중요성은 더 이상 언급하지 않아도 될 듯하다.

역사 이래 각 시대별로 요구되어졌던 '인재'의 의미에는 많은 변화가 있었다. 고대의 농경사회에서는 농사를 잘 지을 수 있도록 힘이 센 사람이 '인재'가 되었으며, 산업화의 물결이 일면서는 우수한 기술력을 가진 자가 '인재'가 되었다.

그러나 현재의 지식정보화 사회에서의 '인재'는 농경사회에서 필요로 했던 힘이 센 사람보다는 새로운 문제에 부딪쳤을 때 문제점을 발견하고, 그 문제의 해결을 위해 창의적인 사고를 하며, 창의적인 사고를 통해 얻은 아이디어를 이용하여 다양한 해결방법을 창출해 낼 수 있는 사람으로 정의된다.

세계화 사회에서는 국가와 국가 간의 협력도 많이 이루어지지만, 그 반대로 서로 치열한 경쟁을 하기도 한다. 그런 경쟁 속에서 세계 각국은 자기 나라의 발전을 위해 창의적이고 부가가치가 높은 아이디어를 생산해 낼 수 있는 최고급 두뇌를 가진 사람을 길러내는데 많은 투자를 하고 있으며 그 속에는 컴퓨터와 정보 분야에서 뛰어난 능력을 가진 사람을 길러내는 정보영재교육 또한 더욱 강조되고 있다.

우리나라의 경우에 영재교육에 관심을 갖기 시작한 것은 1970년부터 였고, 2000년 1월 영재교육진흥법이 공포되면서, 국가적 차원에서 영재교육이 실시되어 영재교육이 발전하는 계기를 마련하였다. 또한 2006년부터는 국가가 주도하여 영재교육에 대한 장기적인 계획을 수립하였으며, 향후 다양한 분야에서의 영재교육이 실시되고 확대될 것으로 기대된다.

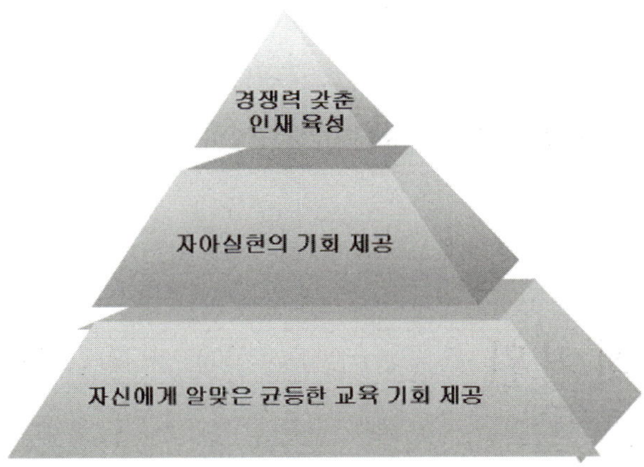


## 01 국가 · 사회적인 차원

21세기는 그야말로 무한 경쟁시대로써 고도의 창의적 두뇌를 지닌 사람을 많이 확보하고 있는 나라가 국제 경쟁 속에서 우위를 차지한다는 것이 분명해짐에 따라 우리도 우수한 고급 두뇌 발굴과 육성에 관심과 노력을 기울이지 않을 수 없다. 영재교육과 창의성 추구를 통하여 우수한 고급 두뇌를 조기에 발굴하고 육성하여 국가의 원동력이 되는 과학기술의 발전, 산업의 고도화, 경제, 안보 등 다방면에서 국가 경쟁력을 강화하고 국력을 신장시킬 수 있는 것이다(한국교육개발원, 2002). 이러한 영재교육의 필요성과 목적에 따라 최근 미국, 이스라엘, 싱가포르, 러시아 등의 국가에서는 영재교육에 많은 관심을 가지고, 국가 또는 주(지역), 대학(연구소)의 수준에서 다양한 형태의 영재교육을 실시하고 있다.

영재교육은 국가의 인재를 놓치지 않기 위해 실시되어야 한다. 우리는 매스컴에서 뛰어난 컴퓨터 실력을 지닌 학생이 은행이나 국가기관을 해킹하여 범법자로 전락하는 사례를 쉽게 찾아 볼 수 있다. 이것은 영재교육이 제대로 이루어지지 않아 우수한 두뇌를 지닌 영재아들이 사회의 질서를 파괴한 예라고 할 수 있다.

또한 국가 · 사회의 발전을 위해 영재교육은 필요하다. 특히 자원과 노동력이 부족함에도 불구하고 뛰어난 IT 산업으로 세계 11위의 경제대국의 반열에 우뚝 선 우리나라에서는 정보 분야의 영재교육에 아낌없는 투자가 요구된다. '1%의 뛰어난 인재가 99%를 먹여 살린다.' 라는 문구에서처럼 급변하는 정보화 사회에서 영재는 장차 국가경쟁력을 신장시킬 것이다.

## 02 교육적 차원

우리나라 국민은 누구나 교육기회를 균등하게 받을 수 있도록 되어 있다. 능력이 우수한 사람은 우수한 대로, 보통 사람은 보통의 수준에서 그리고 능력이 부족한 사람은 부족한 대로 각각 자신에게 알맞은 수준의 교육을 받는 것이 진정한 의미의 교육 평등인 것이다. 교육의 질적 향상은 물론 교육의 수월성은 이러한 교육 평등, 즉 자신에게 알맞은 학습 능력, 흥미, 소질에 따라 눈높이교육을 통해서 이루어질 수 있는 것이다. 다시 말해서 교육의 평등은 불리한 조건에 처해있는 사람들의 교육의 기회와 성공적인 학업 성취를 막는 장애 요인을 제거함으로써 모든 사람이 일정 수준의 능력을 갖춘 사람으로 성장할 수 있도록 해주는 동시에 개인의 능력과 부합하는 다양한 교육의 통로를 만들어 주는 것이라 할 수 있다.

## 03 개인적인 차원

개인의 입장에서 보면 사람은 누구나 타고난 소질과 재능이 다르다. 이들에게 자신의 능력과 소질에 적합한 교육을 하여 잠재 능력을 계발하고, 나아가 자아를 실현하도록 함으로써 행복을 추구할 수 있도록 해 주어야 한다.

# 02 영재의 정의

우리나라 영재교육 진흥법 제5조는 영재를 재능이 뛰어난 사람으로서 타고난 잠재력을 계발하기 위하여 특별한 교육을 필요로 하는 자로 일반지능, 특수학문 적성, 창의적 사고 능력, 예술적 능력, 신체적 능력, 기타 특별한 재능을 갖춘 자로 규정하고 있다.

그러나 영재의 정의는 시대와 학자에 따라 서로 다른 특징을 가지며, 영재의 요소 또한 각기 달랐다. 초기에는 지적 능력이 뛰어난 아이들을 영재라고 정의했다. 그러나 연구가 진행되면서 영재성에 관한 정의는 평균 이상의 능력과 이를 계발해내는 데 필요한 자극과 도전, 이를 제공해주는 환경의 중요성을 더 강조하고 있다. 즉 영재는 타고난 잠재력이 뛰어나야 함과 동시에 교육을 통해서 계발되어짐을 알 수 있다.

미국 교육부(1972)는 영재아는 우수한 능력을 가지고 있기 때문에 전문가들에 의하여 뛰어난 수행을 할 수 있을 것으로 판별된 아동이라 하였으며 이들이 자신과 사회에 기여하기 위해 일반 학교에서 정상적으로 제공되는 프로그램과는 차별되는 교육 프로그램과 서비스가 필요하다고 하였다. 그리고 영재아는 일반지능, 특수한 학업 적성, 창의적 혹은 생산적 사고, 리더십, 시각적 공연예술, 심리운동 능력 등에서 우수한 성취를 입증하였거나 그러한 성취를 할 잠재력을 지닌다고 하였다.

Terman은 지능지수(I.Q)만으로 영재아를 구별하였으며 1950년대 초까지 영재의 조건으로 지능지수와 함께 학업 성취도를 사용하였다. 그러나 지능지수와 학업성취도가 비례적인 관계가 있지 않음이 밝혀지면서 지능을 구성하는 구성요인에 관한 연구와 함께 영재성에 대한 다양한 정의가 시도되었다.

Renzulli는 실제로 사회에서 뛰어난 공헌을 한 사람들은 예외 없이 '평균 이상의 능력', '높은 창의성', '높은 과제집착력'이라는 세 가지 특성을 지니고 있다고 했다. 그는 영재가 모든 분야에서 전부 뛰어날 필요는 없지만 3가지 요소를 꼭 갖추어야 한다고 하였다.

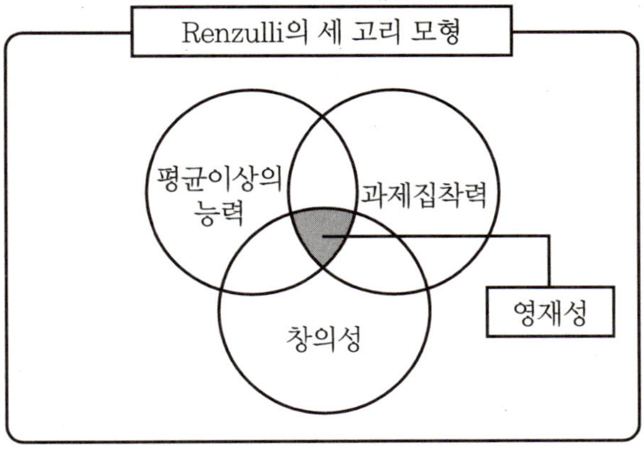


현재에는 Gardner, H의 다중지능 이론에 근거한 영재아의 정의를 수용하는 연구가 많이 진행 중이다. 다중지능이란 기존의 IQ로 대표되는 지능에서 벗어나 인간이 7가지의 서로 다른 복합적인 지능을 가지는 것을 말한다. 그 요소가 감각 언어지능, 음악적 지능, 논리 수학적 지능, 공간 지능, 신체 운동적 지능, 개인 내적 사고 지능, 개인 인간 지능으로 구성된다. Gardner, H는 이러한 7가지의 지능 분야 중 어느 한 가지 영역만이라도 뛰어나면 그 학생을 영재아라고 정의하였다.

영재성이 무엇인가에 관한 여러 학자들의 정의를 살펴본 결과 각각의 이론이 포함되거나 다루는 능력의 범위가 매우 다양하고 광범위하다는 것을 알 수 있다. 그러나 여러 학자들의 견해를 종합하여 보면, '탁월한 지능과 특정 영역에의 적성 또는 잠재력을 가졌으며, 문제 해결에 있어 흥미와 집착을 가지고 창의적인 사고를 하는 자' 를 영재라고 말할 수 있다.

# 03 정보영재의 정의

세계 여러 나라들이 지식정보화 시대에서 주도권을 차지하기 위해 인적 · 물적 인프라에 최대한의 투자를 하고 있는 시점에서 수학 · 과학 분야와 더불어 정보영역에 대한 영재교육은 시대적 요구이다.

영재의 정의와 마찬가지로 정보영재에 관해서도 학자들의 견해가 다음과 같이 분분하다.

오세균(2002)은 정보영재에 대해 '일반적 지적 능력, 컴퓨터에 대한 강한 호기심, 높은 창의력, 수학-언어적 능력, 과제 집착력의 요소에서 모두 평균이상의 특성을 소유하고 있는 사람 중에서 응용소프트웨어, 프로그래밍, 게임, 멀티미디어 등에 관심을 갖고 컴퓨터적 지각력, 일반화하는 능력, 추론능력, 새로운 상황에 대처하는 능력, 문제를 분석하고 그들 간의 관계를 파악하는 능력, 컴퓨터적 표현 능력, 적용력, 활용력이 뛰어나고 그 가능성이 있는 자' 라고 정의하였다.

나동섭(2003)에 의하면 정보영재는 '발생된 문제 또는 과제에 대하여 흥미와 관심을 갖고, 이의 해결을 위해 정보에 대한 지식과 우수한 지적 능력을 동원하여 문제를 정확히 이해하고 수학적 모델을 구성할 수 있고, 컴퓨터 또는 인터넷 등의 새로운 기술이나 지식을 보다 빠르고 유연하게 습득할 수 있는 능력과 정보 기술 활용 능력을 바탕으로 수렴적 또는 발산적 사고과정을 거쳐 과제해결에 필요한 정보를 수집하며, 또한 수집된 정보를 분석, 종합, 일반화, 특수화의 과정을 통하여 가공함으로써 문제를 해결하고, 새로운 정보를 창출해 낼 수 있는 능력을 지닌 자' 라고 하였다.

이건용, 이재호(2004)는 '주어진 문제를 파악, 이해, 분석하고 정보통신기술 활용능력을 바탕으로 새로운 정보를 수집 · 가공 · 재창출 할 수 있는 아동' 을 초등정보영재라고 정의하였다. 이 정의에서는 정보기술 활용능력을 바탕으로 새로운 정보를 창출하는 능력을 영재성으로 보았다.

이상의 다양한 견해를 종합하여 보면 정보영재는 '우수한 지적능력과 정보기술 분야에 대한 탁월한 적성을 가진 자로서, 문제해결에 있어 정보기술을 사용하여 필요한 자료를 수집 · 분석 · 가공 · 종합하여 새로운 정보를 창출하며 창의적인 문제해결 능력이 뛰어난 자' 라고 정의될 수 있다.

# 04 정보영재 아동의 특성

한국교육개발원(2005)는 다음의 지적능력과 정의적 특성 중 한 가지 이상의 능력과 특성을 보이는 사람을 정보과학 영재교육의 바람직한 대상자로 분류하였다.

〈 표 1 〉 정보과학 영재교육의 바람직한 대상자

| 구분 | 내용 |
|---|---|
| 지적능력 | • 창의적 사고가 우수한 자 |
| | • 수리 및 논리적 사고가 우수한 자 |
| | • 문제 발견 및 문제 해결력이 우수한 자 |
| | • 논리전개 능력이 우수한 자 |
| | • 관찰력 및 과학적 사고가 우수한 자 |
| | • 직관력 및 통찰력이 우수한 자 |
| | • 새로운 정보 창출 능력을 가진 자 |
| | • 높은 지적 능력을 가진 자 |
| 정의적 특성 | • 뛰어난 과제집착력 및 집중력을 가진 자 |
| | • 강한 도전의식 및 모험심을 가진 자 |
| | • 의문이 많고 지적 호기심이 매우 많은 자 |
| | • 정보과학 분야에 대한 관심과 흥미가 매우 많은 자 |
| | • 풍부한 상상력 및 자유로운 사고를 가진 자 |

일반적으로 컴퓨터에 재능이 있거나 컴퓨터의 물리적인 문제점을 잘 해결하고 응용소프트웨어를 잘 다루는 것으로 정보과학 영재로 평가하는 경향이 있다. 하지만 정보영재가 지녀야 할 특성은 위의 것을 포함하여 창의력, 과제집착력, 무한한 상상력, 호기심 등도 고려되어야 한다. 오세군(2001)은 정보과학 영재의 특성을 아래와 같이 4가지 영역으로 제시하였다.

〈 표 2 〉 정보영재아의 특성

| 구분 | 특성 |
|---|---|
| 일반적 특징 | • 조기의 뛰어난 이해력과 사물 조작 능력이 탁월함 |
| | • 기본 기능의 빠른 습득 |
| | • 올바르고 빠른 판단력 |
| | • 호기심이 많음 |
| | • 새로운 생각 또는 도전에 열정적임 |
| 소프트웨어 | • 방대한 상상력과 응용력 |
| | • 관계를 파악하는 능력 |
| | • 추측과 가설을 잘 세움 |
| 프로그래밍 | • 중요한 원리를 파악하고 일반화시키는 능력이 우수함 |
| | • 원인과 결과에 대한 통찰 |
| | • 새로운 생각과 방법을 즐김 |
| 멀티미디어 | • 무한한 상상력 |
| | • 예술적 감각이 뛰어남 |
| | • 침착하고 섬세함 |
| | • 창의적 활동이 우수함 |
| | • 사물에 관한 예리한 관찰력 |

## 05 정보영재의 판별 및 선발

영재성 판별은 창의적 잠재력이 뛰어난 아이들을 발굴하는 데 초점을 두고 있다. 영재성 판별 방법은 변화하고 있다.

지금까지 영재성은 고전적인 일반지능(general intelligence)의 개념에 의해 설명되어 왔으며 일반지능은 IQ 검사에 의해서 측정될 수 있다고 믿어왔다. 하지만 최근 영재성은 일반 지능의 개념보다 다중지능(multiple intelligence)의 개념에 의해 더 잘 설명 될 수 있다는 방향으로 인식의 전환이 이루어지고 있다.

다중지능의 개념에 의하면 인간의 지능은 분야별로 독립적으로 존재하기 때문에 지능을 측정하기 위해서는 IQ 뿐만 아니라 분야별 문제해결력이나 과제 수행 능력 등 다양한 방법으로 측정될 수 있다고 설명하고 있다. 따라서 영재성을 판별하기 위해, 과거에는 지능지수 중심의 단순 평가나 지필검사 위주의 평가를 실시했지만 최근에는 창의적 문제해결력, 비판력, 탐구력, 종합력 등 다차원적인 평가를 실시하고 있으며 지적 능력과 함께 태도, 흥미, 동기 등과 같은 정의적 영역의 평가 방법도 강조되고 있다.

| 과 거 | | 현 재 |
|---|---|---|
| 단순 기억력 측정 | | 창의적 문제해결능력 중시 |
| 지능(IQ) 중심 | | 지적능력, 과제집착력, 협동심, 태도 |
| 지적능력(지필검사) 위주 | ⟹ | 행동평가, 산출물 평가 |
| 1회성 평가로 선발 | | 다단계 평가로 선발 |
| 학교성적이 중요시 됨 | | 성적, 지능, 창의성, 행동관찰 등 |

# 01 영재성 판별의 원칙

1. 영재는 한 가지 방법만을 활용하면 그 아동의 재능을 정확히 파악하기 어렵기 때문에 다양한 방법으로 판별한다.
2. 다양한 정보를 수집하고 여러 단계에 걸쳐 판별한다.
- 영재성은 다양한 영역과 상황에서 나타나기 때문에, 다양한 검사방법 및 도구를 이용해서 폭넓은 정보를 수집하는 일이 필요하다.
- 특수영역의 영재성에 대한 정보는 교과 성적, 지능검사, 창의성검사, 인성검사, 행동관찰, 산출물 등을 통해서 관찰될 수 있다.
- 영재교육 대상자는 '추천 ⇨ 창의적 문제해결력 검사⇨ 발표, 실험, 실연 등에 대한 수행평가 및 면접⇨ 선발 및 배치' 와 같은 다단계를 거쳐 선발된다.
3. 판별 대상에 따라 적합한 판별 방법을 이용한다.
- 학생의 연령, 신체적, 정신적 특성에 따라 적합한 방법과 검사 도구를 활용한다.
  예) 읽기 능력이 부족하고 집중 시간이 짧은 저학년 학생들에게는 집단검사 보다 개인 검사를 실시한다.
4. 영재 판별은 일회적으로 끝나는 것이 아니라 지속적으로 이루어져야 한다.
- 영재성은 변화할 수 있으므로 주기적으로 검사를 실시하고, 관찰 등을 통해 지속적으로 판별해야 한다.
- 지속적인 판별 활동을 통해 수집된 자료는 영재 판별 결과의 정확성과 판별 절차의 타당성을 평가하는데 유용하게 활용된다.
5. 영재 판별은 가급적 조기에 실시하며, 나이에 따라 판별의 초점이 달라진다.
- 영재성은 조기에 나타나는 경우가 많다.
- 모든 아동들이 가지고 있는 서로 다른 재능을 가능하면 일찍 발굴하고 적합한 교육을 제공하여 능력을 최대한 발휘하도록 한다.
- 영재들 간에도 수준 차이가 나타나기 때문에 매우 뛰어난 영재를 판별하기 위해서는 충분히 높은 수준의 검사를 이용해야 한다.
6. 영재교육 대상자의 선발 절차, 기준, 방법 등은 영재교육기관별로 다를 수 있다.

• 영재교육 대상자의 선발은 각 영재교육기관별로 구성되어 있는 '영재교육대상자 선정추천심사위원회' 에서 계획하고 시행한다.

## 02 영재교육 대상자의 선발의 예

2007년 서울시교육청 영재교육 대상자의 선발 절차와 방법은 일반적으로 다음과 같다.

1. 1단계 : 교사의 관찰 결과, 학교성적, 포트폴리오, 행동체크리스트 등 학생에 관한 정보를 쉽게 얻을 수 있는 방법이나 도구를 사용하여 학생의 능력을 평가한다.

2. 2단계 : 교과 및 논리적 사고력 시험(20점), 창의적 문제해결력 시험(80점)으로 총 90분 동안 150%의 대상자를 선발한다.

### 논리적 사고력 문제의 예

☞ 다음은 이야기를 순서도로 나타낸 것이다. ㉮에 들어갈 알맞은 말은 무엇일까?

> 내일은 소풍을 가는 날이다. 선생님께서 내일 아침 8시에 비가 오지 않으면 소풍 갈 준비를 하고 비가 오면 수업 준비를 해서 학교로 오라고 말씀하셨다. 다음 날 나는 어떻게 해야 할까?

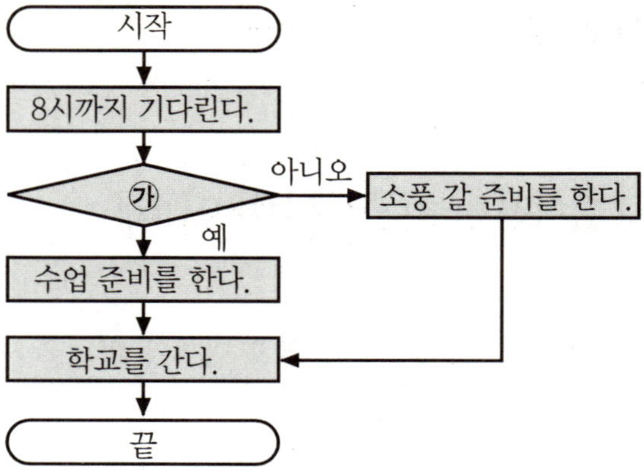


① 8시가 되었는가?　　② 8시가 되지 않았는가?

③ 비가 오지 않는가?　　④ 비가 오는가?

☞ 계속해서 어떤 도형이 와야 할까?

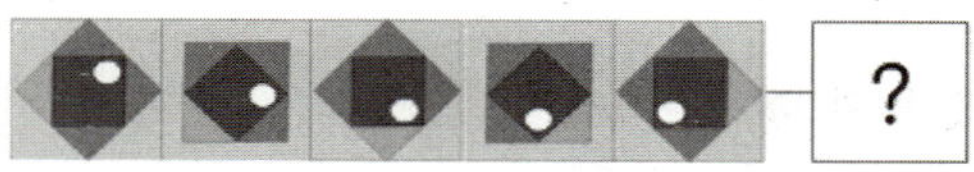


① 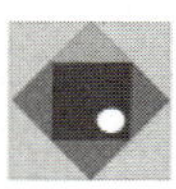　　② 

③ 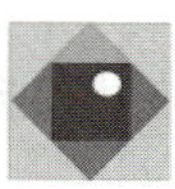　　④ 

### 창의적 문제해결력의 예

☞ 철수는 컴퓨터 판매원이 되었다. 철수는 회사가 있는 도시 (가)에서 출발하여 각 도시 (가) ~ (바)를 모두 한 번씩만 방문하면서 컴퓨터를 팔고, 다시 회사가 있는 도시 (가)로 돌아와야 한다. 사장님은 회사 차의 기름을 가장 적게 사용하고 돌아오면 큰 선물을 주겠다고 한다. 철수가 가장 적게 사용할 수 있는 기름의 양은 얼마일까?

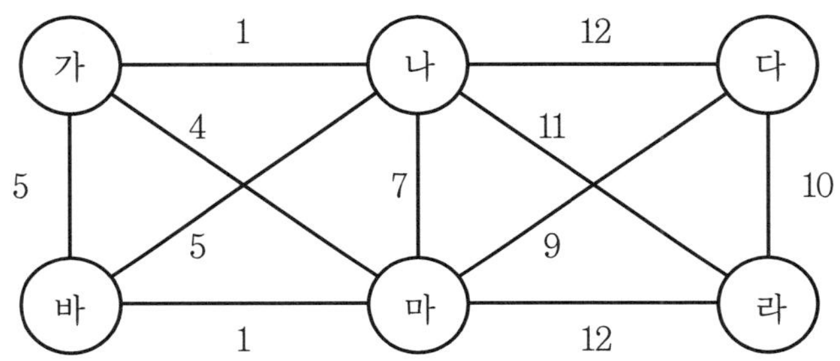


(그림에서 숫자는 도시와 도시 사이에 소비되는 기름의 양을 나타낸다.)

3. 3단계 : 심층 면접(20점)으로 개인별 5분 이내의 면접시간을 할애 받아 최종 선발하게 된다.

### 심층 면접 문항의 예

☞ 컴퓨터 하드웨어의 장치를 인간의 신체와 비교하여 설명하여라.

☞ 자판기(Vending Machine)의 정보처리과정을 논리적으로 설명하여라.

4. 4단계 : 영재교육대상자로 판별되어 교육 프로그램에 배치된 후에라도 선생님들은 지속적으로 여러분들의 정보영재성을 관찰하고 평가하게 된다.

# 06 영재교육기관 현황

국내에서 실시하고 있는 영재교육기관은 영재학급, 영재교육원, 영재학교 등의 세 가지 종류로 분류될 수 있다. 이중 영재학급과 영재교육원은 초 · 중 · 고에 해당되고 영재학교는 전문분야로 고등학생을 위한 교육체제라 할 수 있다.

### 1) 영재학교

전일제, 정규교육과정으로 운영하며, 중학생이면 지원이 가능하다. 현재 부산과학고등학교가 영재학교로 지정, 운영되고 있으며, 5~8월경에 다음 학년의 신입생을 선발한다.

### 2) 영재학급

영재학급은 초 · 중 · 고등학교에 설립되어 있으며, 지리적으로 영재교육원을 갈 수 없는 중 · 소도시 및 농어촌 지역의 학생들에게 영재교육의 기회를 제공하고, 영재를 발굴하는데 중점을 두고 있다. 수업은 방과 후, 특별활동 시간, 재량활동 시간, 또는 방학을 이용한다. 보통 1주일에 2~4시간 정도이고, 주로 수학, 과학, 정보영역 위주로 이루어지고 있다. 한 학급당 학생 수는 20명 이내이고, 교육대상자는 12~2월에 선발한다.

### 3) 영재교육원

교육청에서 운영하는 영재교육원은 방과 후, 특별활동 시간, 재량활동 시간, 주말, 방학 중에 교육을 할 수 있으며, 정규교과 시간에도 수업을 할 수 있다. 연간 수업시간은 교육청별로 다양하며 70~450시간 정도이다. 주로 12~2월 중에 영재교육 대상자를 선발한다.

### 4) 과학영재교육원

대학에 설치된 과학영재교육원은 방학 중과 주말을 이용하여 수업을 하며, 연간 100시간 이내의 수업을 한다. 학급당 15명 내외로 능력별로 반을 편성하여 운영하고 있다. 12월에 영재교육 대상자를 선발한다. 교육과정은 1년차 기초과정, 2년차 심화과정, 3년차 이상의 사사과정으로 제공된다.

# 07 영재의 교육방법

1. 영재들이 지니고 있는 다양한 수준의 잠재적 능력들을 계발시키기 위해서는 체계적인 학습모델에 따른 교수 · 학습활동을 구성하여야 하며 학습 자료는 영재들의 학습 욕구와 학습 성향에 맞추어 구성하여야 한다.

- 영재가 스스로 독립적이고 자율적으로 학습할 수 있는 능력을 길러준다.
- 관찰 및 탐구 활동 능력을 길러준다.
- 창의적, 비판적, 논리적 사고력을 신장시킨다.
- 고정된 사고방식에서 탈피하여 새로운 아이디어를 창출할 수 있도록 자극한다.

2. 교수 · 학습 전략

- 속진학습은 정규 교육과정에 포함된 학습활동과 내용을 가능한 범위 내에서 단기간에 이수하도록 함으로써 수준이 높은 상급학년의 교과내용을 학습하도록 하는 교육과정운영 방법을 말한다.
- 심화학습은 당해 학년의 정규 교육과정과 동일하지만, 학습활동면에서는 일반학급에서의 학습활동을 병행하면서 방과 후나 주말이나 방학에 영재교육 프로그램 참가, 현장견학, 개인별 프로젝트, 작품, 제작 등을 통하여 창의적 사고력을 증진시키는데 목적을 두고 있는 학습방법이다.
- 사사제도는 학교 밖에 있는 자원을 효율적으로 활용하여 학생의 실제적인 문제해결력과 적용능력을 높이려는 방법이다.

# 참고문헌


나동섭 · 이재호(2002). 정보과학영재를 위한 교육 분야 정의. 한국정보교육학회 동계 학술발표 논문집. 제 7권 1호

조석희(2004). 영재교육 백서 2004. 연구자료 RM 2004-64. 한국교육개발원

강숙희(2000). 영재 교수 · 학습 자료 개발연구 : 초 · 중등 영재학교/영재학급용
수탁연구 CR 2000-15. 한국교육개발원

오세균 · 안성진(2002). 컴퓨터 영재의 특성과 정의에 관한 연구. 한국컴퓨터교육학회 동계 학술발표 논문집. 제 7권 1호

서혜애(2003). 영재교육기관 교수 · 학습 실태연구. 한국교육개발원

김천호(2004). 정보영재 교육의 이론과 실제. 충청북도교육청

남승현(2005). 초등 정보영재의 멀티미디어 제작 교육에 관한 연구. 한국교원대학교 석사학위논문

윤성희(2005). 정보영재의 思考樣式에 따른 교수 · 학습 모형에 관한 연구. 한국교원대학교 석사학위논문

오세균(2002). 컴퓨터영재의 정의와 판별시스템. 성균관대학교 교육대학원 석사학위논문

유경미(2002). 정보과학 영재에 대한 컴퓨터 교사들의 인식에 관한 연구. 한양대학교 교육대학원 석사학위논문

나동섭(2003). 초등 정보과학영재교육을 위한 교육과정의 개발. 인천교육대학교 교육대학원 석사학위논문

이건용 · 이재호(2004). 정보과학영재를 위한 사이버 커뮤니티 활성화 방안. 한국정보교육학회 동계학술발표논문집 8(1), pp. 324-334.

미국 국립영재교육연구소 http://www.gifted.uconn.edu/nrcgt.html

영재를 위한 오피스 교육론

# 2장 워드 프로세서

01. 워드 프로세서란 무엇인가?
02. 워드 프로세서의 종류
03. 워드 프로세서의 활용

# 01 워드 프로세서란 무엇인가?

워드 프로세서란 컴퓨터를 이용하여 문서를 쉽게 작성하고 편집하기 위하여 만들어진 소프트웨어로 가정, 학교, 공공기관 그리고 회사 등 여러 곳에서 많이 활용되고 있다.

여러분들이 Windows 상에서 볼 수 있는 메모장과 같은 텍스트 편집용 프로그램과 구분하기 위해서 나온 말인데, 기존의 텍스트 편집기에 비해 사용이 쉬우며, 그림 등의 삽입이 가능하여 편집기 이상의 기능을 제공하는 프로그램이다.

워드 프로세서를 사용하여 작업하면 이미 만들어져 있는 내용을 인용한다든가, 다른 프로그램에서 만든 자료를 삽입하는 등의 일이 매우 간편하고, 문서작성 도중에 오류를 발견하면 즉시 수정할 수 있어 교정하는 시간도 단축된다. 문서를 사용한 후 이를 보관할 때에도 보관이 쉽고 적절하게 분류할 수 있는 장점도 있다.

문서작성 및 편집에 필요한 각종 기능 즉, 추가, 삭제, 변경, 문자의 선택, 글자체 선택, 문자의 크기선택, 괘선 사용 등의 기본 기능뿐 아니라 수식이나 표 만들기, 목차작성 등의 고급기능을 갖추고 있다.

다른 프로그램에서 만든 그림이나 도표를 불러와 작업할 수 있고, HTML 문서를 작성할 수도 있으며, 맞춤법 오류 체크와 전자출판 기능도 지원한다.

# 02 워드 프로세서의 종류

대표적인 워드 프로세서에는 한글, 훈민정음, 마이크로소프트 워드 등이 있다. 예전의 문서 작성 프로그램들(메모장, 워드패드 등)은 몇 가지의 글자 크기와 글자 모양을 사용하고 간단한 편집 작업만 할 수 있었다. 하지만 요즘에는 글자, 문단 등에서의 다양한 편집과 그림, 소리 등 다양한 멀티미디어 자료의 삽입이 가능하며, 전자출판이라는 높은 수준의 기능까지도 지원하고 있다.

# 03 워드 프로세서의 활용

- 가족 신문 만들기
- 친구에게 주는 상장 만들기
- 세계 지도 그리기
- 우리 학교 약도 그리기
- 편지 쓰기
- 패션 명함 만들기
- 역할극 대본 만들기

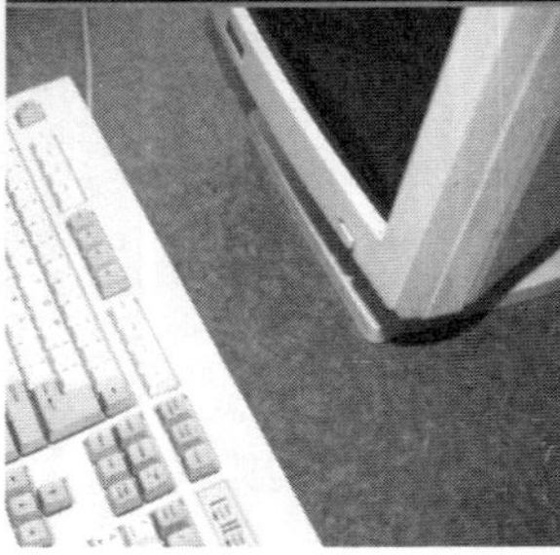

# 가족 신문 만들기

다단나누기, 머리말/꼬리말 넣기

## 01 무슨 일인가요?

즐거운 여름 방학이 시작되었다. 방학 동안 친구들과 즐겁게 놀기도 하고, 학원을 다니면서 미술과 피아노와 바둑을 배우고, 가족과 함께 여행을 다니면서 보람찬 시간을 보내고 있다. 이제 개학까지는 일주일 정도가 남았는데, 한 가지 걱정거리가 있다.

그렇다!! 바로 방학 숙제가 문제인 것이다.

다른 숙제들은 그럭저럭 거의 다 했는데, '가족 신문 만들기' 는 아직 손도 대지 못하고 있다. 가족 신문을 만들기 위해서는 어떤 자료들이 필요할까? 지금부터 가족들과 의논해 보면서 조금씩 만들어 보도록 하자.

## 02 이것만은 꼭!

- ⊙ 표현하고 싶은 주제를 선정하여 가족 신문을 구상할 수 있다.
- ⊙ 가족 신문을 만들기 위해 필요한 기능을 알고 한글 2005를 이용하여 가족 신문을 만들 수 있다.
- ⊙ 다단 나누기, 표 만들기, 머리말/꼬리말 넣기 등을 문서에 적용할 수 있다.

# 03 미리 알아보아요

### 1) 가족 신문 만들기

① 신문 제목 정하기 : 가족 회의를 통해 가족의 특성을 잘 나타내고 가족 전원이 마음에 드는 제목으로 결정한다.

② 신문 주제(섹션) 정하기 : 가족 회의를 통해 정기적인 주제와 부정기 주제를 구분하여 신문의 주제를 결정한 후, 각자의 흥미와 관심에 따라 담당자를 결정한다.

③ 취재, 기사 작성 : 사진과 인터뷰를 포함해서 취재할 내용, 방법을 결정한다. 취재한 기사는 문서 편집기에서 한 번 작성해 본 후, 오타도 검사하고 어색한 문장 또한, 잘못된 부분은 없는지 확인한다.

④ 기사 순서 정하기 : 편집회의를 통해 기사를 선정하고 기사 순서를 결정한다.

⑤ 신문 제작/발행 : 선정된 사진과 기사로 신문을 제작하고 배포한다. 인터넷을 통하여 E-mail 등으로 친척이나 친구들에게 보내 줄 수도 있다.

### 2) 다단

신문이나 회보, 찾아보기 등을 만들 때 읽기 쉽도록 한 쪽을 여러 개의 단으로 나누는 기능이다. 다단을 사용하면 문서가 정돈되어 보이는 효과가 있고, 보다 많은 내용을 한눈에 볼 수 있다. 각 단의 너비가 서로 다른 단을 만들 수도 있고, 한 쪽 안에서 단 수가 다른 단을 만들 수도 있다.

### 3) 머리말/꼬리말

한 쪽(페이지)의 맨 위와 아래에 한두 줄의 내용이 쪽마다 고정적으로 반복되는 것이 있는데, 이것을 [머리말]과 [꼬리말]이라고 한다. 머리말과 꼬리말에는 보통 책의 제목, 그 장의 제목, 쪽 번호 등을 넣는다.

### 4) 각주

본문 내용에 대한 보충 자료를 구체적으로 제시하거나, 인용한 자료의 출처 등을 밝히는 주석을 "각주"형식으로 만든다.

각주 번호를 매긴 본문 쪽(페이지)의 아래에 각주 내용이 놓인다. 각주 번호의 종류나 내용을 배열하는 방법 등은 [입력-주석-각주/미주 모양]에서 지정한다.

각주와 달리 현재 구역의 맨 끝 부분이나 문서의 맨 끝 부분에 주석을 넣는 것을 "미주"라고 한다. 각주/미주 변환을 이용하여 현재 파일에 들어 있는 모든 [각주]를 [미주]로 바꾸고, [미주]는 [각주]로 바꿀 수 있다. 또한 [각주]와 [미주]를 서로 맞바꿀 수도 있다.

### 5) 그림 넣기/그리기

[그림넣기]는 한글에서 그림을 그리는 기능이 아니라 미리 준비된 그림 파일을 커서 위치에 삽입하는 기능이다. 그림을 넣을 때는 그림 파일 전체를 넣을 수도 있고, 일부분만 잘라 넣을 수도 있다. 또한 그림을 확대하거나 축소하여 넣을 수도 있으며, 그림의 테두리와 그림 효과 여부도 그때그때 설정/해제할 수 있다.

# 04 무엇을 할까요?

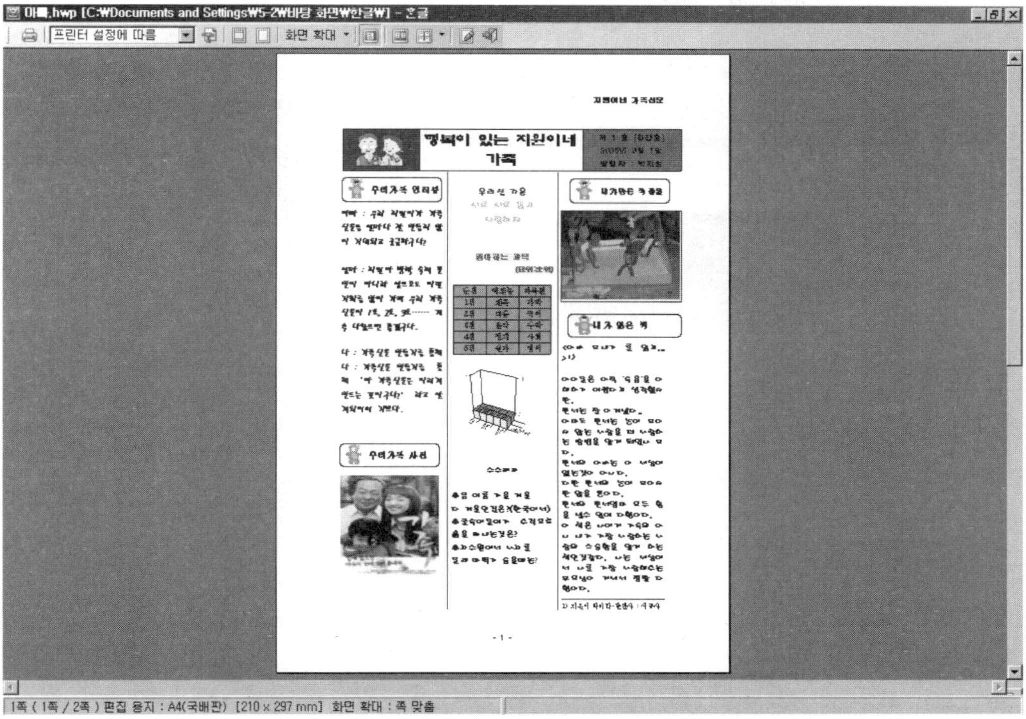

# 05 함께 만들어 보아요

## 1) 표 만들고 제목 입력하기

① [표 만들기]에서 줄 수 1, 칸 수 3을 선택하여 다음과 같은 표를 만든다.

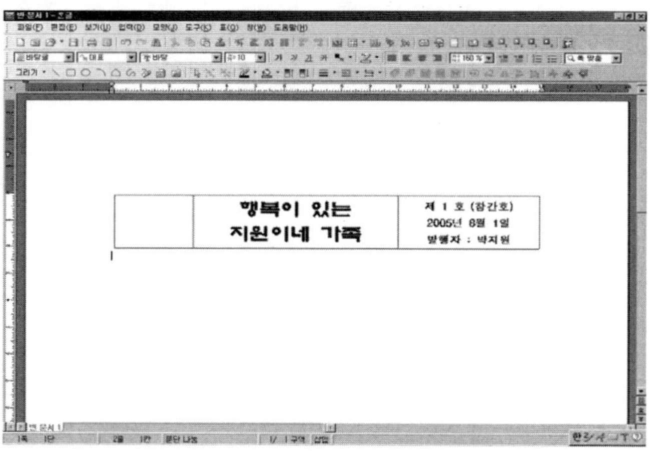


② 왼쪽과 같이 셀에 제목과 이름을 입력한다.

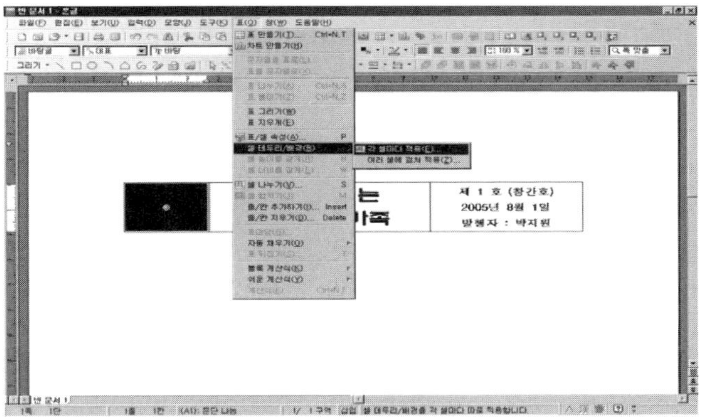


③ [표]-[셀 테두리/배경]-[각 셀마다 적용]을 선택한다.

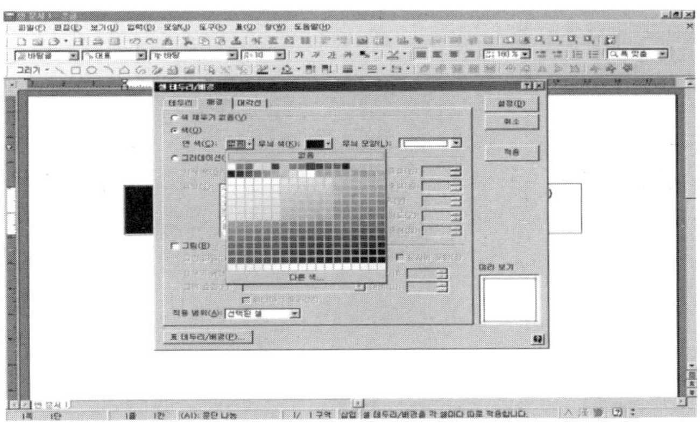

④ 셀을 블록으로 선택한 후, [배경]탭을 누르고, '색-면색'에서 원하는 색을 선택한다.

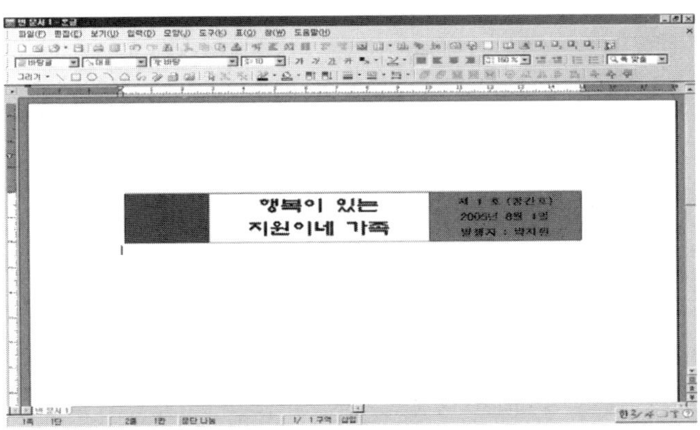


⑤ 다른 한쪽의 셀도 '색-면색'에서 원하는 색을 선택하여 왼쪽과 같이 만든다.

## 2) 그리기 마당에서 그림 입력하기

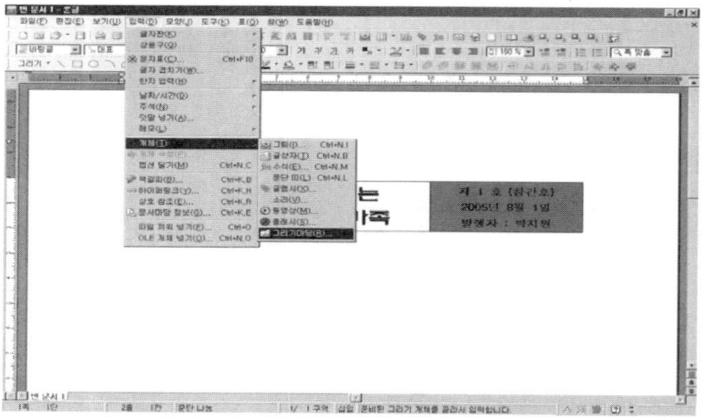

⑥ [입력]-[개체]-[그리기마당]을 선택한다.

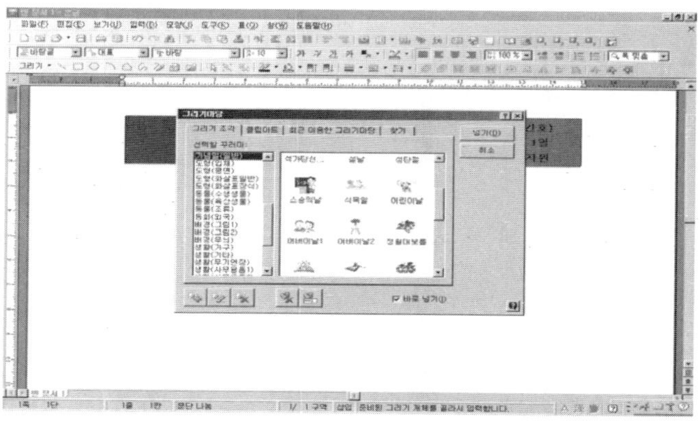

⑦ [그리기 마당]탭으로 가서 [그리기 조각]에서 어울리는 그림을 클릭한 후, 넣기를 클릭한다.

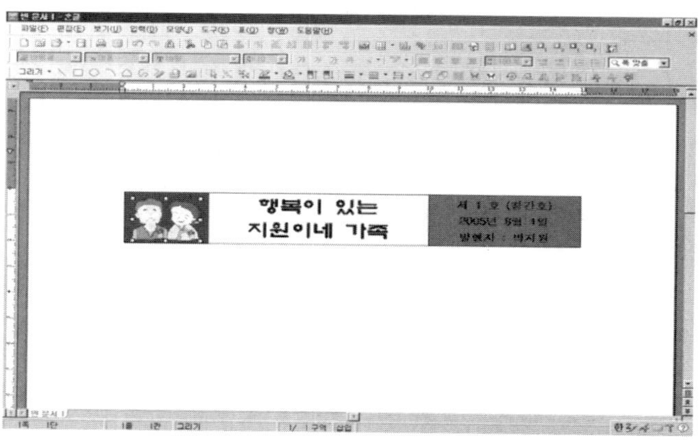


⑧ 마우스를 셀에 대고 끌기를 통하여 크기와 위치를 조절하여 그림을 입력한다.

### 3) 다단

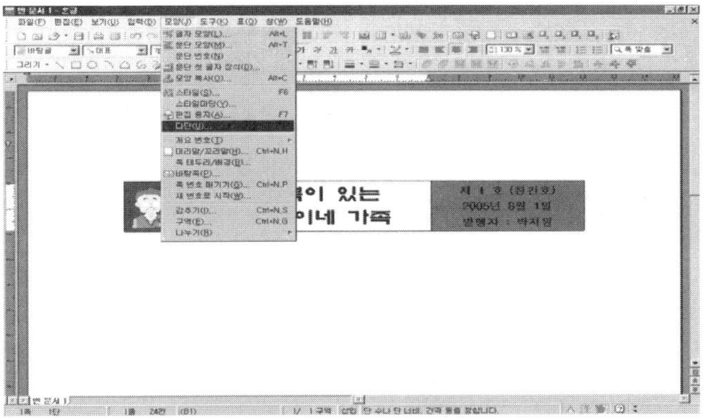

⑨ [모양]-[다단]을 클릭한다.

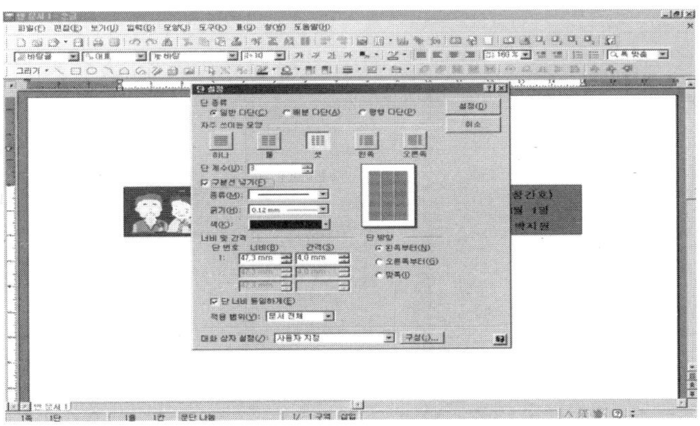

⑩ 단 개수를 3개로 설정하고, '구분선 넣기'에 체크를 하여 단 구분선이 표시되도록 한다. 선의 색깔을 선택할 수 있고, 단의 너비와 간격을 조절할 수 있다.

### 4) 주제별 제목 만들기

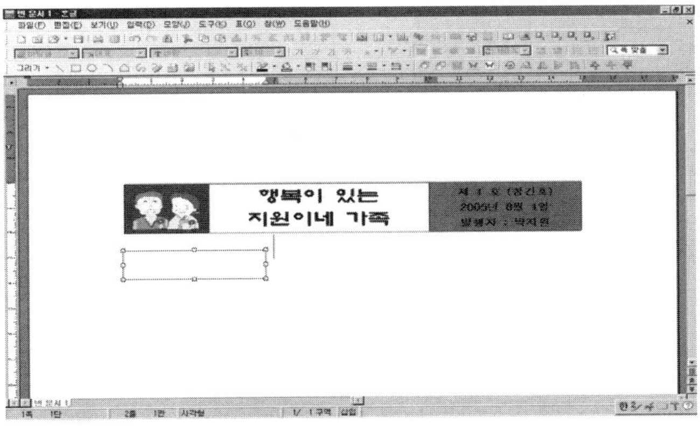


⑪ 그리기 도구 상자에서 '직사각형 그리기'를 선택하여 작은 사각형을 그린다.

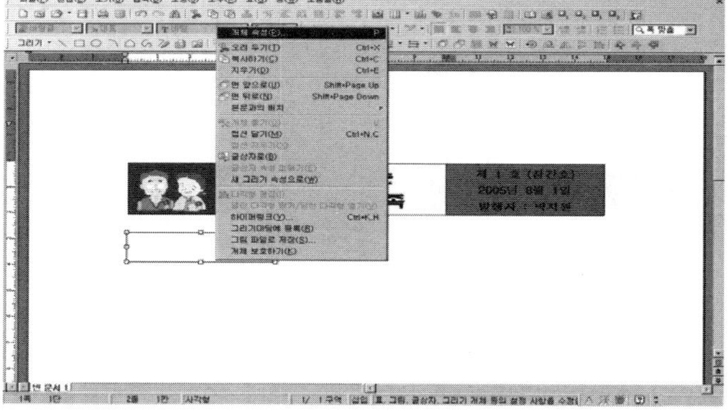

⑫ 사각형을 선택한 후, 마우스 오른쪽 버튼을 눌러 '개체 속성'을 클릭한다.

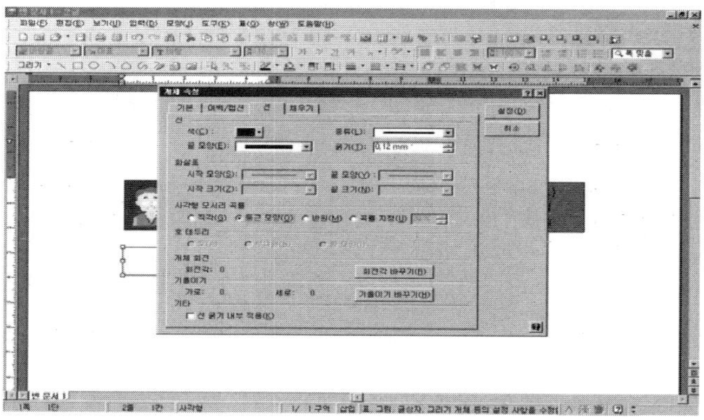

⑬ 사각형의 개체 속성에서 선 탭을 선택하여 '사각형 모서리 곡률'을 둥근 모양으로 선택한다.

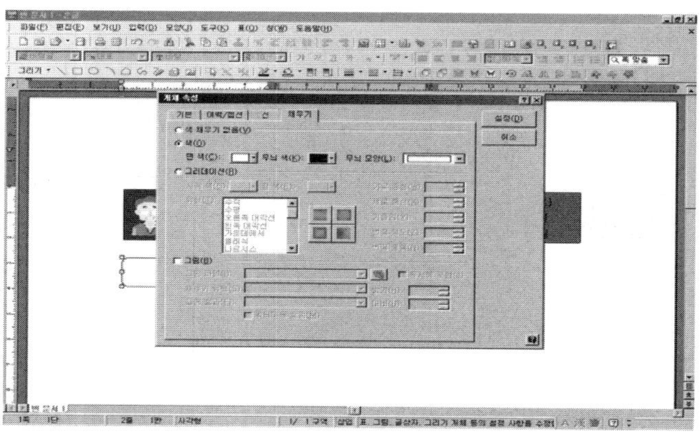

⑭ 채우기 탭에서 면색을 원하는 색으로 지정한다.

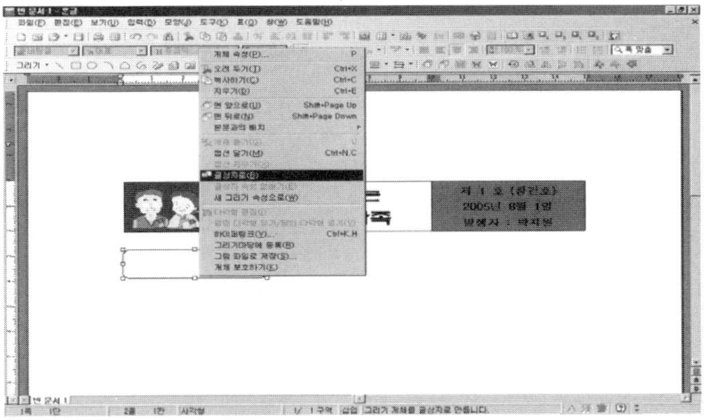

⑮ 사각형을 선택한 상태에서 마우스 오른쪽을 클릭하여 나오는 팝업창에서 '글상자' 를 선택하면 사각형에 글씨를 쓸 수 있게 된다.

⑯ 그리기 마당에서 원하는 그림을 선택하여 넣어주고 주제명을 글상자에 입력한다.

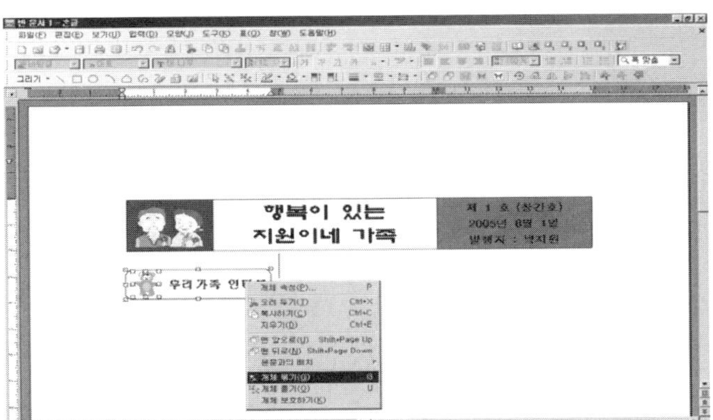


⑰ 그림을 마우스로 클릭하고 shift키를 누른 채로 글상자를 다시 클릭하여 그림과 글상자를 모두 선택한 후 마우스 오른쪽을 클릭하여 나오는 팝업 창에서 '개체 묶기' 를 선택한다.

## 5) 그림 파일 넣기

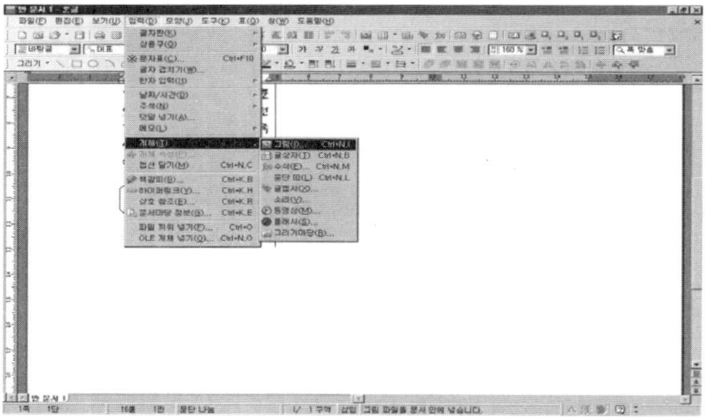

⑱ [입력]-[개체]-[그림]을 선택한다. 그림 넣기 창에서 가족사진이 있는 위치에서 그림 파일을 선택하여 '열기'를 클릭한다.

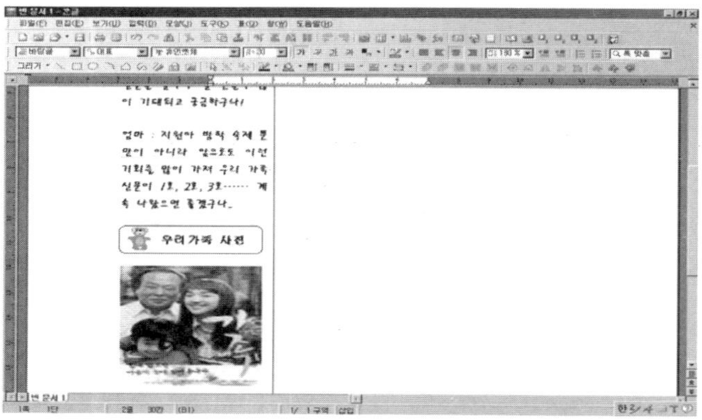

⑲ 원하는 크기 만큼 마우스로 드래그 해서 크기를 조절해서 신문에 넣는다.

## 6) 그림에 테두리 넣기

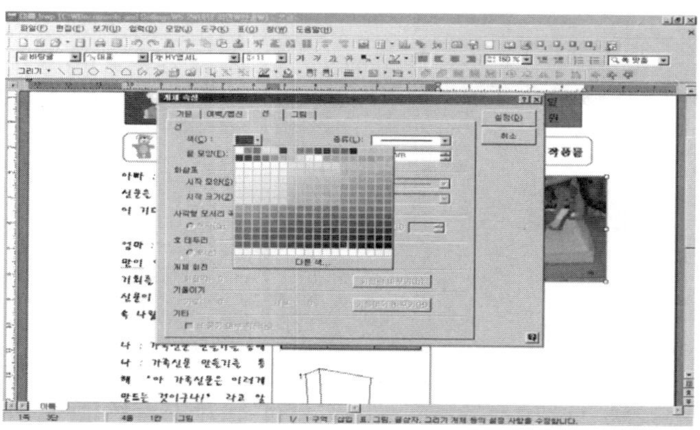

⑳ 그림파일로 삽입한 그림을 선택하여 개체 속성 창을 연다. '선' 탭에서 선의 색과 종류를 원하는 것을 선택하고 '설정' 을 클릭한다.

## 7) 각주 넣기

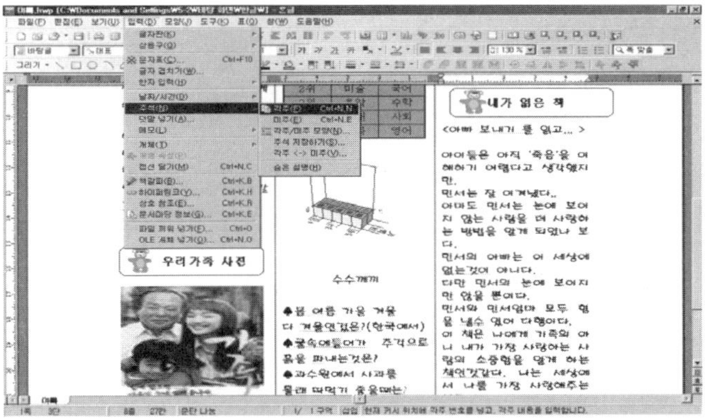

㉑ 각주를 넣을 곳에 마우스 커서를 놓고 [입력]-[주석]-[각주]를 선택한다.

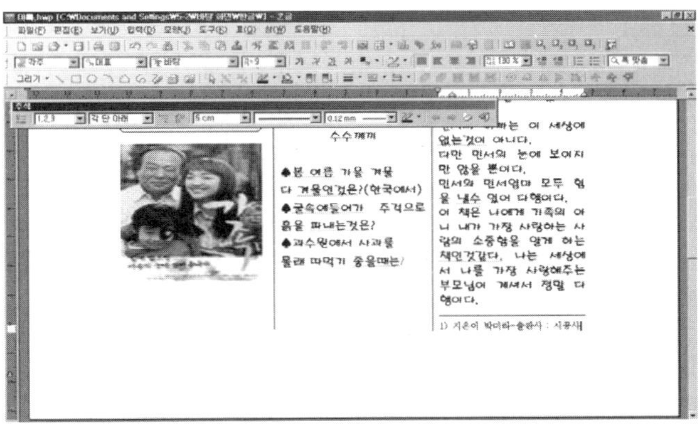

㉒ 커서가 깜빡거리는 화면 아래쪽에 각주의 내용을 입력한다.

## 8) 머리말/꼬리말 넣기

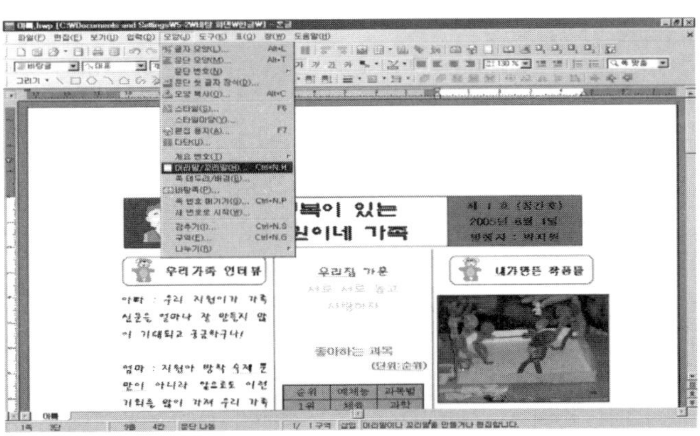

㉓ [모양]-[머리말/꼬리말]을 선택한다.

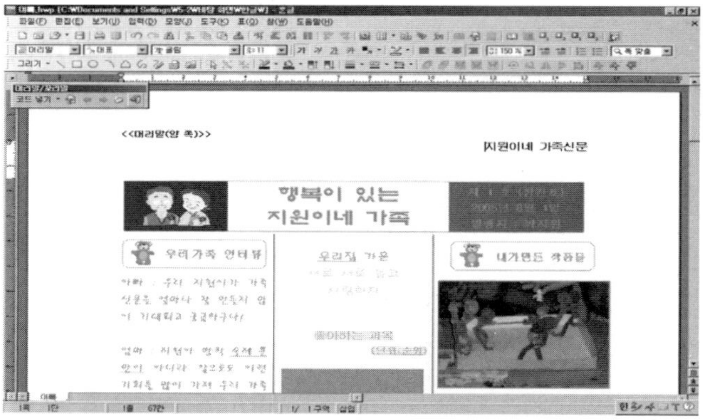

㉔ 왼쪽과 같은 '머리말/꼬리말' 입력 창이 나오면 내용을 입력한 후, '닫기' 버튼을 클릭하면 본문으로 돌아간다.

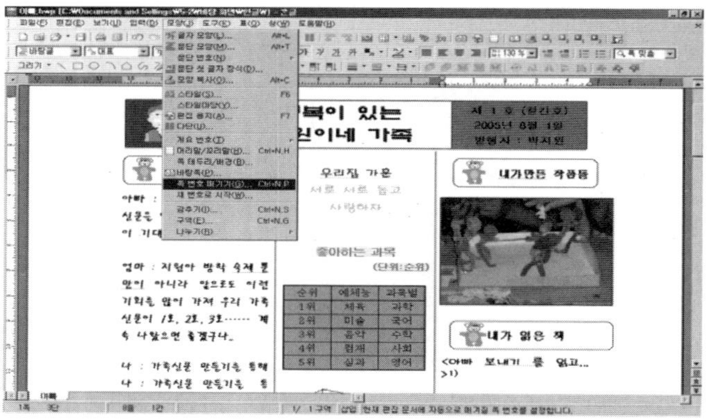

㉕ [모양]-[쪽번호 매기기]를 선택한다.

## 7) 각주 넣기

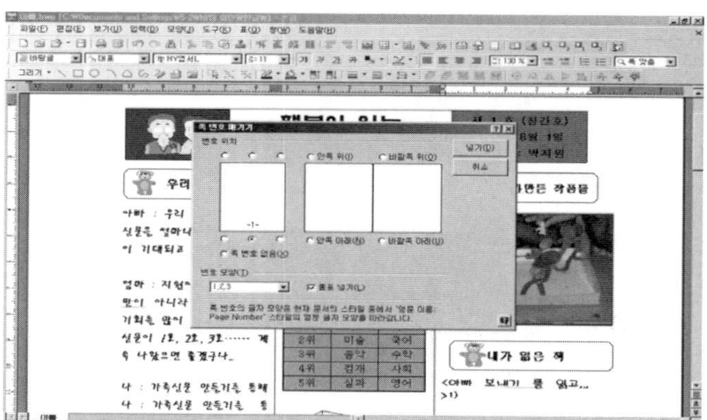

㉖ '쪽번호 위치'와 '번호 모양'을 선택하여 '넣기'를 클릭한다.

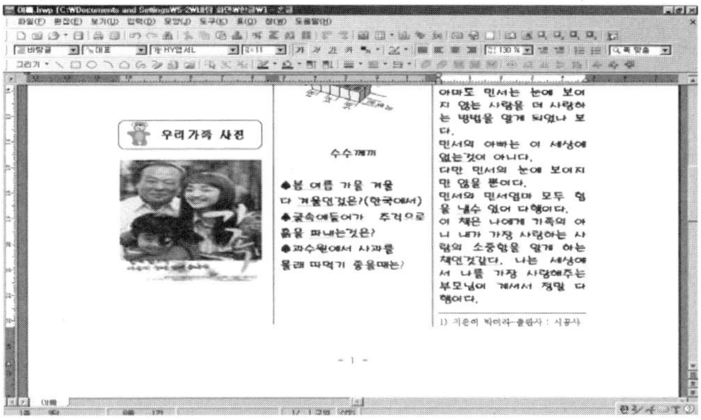


㉗ 왼쪽과 같은 '쪽번호'가 화면 아래에 생성된다.

메 모

# 친구에게 주는 상장 만들기

메일 머지 및 그리기 마당

## 01 무슨 일인가요?

길동이네 반에서는 각자의 친구들의 장점을 찾아 칭찬하기로 하였다. 길동이는 친한 친구인 철수를 칭찬하기로 하였다. 철수는 평소에 책을 많이 읽기 때문에 길동이는 철수에게 '독서왕' 이라 이름 붙이고 친구에게 상을 주어 칭찬하기로 하였다.

## 02 이것만은 꼭!

⊙ 메일머지를 활용하여 상장을 만들 수 있다.

⊙ 그리기 마당을 이용하여 그림을 그릴 수 있다.

## 03 미리 알아보아요

### 1) 메일 머지

① 메일 머지를 하기 위해서는 "내용문 파일(form letter file)"과 "데이터 파일(data file)"이 필요하다.

② 내용문 파일 : 내용문(form letter)파일은 메일 머지 되어 나올 내용에서 공통적

으로 들어갈 본문 내용을 적은 파일이다. [메일 머지 표시 달기]를 할 때, 데이터 파일로 "한글 파일"을 쓸 때는 필드 번호를, DBF 파일을 쓸 때는 필드 번호나 필드 이름을 입력한다. 윈도우의 주소록은 [주소록] 탭에서 필드 이름을 선택한다.

③ 데이터 파일 : 데이터 파일(data file)은 내용문(form letter file)에 대입 될 개인별 이름이나 주소 등을 담고 있는 파일이다. 한/글에서 메일 머지에 쓸 수 있는 데이터 파일은 윈도우의 "주소록"과 "한/글 파일(*.HWP)", "DBF파일(*.DBF)" 중에서 선택할 수 있다.

④ 제한 : 한/글 파일을 데이터 파일로 사용할 경우에는 각 레코드의 항목(필드) 개수는 빈 항목(줄)을 넣어서라도 일정하게 맞추어 놓아야 한다. 또한 내용문 파일이나 데이터  파일에서 하나의 항목(필드)이 한 줄을 넘지 않도록 입력하는 것이 좋다. 한 줄을 넘게 입력하더라도 메일 머지의 결과는 데이터 파일의 한 항목(필드)을 하나의 글자처럼 간주하고 문단 정렬을 하므로, 하나의 필드 내용이 줄 끝에서 분리되지 않는다.

⑤ 관련 기능 : 메일 머지 표시달기, 자료 종류, 출력 방향, 인쇄, 미리 보기, 보내기, 메일머지 만들기, 메일 머지 결과를 라벨로 인쇄하기

## 2) 그리기 마당

많이 쓰이는 개체를 미리 만들어 등록해 놓고, 필요할 때마다 등록된 개체를 가져다 원하는 그림을 쉽고 빠르게 그리는 방식을 말한다. 그리기마당에 들어 있는 하나하나의 그리기 파일(*.drt)들을 [그리기 조각]이라고 한다. 그리고 같은 종류의 그리기 조각끼리 한 곳에 모아 놓은 것을 [그리기마당 꾸러미]라고 한다.

한/글은 다양한 그리기마당의 그리기 조각과 클립아트 그림을 제공한다. 따라서 그림을 그리는데 들어가는 많은 시간과 노력을 절약하여 멋진 그림을 쉽고 빠르게 그릴 수 있다.

# 04 무엇을 할까요?

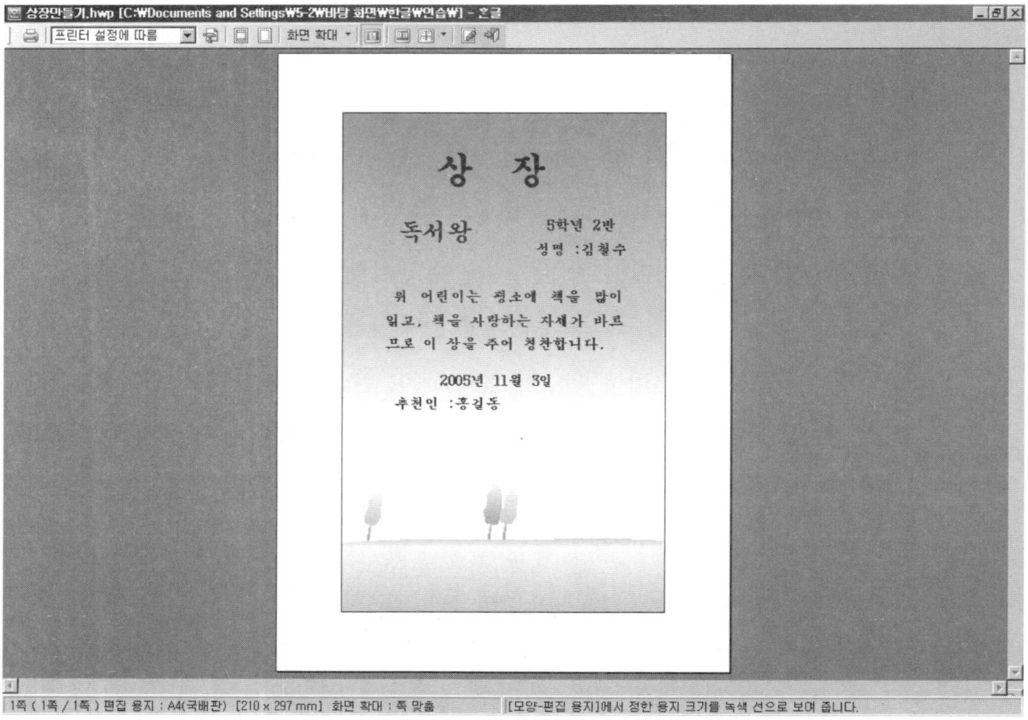
상장만들기.hwp [C:₩Documents and Settings₩5-2₩바탕 화면₩한글₩연습₩] - 흔글
프린터 설정에 따름
화면 확대
상 장
독서왕
5학년 2반
성명 :김철수
위 어린이는 평소에 책을 많이 읽고, 책을 사랑하는 자세가 바르므로 이 상을 주어 칭찬합니다.
2005년 11월 3일
추천인 :홍길동
1쪽 ( 1쪽 / 1쪽 ) 편집 용지 : A4(국배판) [210 x 297 mm] 화면 확대 : 쪽 맞춤
[모양-편집 용지]에서 정한 용지 크기를 녹색 선으로 보여 줍니다.

# 05 함께 만들어 보아요

## 1) 상장 양식 만들기

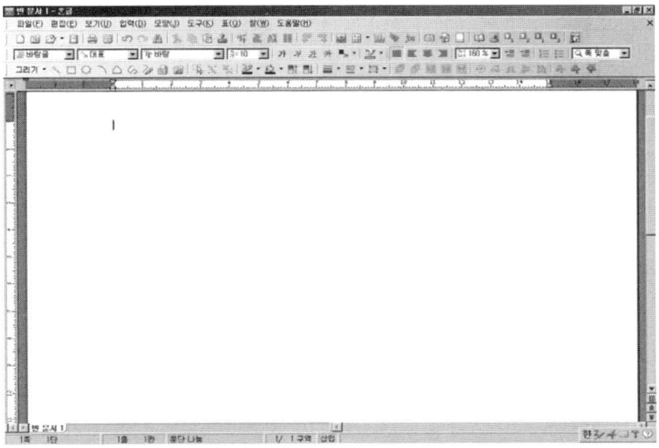

① [파일]-[새 글]을 실행하여 새로운 빈 문서창을 하나 만든다.

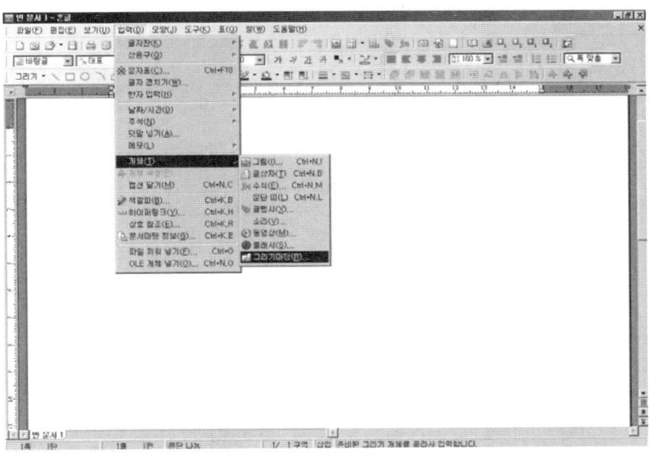

② [입력]-[개체]-[그리기마당]을 실행한다.

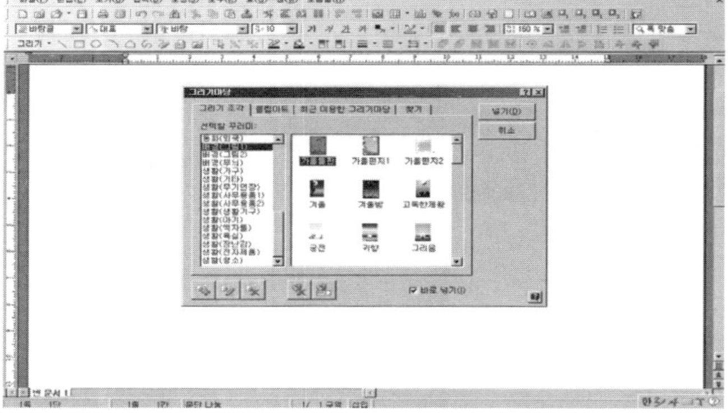

③ [그리기마당]대화 상자가 나타나면 [그리기 조각]탭을 선택한다.

④ [배경그림1 꾸러미]-[기다림]-[넣기]를 선택한 후, 마우스 끌기로 크기와 위치를 결정한다.

## 2) 내용문 작성하기

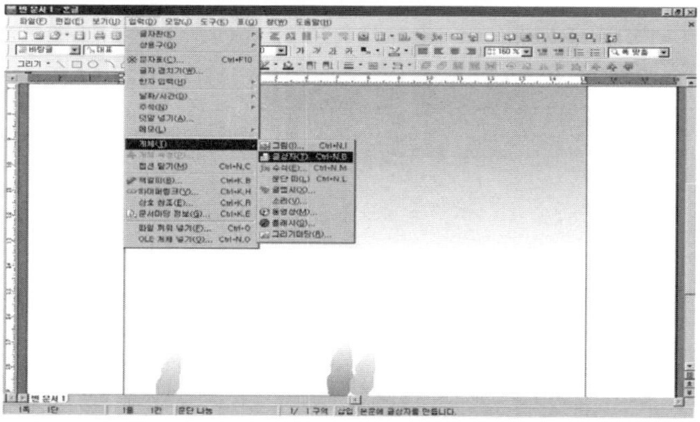

⑤ [입력]-[개체]-[글상자]를 클릭한다.

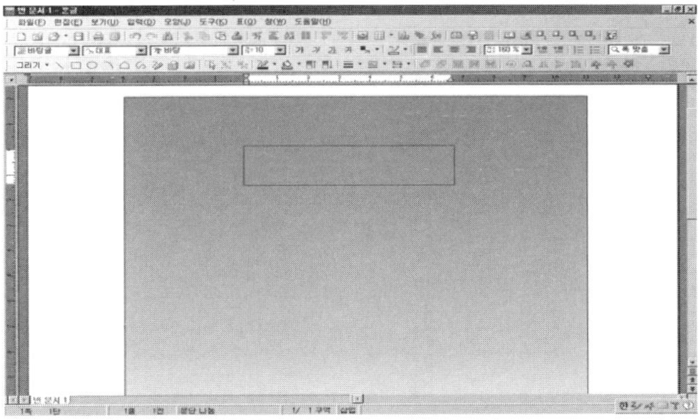

⑥ 글상자를 적절한 위치에 끌어다 놓는다.

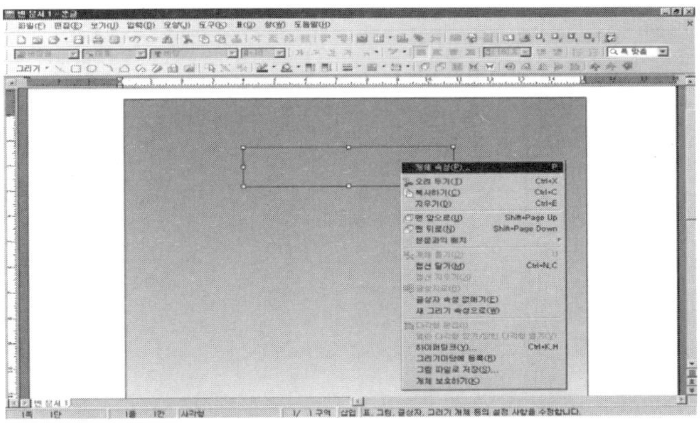

⑦ 글상자를 선택하고, 마우스 오른쪽 버튼을 눌러 '개체 속성' 을 클릭한다.

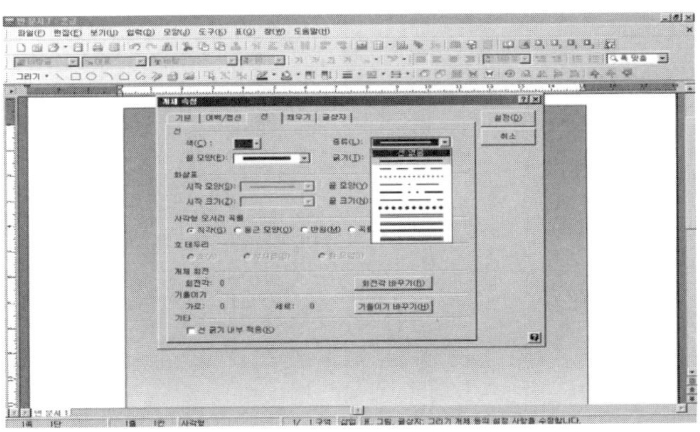

⑧ '선' 탭으로 이동하여 '선의 종류' 를 '선 없음' 으로 선택한다.

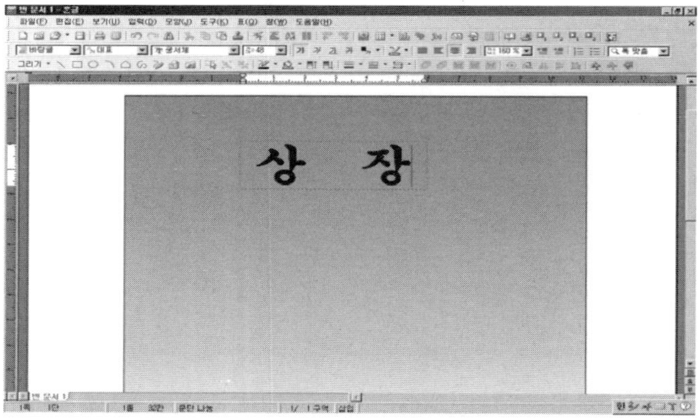


⑨ 글상자 안에 '상장' 이라고 입력한다.

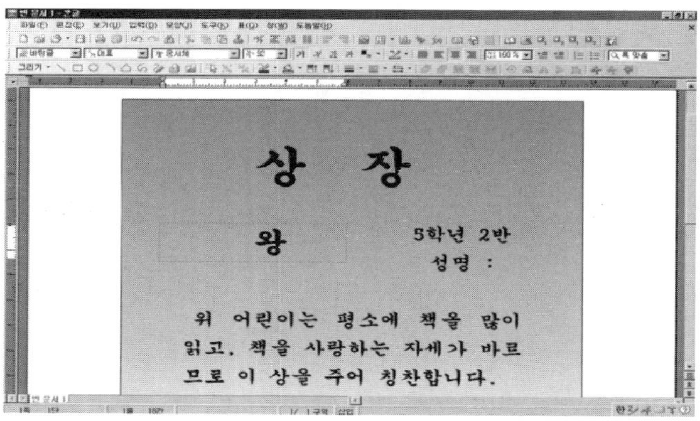


⑩ 같은 방법으로 내용문 파일을 완성한다.

### 3) 메일머지 표시달기

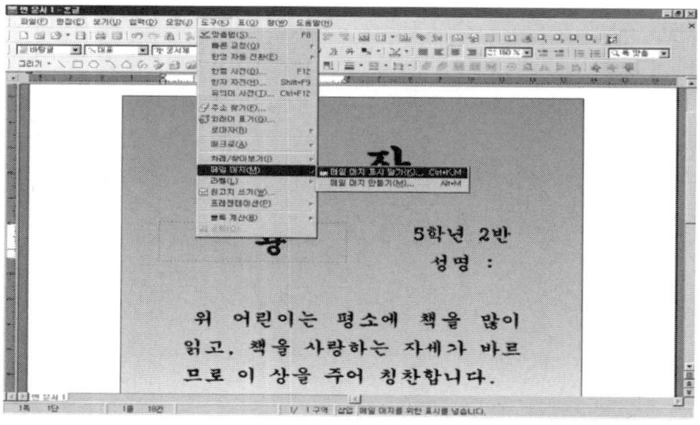


⑪ 내용문 파일을 작성하면서, 데이터 파일을 삽입할 곳에 [도구]-[메일 머지]-[메일 머지 표시 달기]를 실행한다.

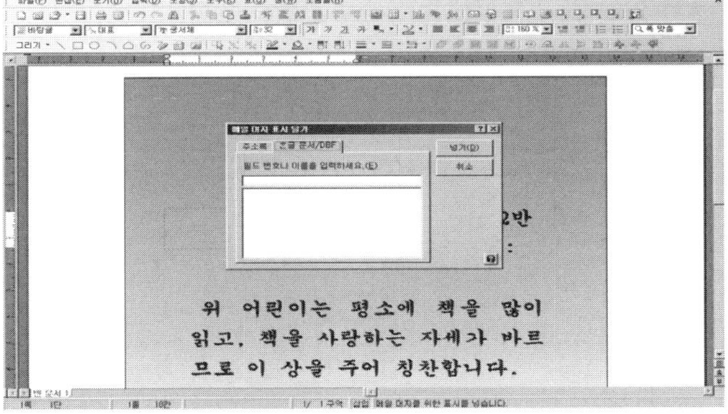


⑫ [메일 머지 표시 달기] 대화 상자가 나타나면 [한글 문서/DBF] 탭을 선택한다.

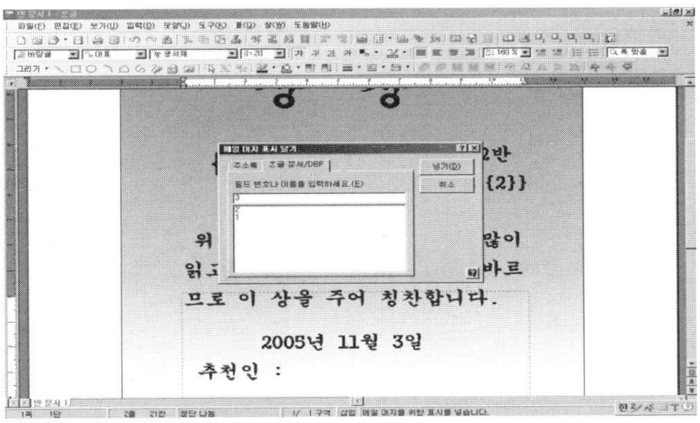


⑬ 필드 번호 입력 상자에 대입할 항목 번호(필드 번호)를 입력한다.

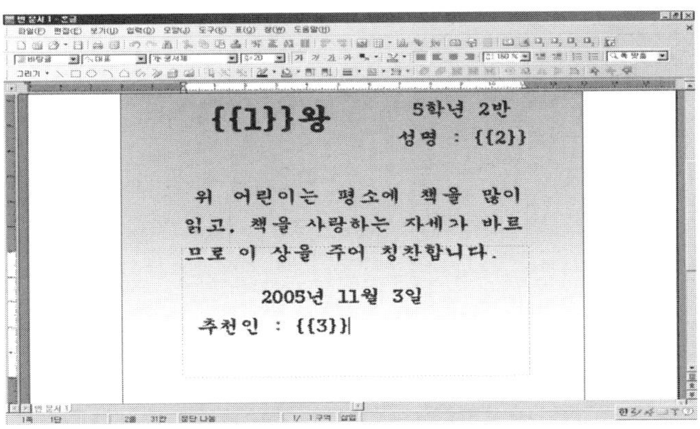


⑭ 왼쪽과 같은 '메일머지 표시달기'를 한 곳에 필드 번호가 생성된다.

## 4) 내용문 저장하기

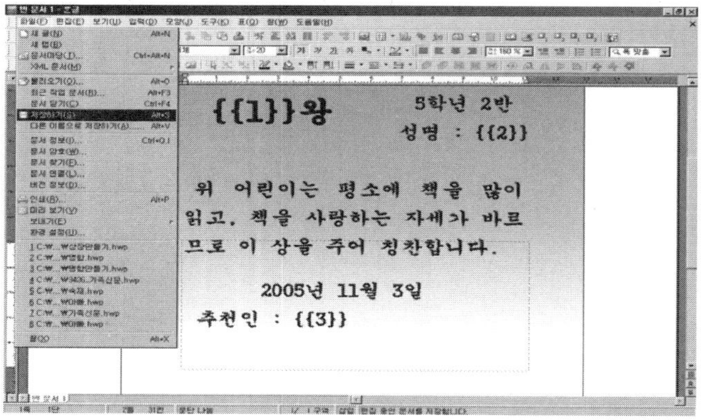

⑮ [파일]-[저장하기]를 클릭한다.

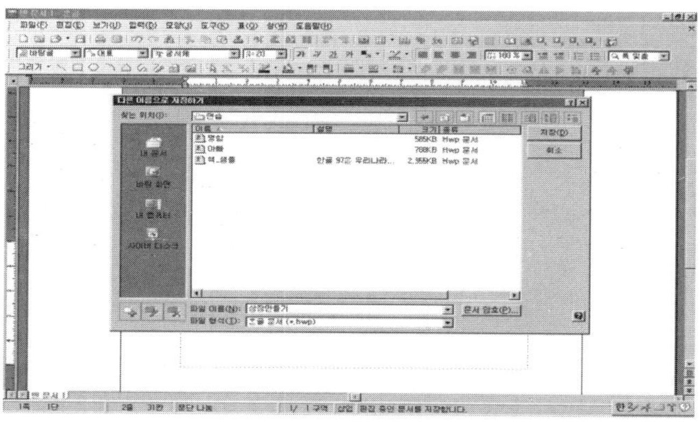

⑯ 이와 같은 방법으로 데이터 파일의 항목 번호를 지정하여 내용문 작성을 마치면, 일단 작성된 내용문 파일을 저장한다.

## 5) 데이터 파일 만들기

⑰ [파일]-[새 글]을 실행하여 빈문서창을 하나 만든다. '개체 묶기' 를 선택한다.

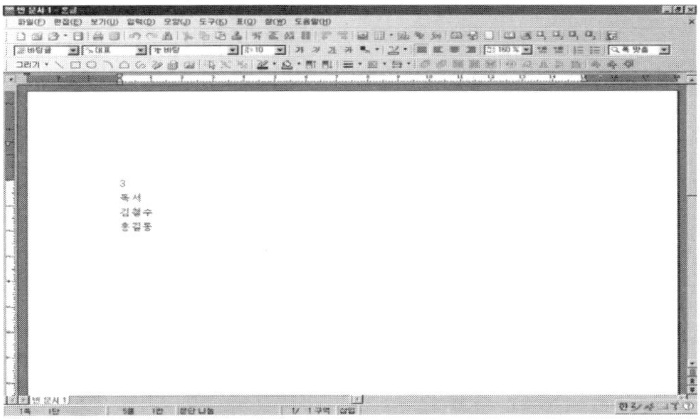


⑱ 제일 첫 줄에 필드(항목)의 개수를 쓰고, 둘째 줄부터 한 줄에 한 필드씩 입력한다.

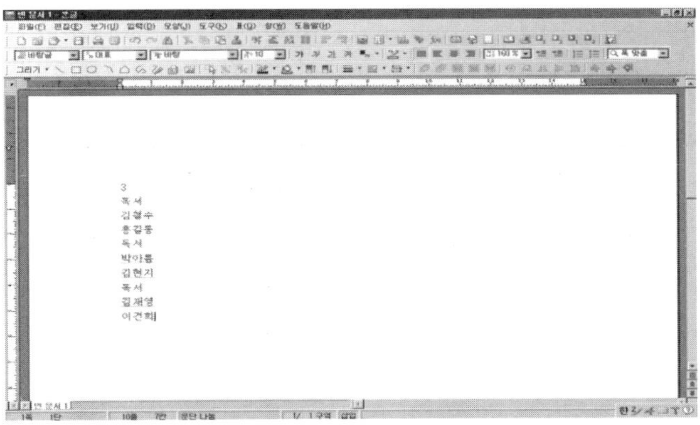


⑲ 필드의 개수만큼씩의 단위로 새로운 레코드를 입력하면, 입력된 순서대로 필드 번호를 받게 된다.

### 6) 메일 머지 만들기

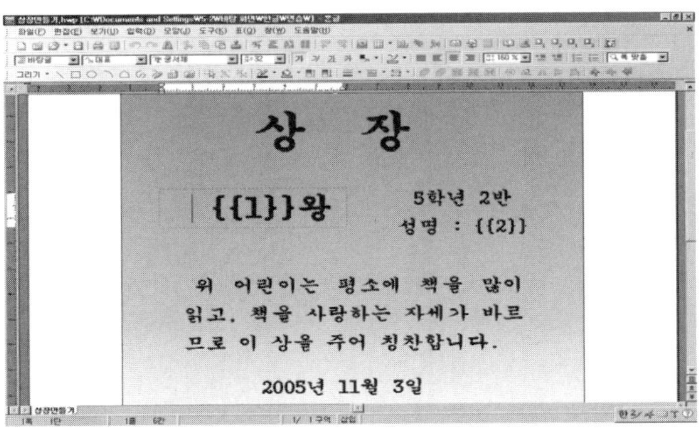


⑳ 메일 머지에서 사용할 "데이터 파일"과 "내용문 파일"이 모두 열려 있는 상태에서, "내용문 파일"에 커서를 놓는다.

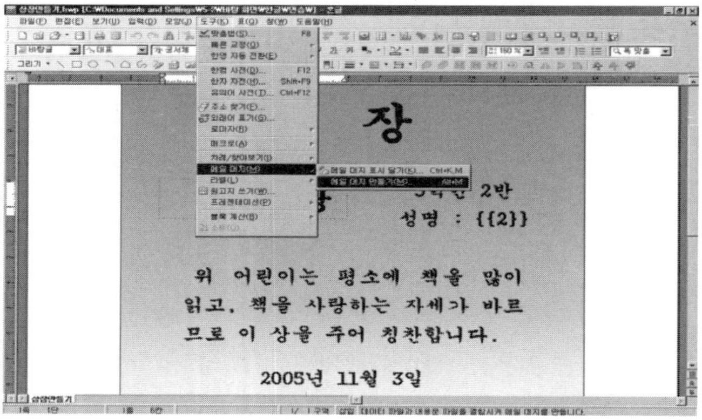


㉑ [도구]-[메일 머지]-[메일 머지 만들기]를 실행한다.

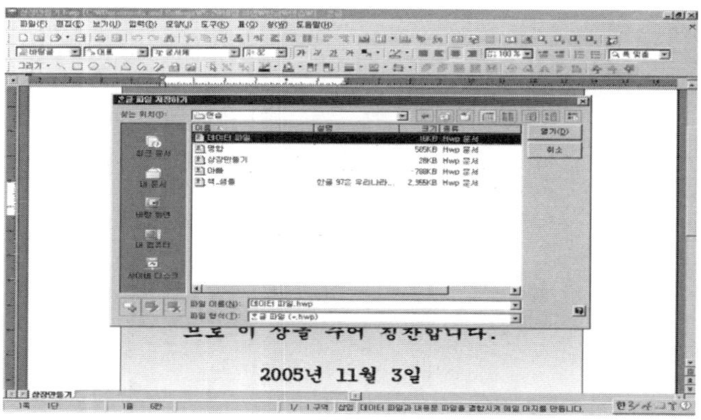


㉒ [메일 머지 만들기] 대화상자가 나타나면 "자료 종류"에서 "한글 파일"을 선택하고, 데이터 파일로 사용할 한/글 파일을 목록상자에서 지정한다.

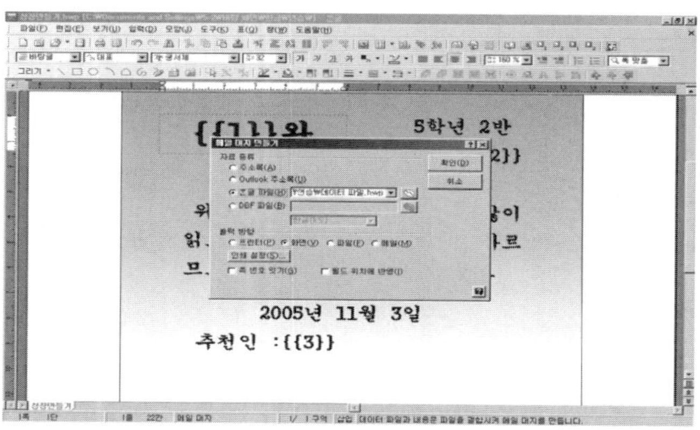


㉓ "출력 방향"은 "화면"으로 지정하고, [확인] 단추를 누른다.

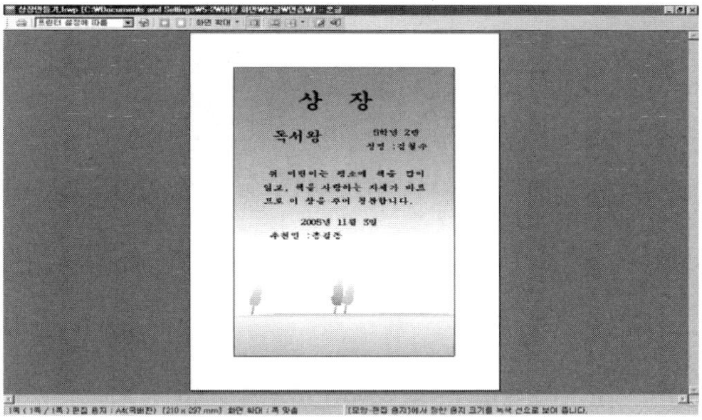


㉔ 메일 머지 결과가 미리 보기 창으로 출력된다.

메 모

# 세계 지도 그리기

- 다글맵시 및 그리기 마당

## 01 무슨 일인가요?

재희는 사회 6 - 2의 2 함께 살아가는 세계 단원의 1 변화하는 세계의 여러 나라 중단의 1 세계를 한눈에 라는 소단원을 공부하던 중, 우리 나라가 속한 대륙의 이름은 무엇인가, 우리 나라와 미국의 사이에 있는 바다의 이름은 무엇일까? 라는 궁금증이 생겼다. 그래서 한글의 글맵시와 그리기마당을 이용하여 세계지도에 5대양 6대주의 이름과 위치를 표시해 보기로 하였다.

## 02 이것만은 꼭!

⊙ 5대양 6대주의 이름과 위치를 알 수 있다.

⊙ 우리 나라가 아시아에 속한 나라임을 알 수 있다.

⊙ 글맵시와 그리기 마당을 이용하여 세계지도를 그릴 수 있다.

# 03 미리 알아보아요

## 1) 5대양 6대주

① 5대양 ☞ 태평양, 인도양, 대서양, 북극해, 남극해

② 6대주 ☞ 아시아, 유럽, 아프리카, 남아메리카, 북아메리카, 오세아니아

③ 지구본과 세계 지도로 살펴본 세계의 모습은 달라 보인다. 지구의 둥근 모양대로 지구의 모양을 가장 정확하게 나타낸 지구본과는 달리, 세계 지도는 세계의 모습을 평면 위에 그린 것이기 때문에 양극의 모양이 달라져 보이고, 거리도 차이가 많이 난다.

④ 편집용지

☞ 용지의 종류, 편집 방향, 용지의 여백을 지정한다. [모양-편집용지] 또는 F7키를 눌러 실행한다.

⑤ 글맵시

☞ 글자 모양, 외곽선, 그림자 등과 같은 특별한 효과를 주어 보다 시각적인 문서를 작성할 수 있으며, 글상자에 다양한 색과 선 모양을 지정할 수 있다. 주로, 그림과 어우러진 문장을 삽입 할 때 사용한다.

## 2) 그리기마당 및 그리기 기능

① 그리기마당

☞ 그리기마당의 그리기 조각들을 이용하면 편집 중인 문서에 쉽게 그림을 넣을 수 있다. 그리기마당에 들어있는 하나하나의 그림을 '그리기 조각' 이라고 하며, 같은 종류의 그리기 조각을 한 곳에 모아 놓은 것을 '꾸러미' 라 한다.

② 그리기 글상자

☞ 그리기 글상자에 입력한 글은 입력된 문서의 위치와 상관없이 자유롭게 배치 및 이동을 할 수 있으며, 글상자에 다양한 색과 선 모양을 지정할 수 있다. 주로, 그림과 어우러진 문장을 삽입할 때 사용한다.

③ 그리기 기능

☞ 그리기 기능은 간단한 도형의 작성은 물론 도형의 편집과 배치 등이 가능하다.

④ 개체 묶기와 풀기

☞ 하나 이상의 개체를 하나로 묶거나 묶어 놓은 개체를 풀어서 다시 편집한다. 개체를 묶어 놓으면 개체의 관리와 이동이 용이해지며, 개체를 편집하기 위해서는 다시 각각의 개체로 풀어 주어야 한다.

# 04 무엇을 할까요?

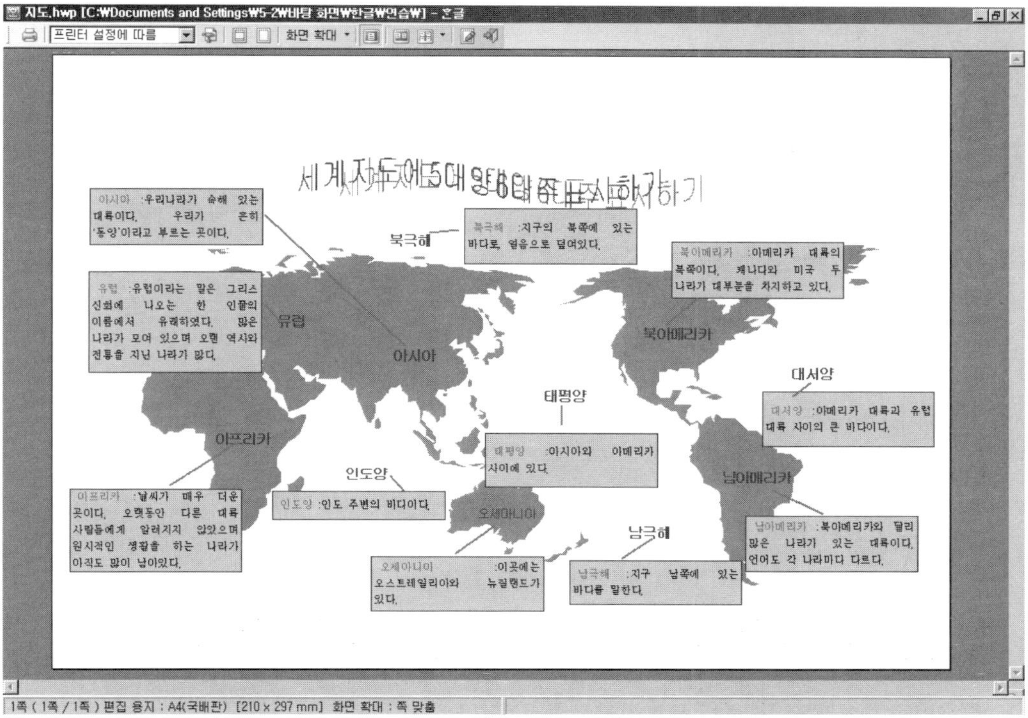
지도.hwp [C:₩Documents and Settings₩5-2₩바탕 화면₩한글₩연습₩] - 훈글
이시아 :우리나라가 속해 있는 대륙이다. 우리가 흔히 '동양'이라고 부르는 곳이다.
북극해
북극해 :지구의 북쪽에 있는 바다로, 얼음으로 덮여있다.
북아메리카 :아메리카 대륙의 북쪽이다. 캐나다와 미국 두 나라가 대부분을 차지하고 있다.
유럽 :유럽이라는 말은 그리스 신화에 나오는 한 인물의 이름에서 유래하였다. 많은 나라가 모여 있으며 오랜 역사와 전통을 지닌 나라가 많다.
유럽
아시아
북아메리카
대서양
태평양
대서양 :아메리카 대륙과 유럽 대륙 사이의 큰 바다이다.
아프리카
태평양 :아시아와 아메리카 사이에 있다.
인도양
남아메리카
아프리카 :날씨가 매우 더운 곳이다. 오랫동안 다른 대륙 사람들에게 알려지지 않았으며 원시적인 생활을 하는 나라가 아직도 많이 남아있다.
인도양 :인도 주변의 바다이다.
오세아니아
남극해
남아메리카 :북아메리카와 달리 많은 나라가 있는 대륙이다. 언어도 각 나라마다 다르다.
오세아니아 :이곳에는 오스트레일리아와 뉴질랜드가 있다.
남극해 :지구 남쪽에 있는 바다를 말한다.

# 05 함께 만들어 보아요

## 1) 편집 용지 설정하기

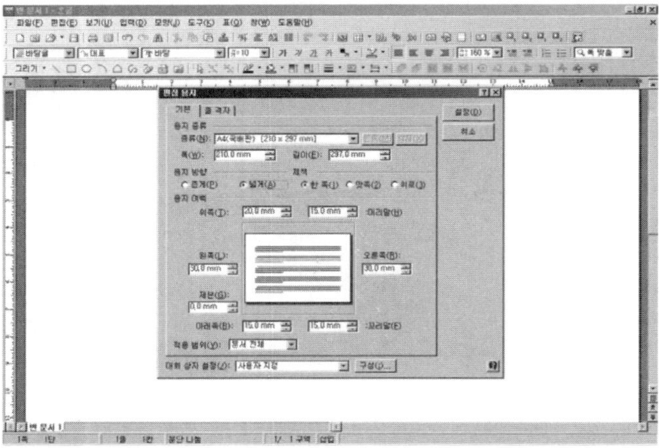

① 한글 2005를 실행한 후, F7을 눌러([모양-편집용지]를 실행하여) '용지 방향'을 '넓게'로 선택한다.

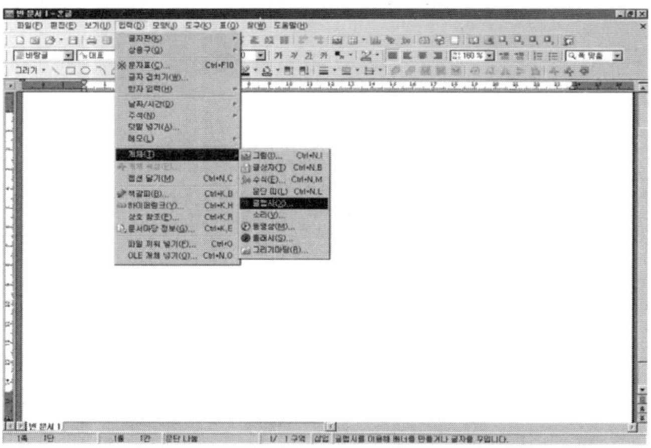

② [입력]-[개체]-[글맵시]를 실행한다.

## 2) 제목 입력하기

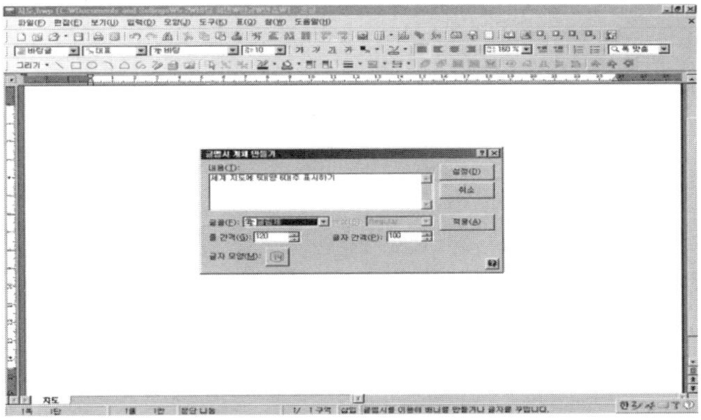

③ 글맵시 개체 만들기의 ‘내용’에 “세계 지도에 5대양 6대주 표시하기”를 입력한다.

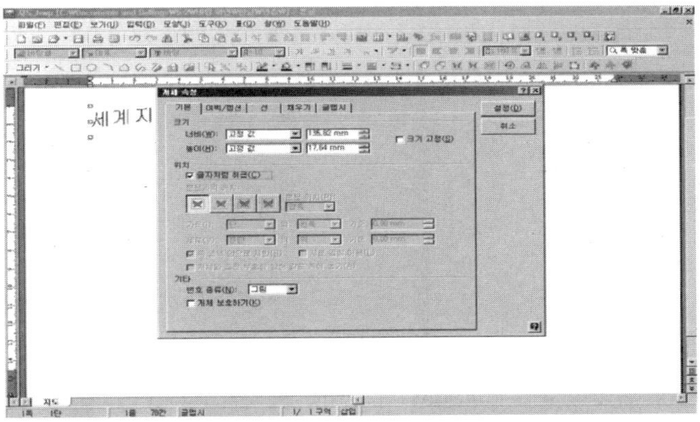

④ 글맵시로 만들어진 제목을 더블클릭하여, 기본 탭에서 ‘글자처럼 취급’에 체크한다.

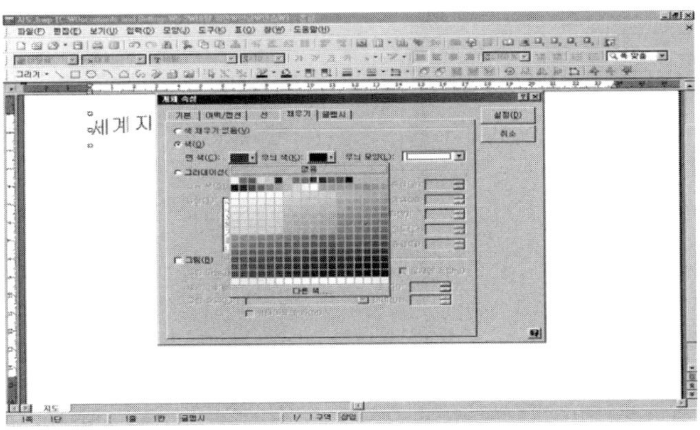

⑤ 채우기 탭에서 ‘색’의 ‘면색’을 알맞은 색으로 고른다.

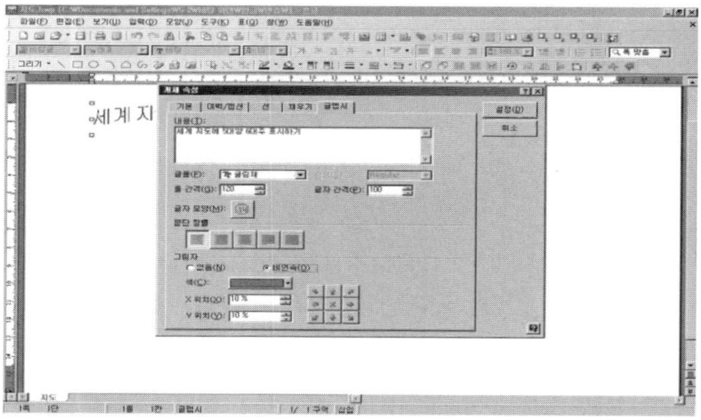

⑥ 글맵시 탭에서 '그림자'를 '비연속'에 체크하고 설정을 클릭한다.

⑦ 완성된 제목을 중앙에 오도록 가운데 정렬한다.

### 3) 세계지도 삽입하기

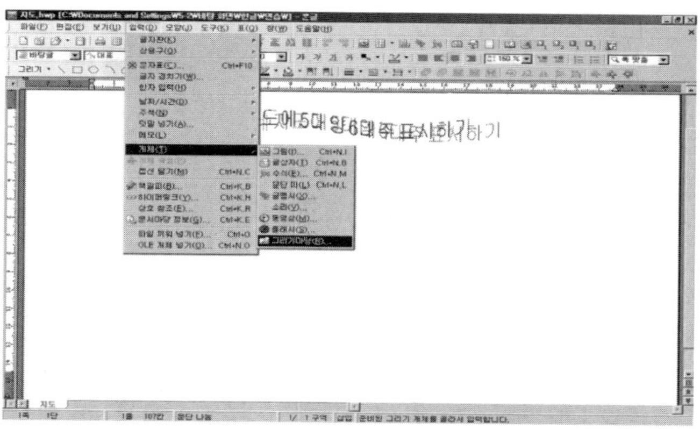

⑧ [입력]-[개체]-[그리기마당]을 클릭한다.

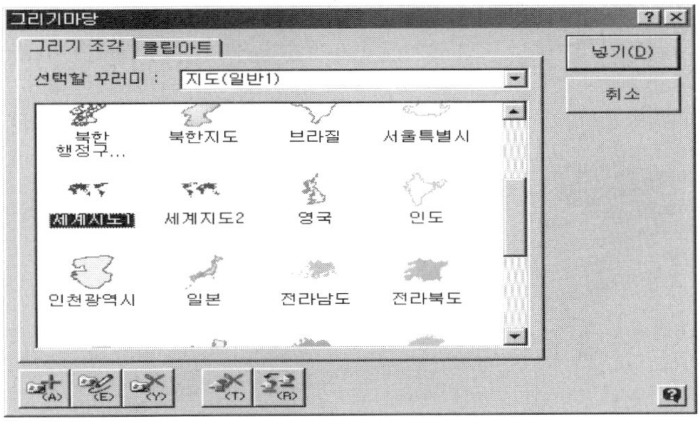


⑨ 그리기 조각 중 '세계지도 1'을 선택하고 '넣기'를 누른다.

### 4) 세계지도의 색 바꾸기

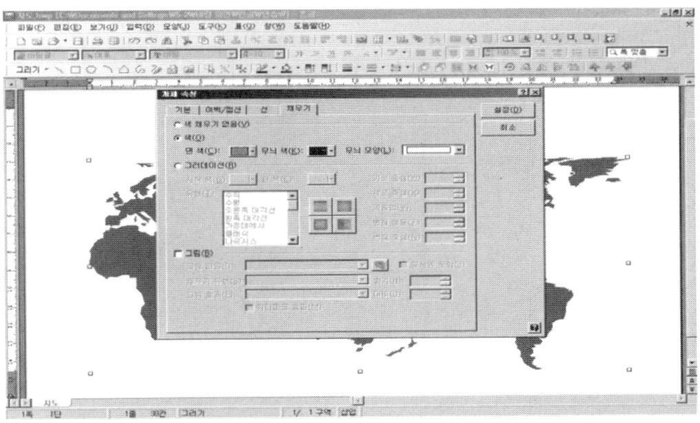

⑩ 삽입된 세계지도를 더블클릭하여 개체속성을 실행하여 채우기 탭에서 '색' 의 '면색' 을 다음 그림과 같이 변경하고, 설정을 클릭한다.

### 5) 글상자로 5대양 6대주의 이름 입력하기

⑪ [입력]-[개체]-[글상자]를 클릭한다.

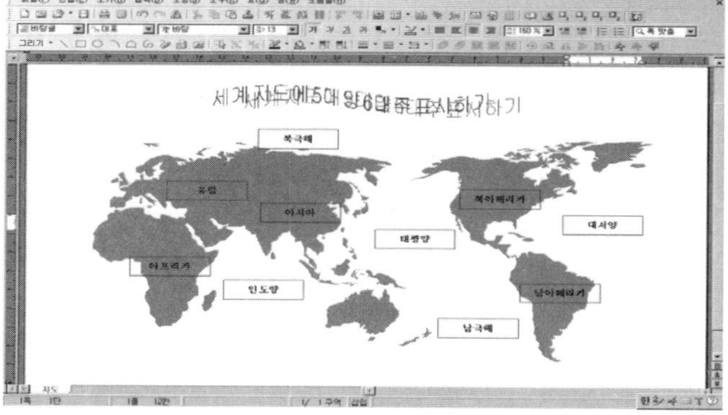

⑫ 글상자를 여러 개 복사한 후, 5대양 6대주의 이름을 각각 글상자에 입력한다.

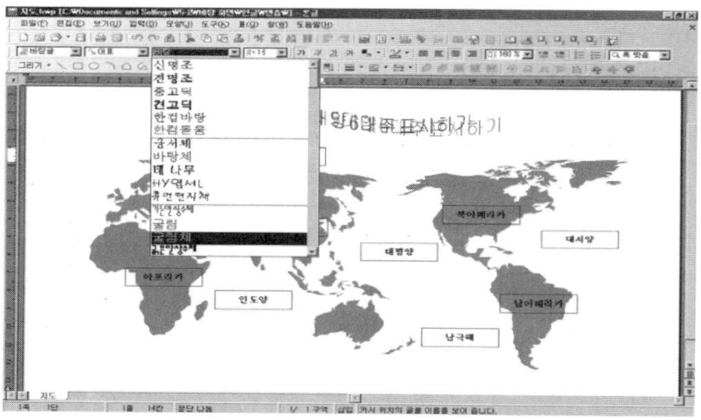

⑬ 글자체와 글자의 크기를 설정한다.

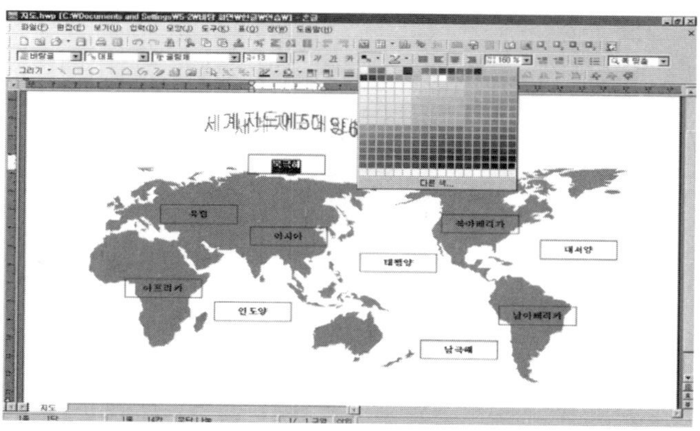

⑭ '글자색' 변경상자를 눌러 글자색을 '파랑색' 으로 설정한다.

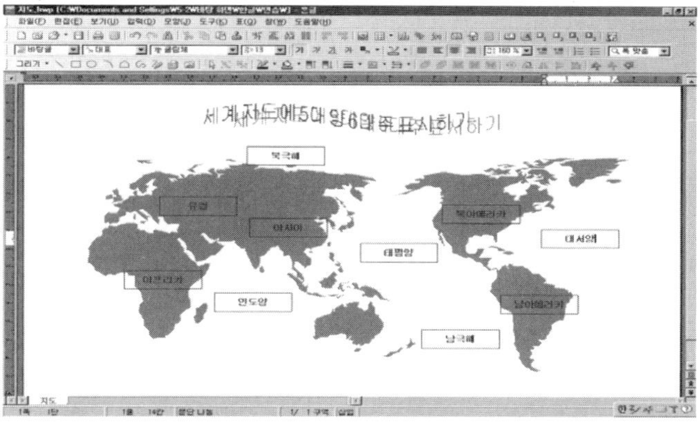

⑮ 나머지 글상자의 글자색도 변경한다.

## 5) 글상자로 5대양 6대주의 이름 입력하기

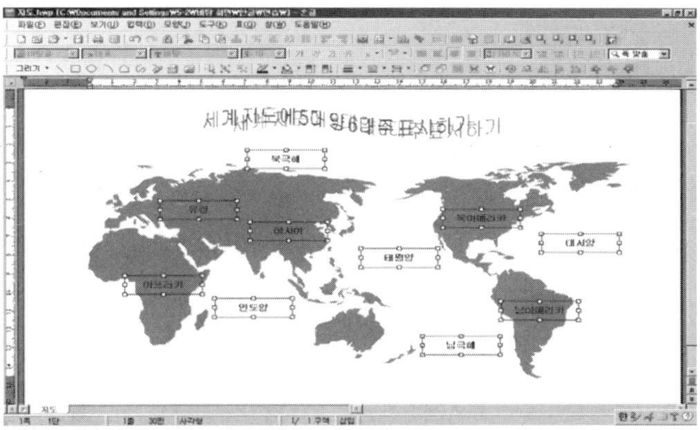

⑯ 각 5대양 6대주를 Shift 키를 누른 채 모두 선택한다.

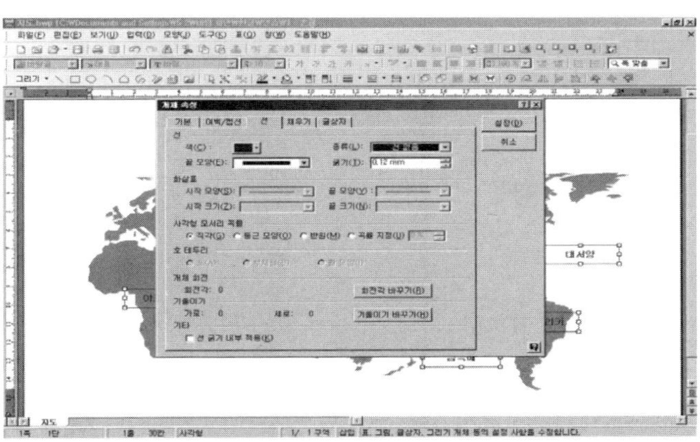

⑰ 개체속성을 실행시키고 선 탭의 ‘선’의 ‘종류’를 “선 없음”으로 설정한다.

## 7) 5대양 6대주와 세계지도의 개체 묶기

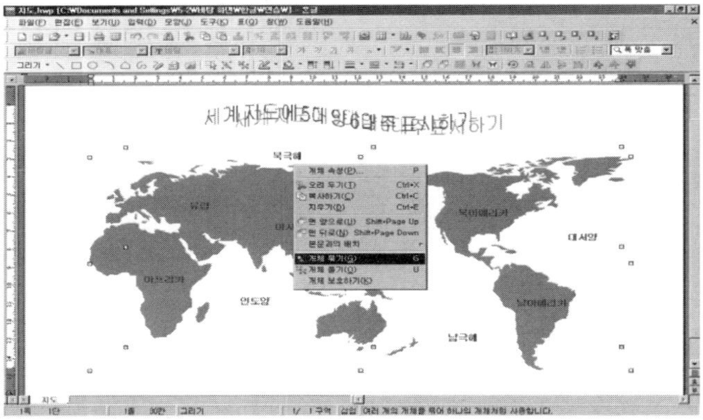

⑱ 각 5대양 6대주와 세계지도를 Shift 키를 누른 채 클릭해서 모두 선택하여 '개체 묶기'를 한다.

## 8) 그리기 도구상자의 직사각형을 그리고 색상 입히기

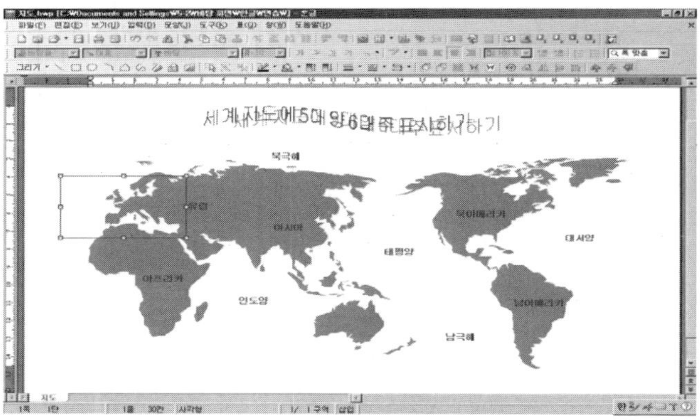

⑲ 그리기 도구상자에서 '직사각형'을 클릭하고 적절한 위치에 마우스 끌기로 직사각형을 그린다.

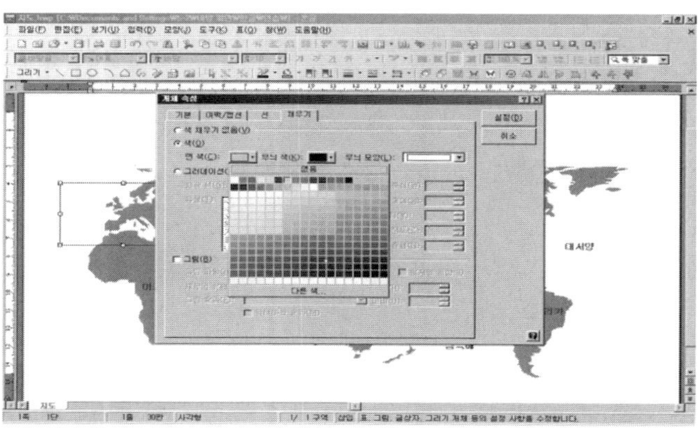

⑳ 삽입한 직사각형을 클릭한 후, 오른쪽 마우스를 클릭하여 '면색'을 '회색'으로 변경 설정한다.

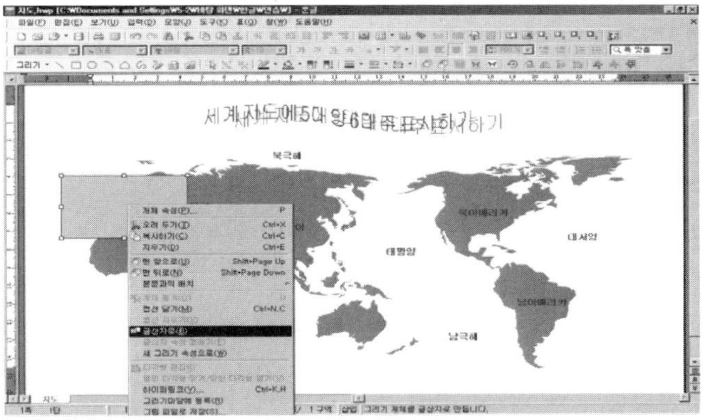

㉑ 직사각형을 오른쪽 마우스를 클릭하여 '글상자로'를 클릭한다.

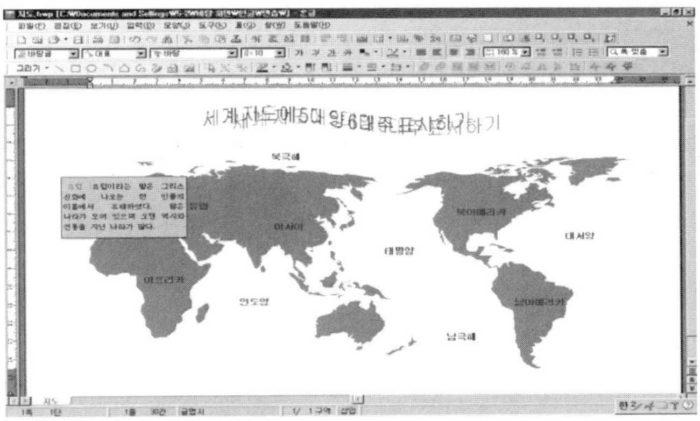

㉒ 글상자에 대륙의 이름과 특징을 입력한다.

㉓ 나머지 글상자에 5대양 6대주의 이름과 특징을 각각 입력한다.

## 9) 지시선 그리기

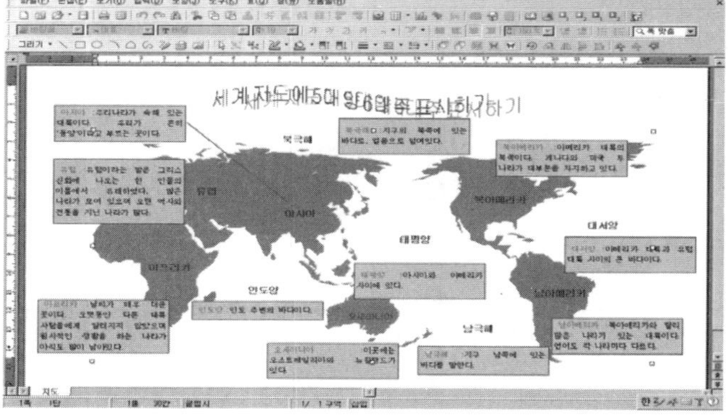

㉔ 그리기 도구상자에서 직선 그리기 [\]아이콘을 클릭하여 지시선을 그린다.

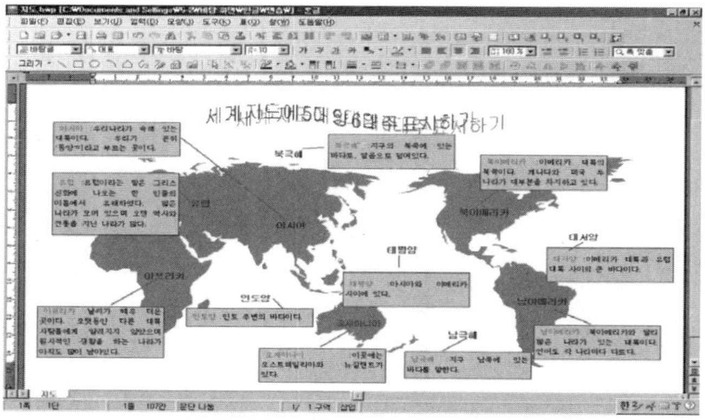

㉕ 더블클릭하여 개체 속성의 선탭에서 '선' 의 색, 종류, 끝모양, 굵기를 설정하고, 각 5대양 6대주의 지시선을 연결한다.

메 모

# 우리 학교 약도 그리기

- 그리기 마당

## 01 무슨 일인가요?

2주 후에 우리 학교에서 수원시 초등학교 정보올림피아드가 열릴 예정이다. 학교 홈페이지 게시판에는 우리 학교의 위치를 알려달라는 친구들의 부탁의 글이 많이 등록되었다. 선생님께서는 다른 학교 친구들에게 우리학교의 위치를 소개하는 약도를 그려서 홈페이지에 올려달라고 부탁하셨다.

## 02 이것만은 꼭!

⊙ 한글 2005를 이용하여 약도를 그릴 수 있다.

⊙ 그리기 마당을 활용하여 약도를 그릴 수 있다.

## 03 미리 알아보아요

### 1) 약도

약도는 간략히 그리는 그림지도로써 중요한 모습을 그림과 기호로 나타내어 주변 모습을 한눈에 파악할 수 있도록 그린다.

## 2) 그리기마당

그리기마당은 많이 쓰이는 개체를 미리 만들어 등록해 놓고, 필요할 때마다 등록된 개체를 가져다 원하는 그림을 쉽고 빠르게 그리는 방식을 말한다.

그리기마당에 들어 있는 하나하나의 그리기 파일(*.drt)들을 [그리기 조각]이라고 한다. 그리고 같은 종류의 그리기 조각끼리 한곳에 모아 놓은 것을 [그리기마당 꾸러미]라고 한다.

한/글은 다양한 그리기마당의 그리기 조각과 클립아트 그림을 제공한다. 따라서 그림을 그리는 데 들어가는 많은 시간과 노력을 절약하여 멋진 그림을 쉽고 빠르게 그릴 수 있다.

그리기마당 꾸러미를 새로 만들어 등록하거나 이미 만들어 놓은 그리기마당 꾸러미의 이름과 경로를 고칠 수 있다. 또한 사용하지 않는 그리기마당 꾸러미를 목록에서 삭제할 수 있다.

### 빠른 메뉴로 실행하기

[그리기마당] 대화 상자의 그리기 조각 목록 상자나 클립아트 목록 상자에 마우스 포인터를 놓고 마우스 오른쪽 단추를 누르면 [새 꾸러미, 꾸러미 고치기, 꾸러미 지우기]의 메뉴를 가진 빠른 메뉴가 나타난다. 이 메뉴를 이용해 그리기마당의 꾸러미 새로 만들기, 고치기, 지우기 등의 작업을 쉽게 할 수 있다.

### 단축 키로 실행하기

〈Insert〉: 새 꾸러미

〈+〉: 꾸러미 고치기

〈Delete〉: 꾸러미 지우기

# 04 무엇을 할까요?

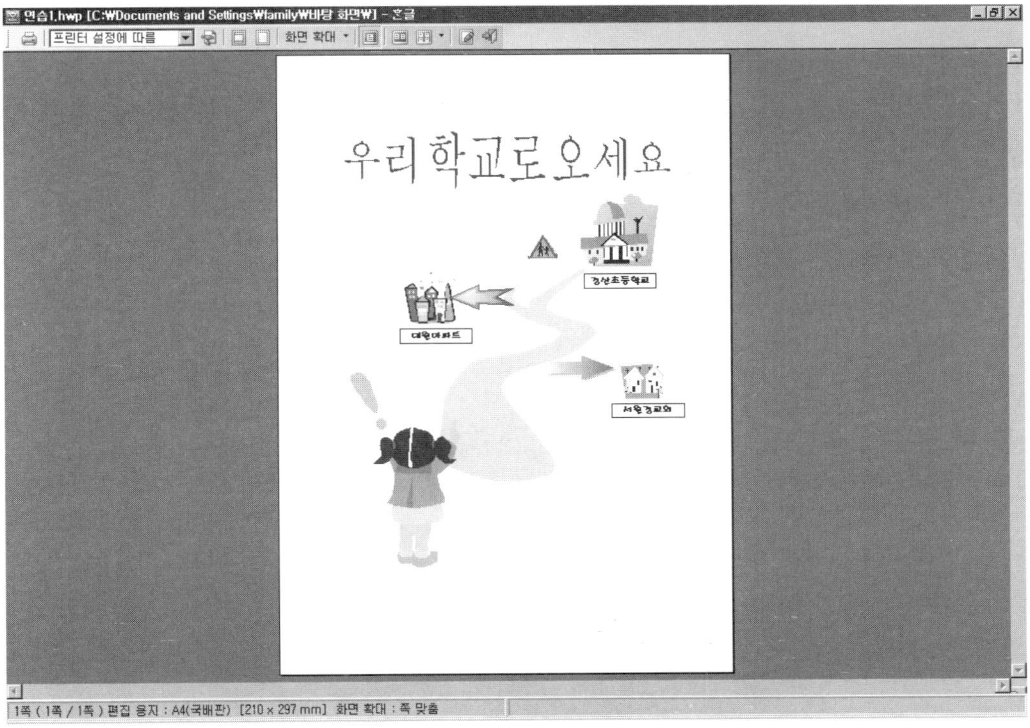
프린터 설정에 따름
화면 확대
우리학교로오세요
1쪽 ( 1쪽 / 1쪽 ) 편집 용지 : A4(국배판) [210 x 297 mm] 화면 확대 : 쪽 맞춤

# 05 함께 만들어 보아요

## 1) 글맵시로 제목 입력하기

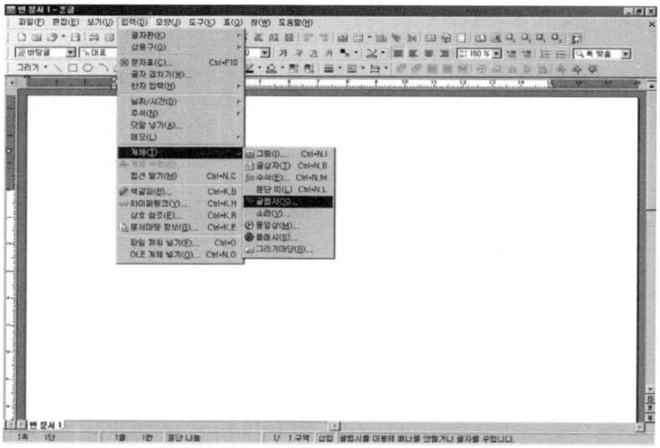

① [입력]-[개체]-[글맵시]를 선택한다.

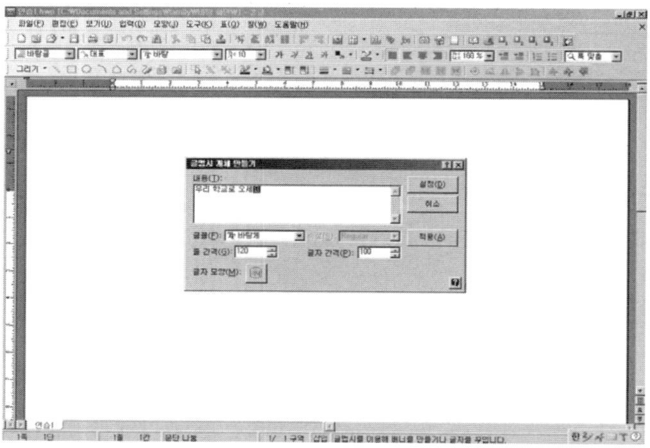

② 입력상자에 '우리학교로 오세요 '를 입력한다.

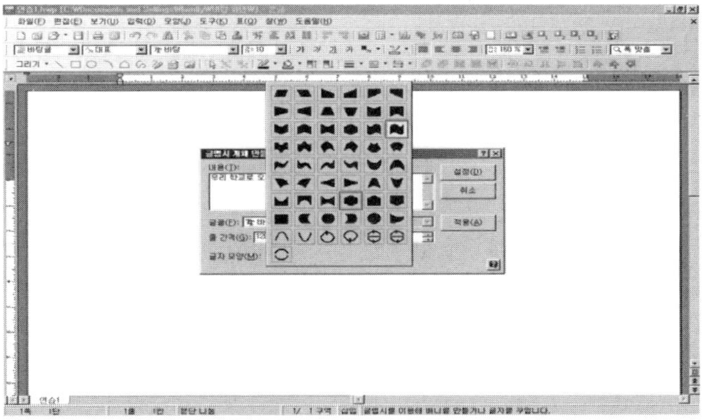

③ 글자 모양을 아래와 같이 설정 한다.

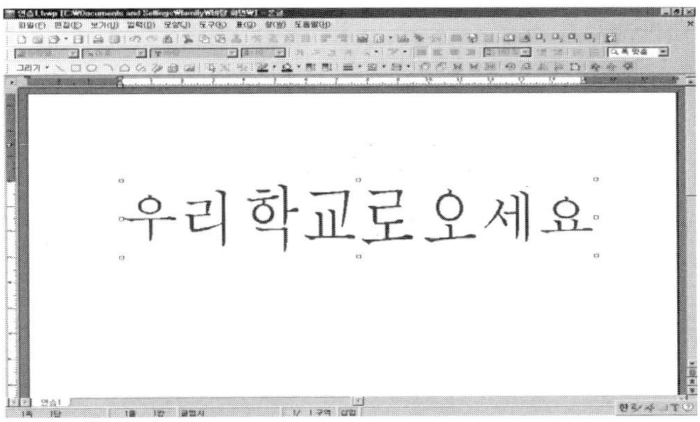


④ 마우스 끌기를 통하여 크기를 조절한다.

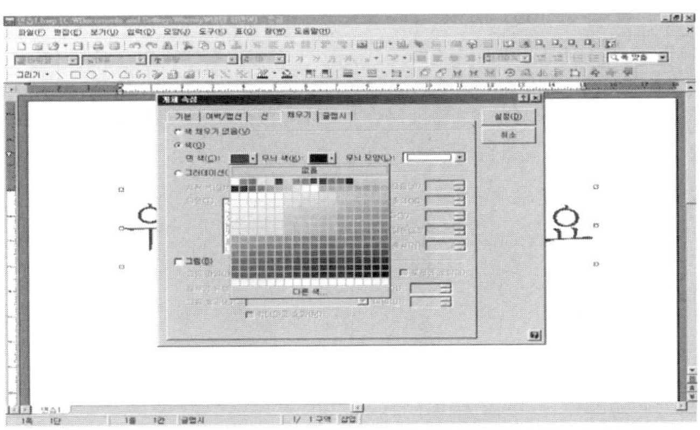

⑤ 제목을 더블 클릭하여 '개체 속성' 중 '채우기' 탭으로 이동하여 면색을 변경한다.

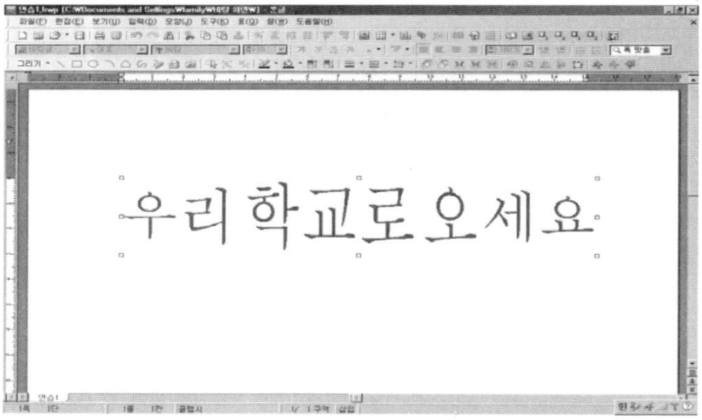


⑥ 왼쪽과 같은 제목이 입력된다.

## 2) 그리기 마당으로 약도 그리기

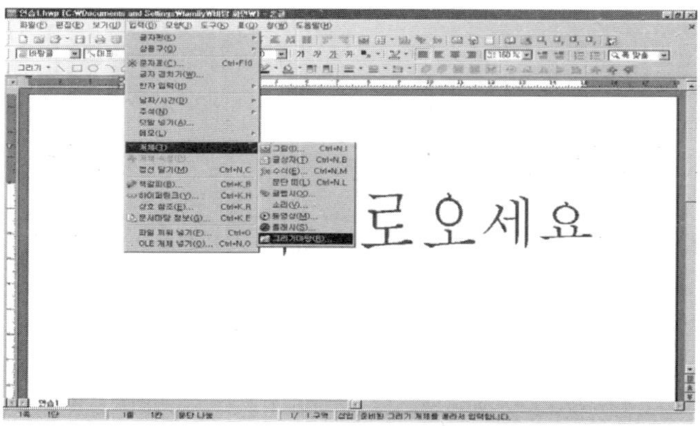


⑦ [입력]-[개체]-[그리기마당]을 선택한다.

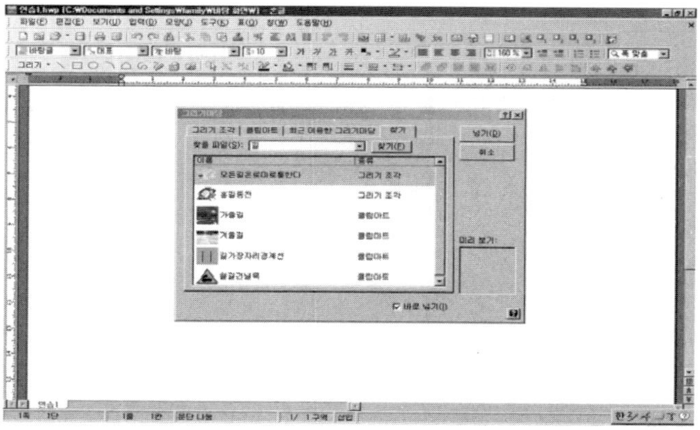

⑧ [그리기마당]-[찾기] 탭에서 '길'을 검색하여 찾는다.

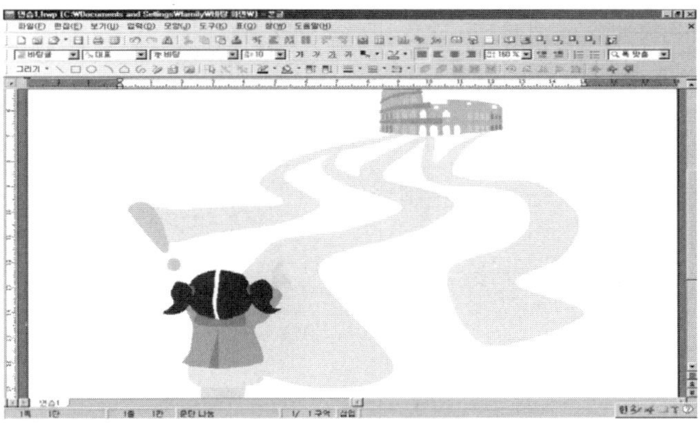

⑨ 원하는 위치에서 마우스로 드래그하여 그리고, 크기를 조절한다.

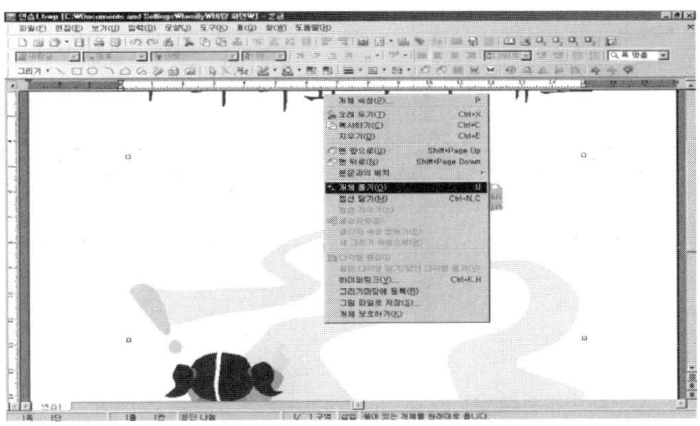

⑩ 그림을 선택한 후, 마우스 오른쪽 버튼을 눌러 '개체 풀기'를 클릭한다.

⑪ 그리기 조각중에서 필요없는 길이나 건물을 지울 수 있다.

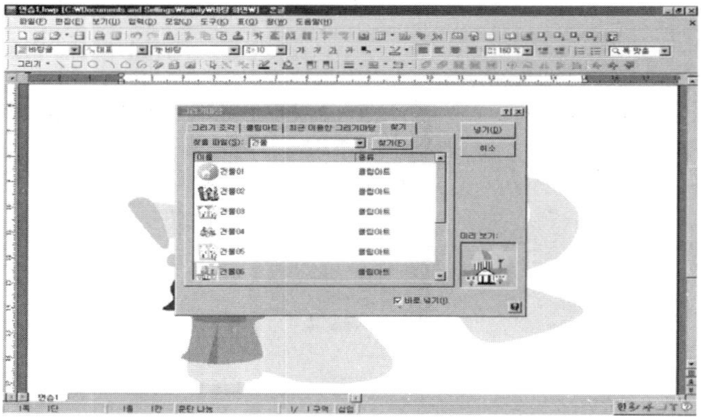

⑫ '그리기마당' 에서 '찾기' 탭을 클릭한 후, '건물' 이라고 입력한다.

⑬ 어울리는 건물 그림을 선택한 후, 약도 위에 마우스로 그려 넣는다.

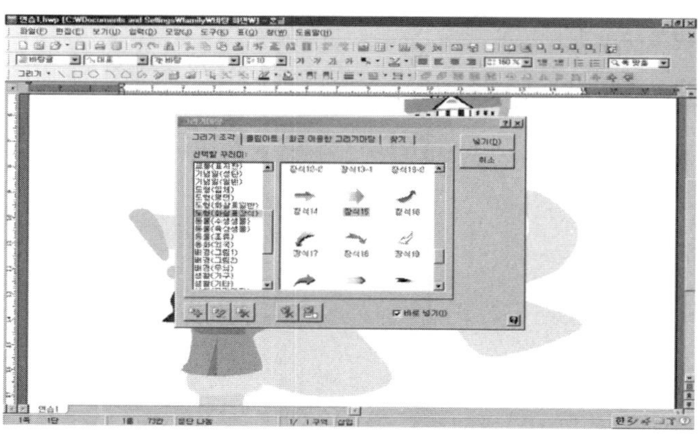

⑭ '그리기마당' 중 '그리기조각' 탭에서 '도형(화살표장식)' 을 클릭한다.

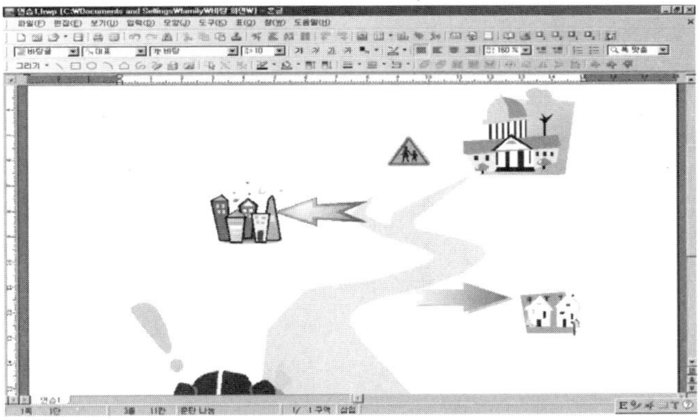

⑮ 화살표 및 각종 어울리는 그림을 마우스로 그리고 크기를 조절한다.

### 3) 글상자 입력하기

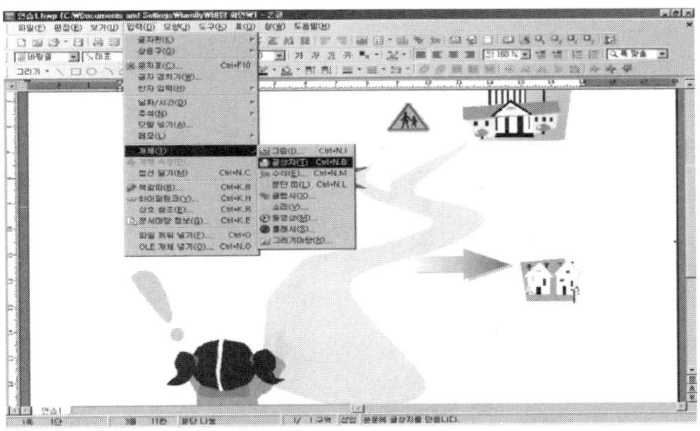

⑬ [입력]-[개체]-[글상자]를 클릭한다.

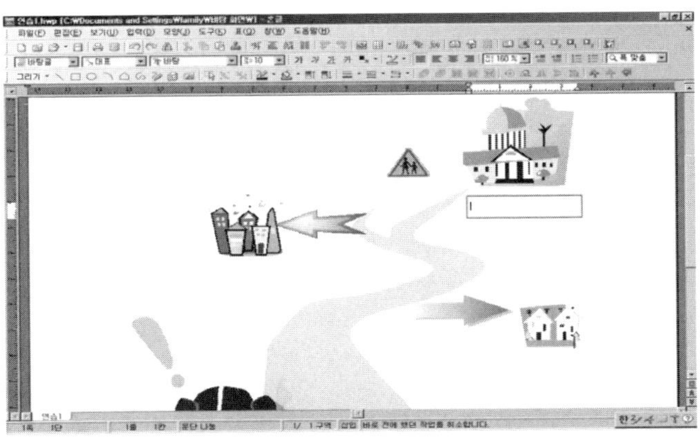

⑰ 건물 아래에 글상자를 마우스로 드래그하여 그린다.

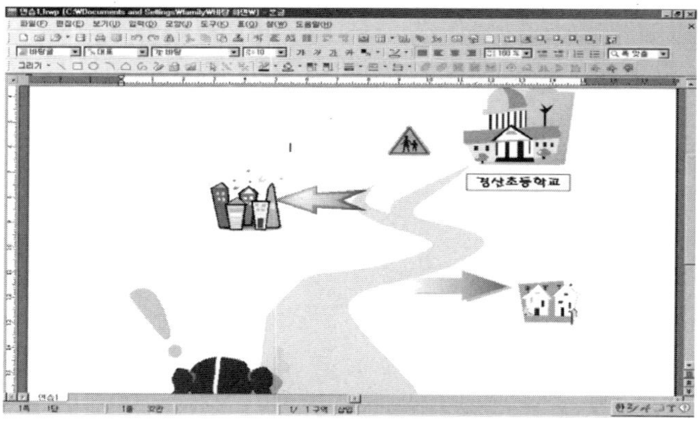


⑱ 글상자에 학교 이름을 입력한다.

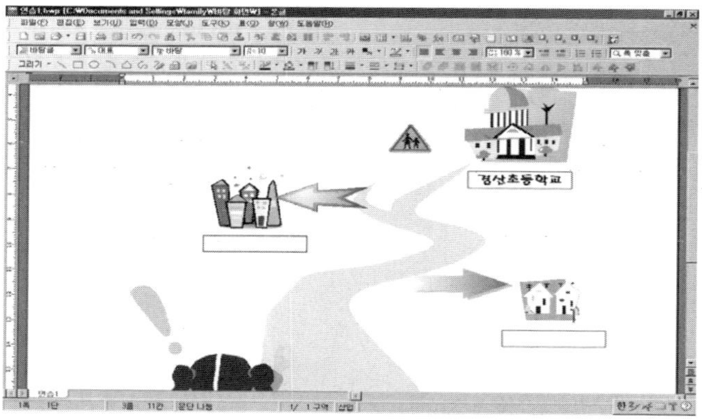


⑲ [입력]-[개체]-[글상자]를 클릭하여 더 만든다.

⑳ 나머지 건물들도 같은 방법으로 이름을 입력한다.

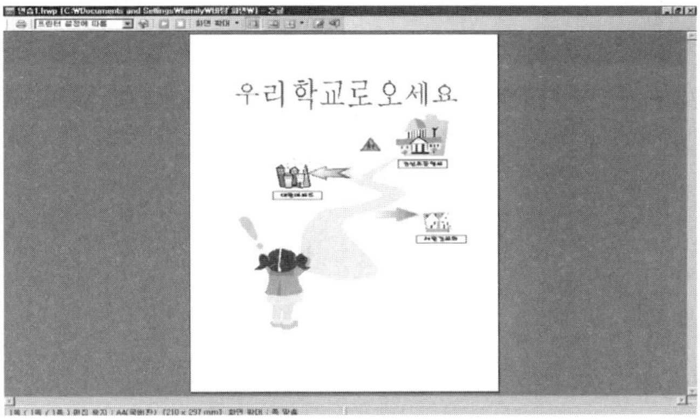


㉑ 미리보기 하여 화면을 확인한다.

메모

# 편지 쓰기

- 그리기 마당 및 그림넣기

## 01 무슨 일인가요?

영희는 6년간의 초등학교 생활을 마감하면서 가장 기억에 남는 사람은 누구일까? 곰곰이 생각해 보았다. 정들었던 친구들일까? 아니면 처음 학교에 입학했던 1학년 때의 담임 선생님일까? 무엇보다도 자신이 이렇게 건강한 모습으로 초등학교를 졸업할 수 있게 가장 많이 애쓰신 분은 아무래도 부모님들 덕분인 것 같다. 그래서 부모님께 마음이 담긴 정성스럽고 예쁜 편지를 써 보기로 하였다.

## 02 이것만은 꼭!

⊙ 한글에서 그리기 마당을 활용하여 편지지를 꾸민다.

⊙ 편지지에 배경 그림을 넣을 수 있다.

## 03 미리 알아보아요

### 1) 편지글을 쓰는 순서

① 부르는 말 - 존경하는 선생님께, 진기야! 등

② 첫인사

- 진심에서 우러나오는 말로 상대편의 안부를 묻는다.
  〈상대편의 건강, 그가 힘쓰고 있는 일, 그의 가족이나 친지에 대해〉
- 자기의 안부를 솔직하고 간단하게 쓰며, 상대방이 궁금하게 생각할 이웃이나 가족 등에 대한 안부를 써도 좋다.

③ 하고 싶은 말(사연) : 편지 쓰는 목적이 뚜렷해야 한다.

④ 끝 인사 – 상대편에 대한 축복을 진심으로 해준다.

⑤ 날짜 – 끝인사 다음에 줄을 바꾸어 편지 쓴 날자를 적는다.

⑥ 보내는 사람 이름 – 이름과 이름 다음에 올림, 드림, 씀, 보냄 등을 쓴다.

### 2) 편지글이 갖추어야 할 조건

① 쓰는 목적이 뚜렷하게 드러나야 한다.

② 쉬운 말과 문장으로 써야 한다.

③ 예의를 갖추어야 한다.

④ 자기보다 상대방에게 되도록 많은 관심을 기울여야 한다.

⑤ 받을 사람에게 언짢은 감정을 주지 않아야 한다.

### 3) 편지글을 쓸 때 유의할 점

① 마음을 가다듬어 정중하게 쓴다.

② 마주 앉아 이야기하는 기분으로 쓴다.

③ 깨끗한 글씨로 정성껏 쓴다.

④ 맞춤법, 띄어쓰기에 각별히 유의한다.

⑤ 종이의 선택에도 신경을 쓴다.

⑥ 고치고 다듬은 뒤에 깨끗이 옮겨 쓴다.

⑦ 회답은 되도록 빨리 쓰는 버릇을 갖는다.

# 04 무엇을 할까요?

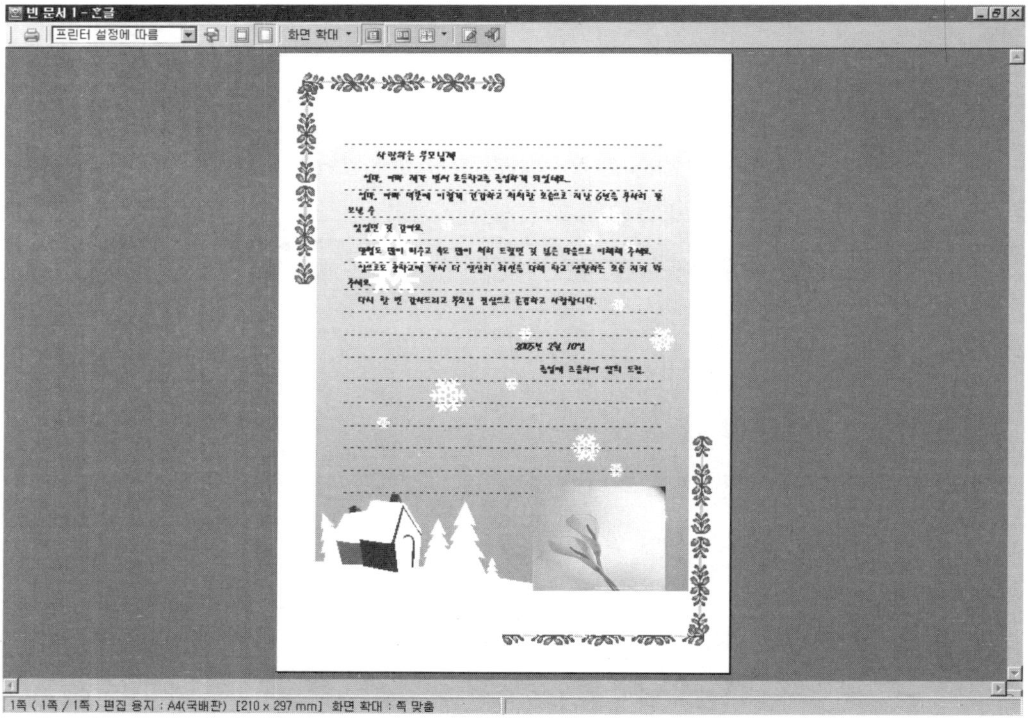

# 05 함께 만들어 보아요

## 1) 한글 2005 실행시키기

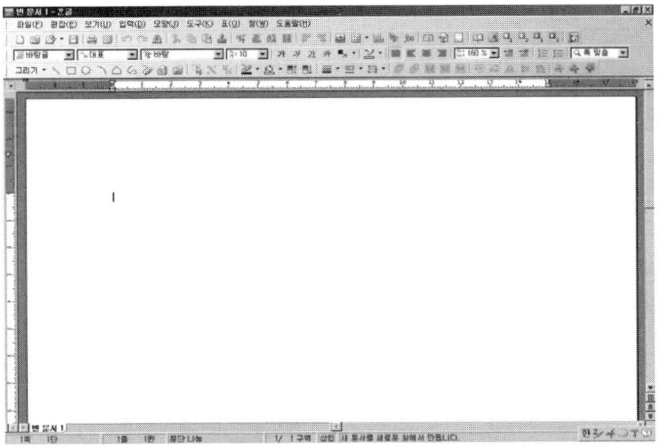

① 한글 2005 프로그램 아이콘을 클릭하여 한글 프로그램을 실행한다.

## 2) 편지지에 예쁜 테두리 모양 만들기

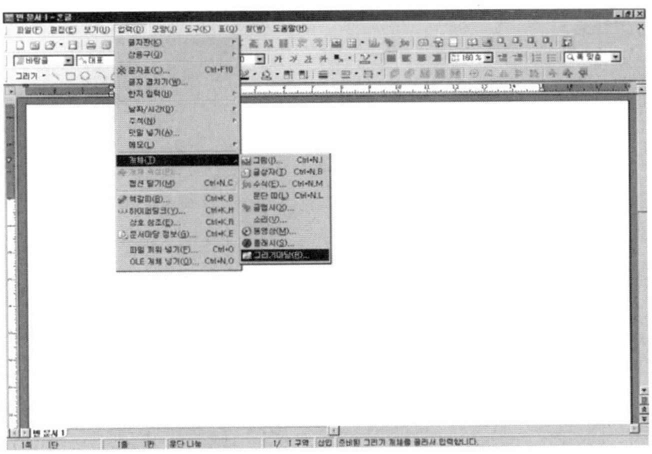

② [입력]-[개체]-[그리기마당]을 실행한다.

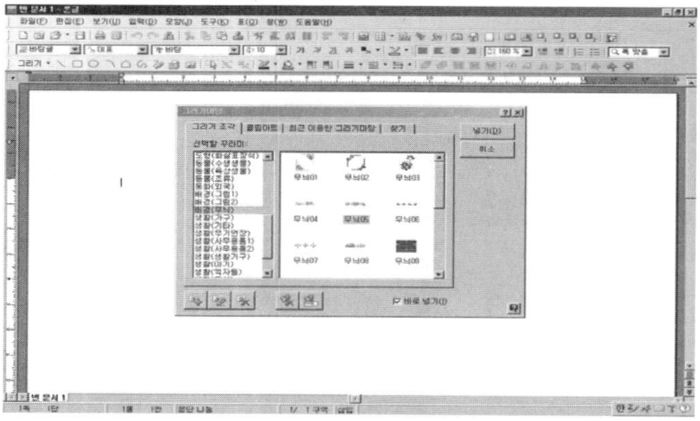

③ [그리기조각]탭의 무늬05' 을 불러온다.

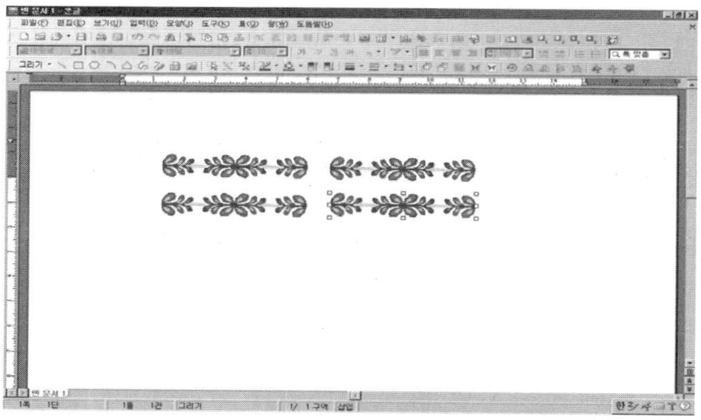

④ 그림을 복사하여 4개로 만든다.

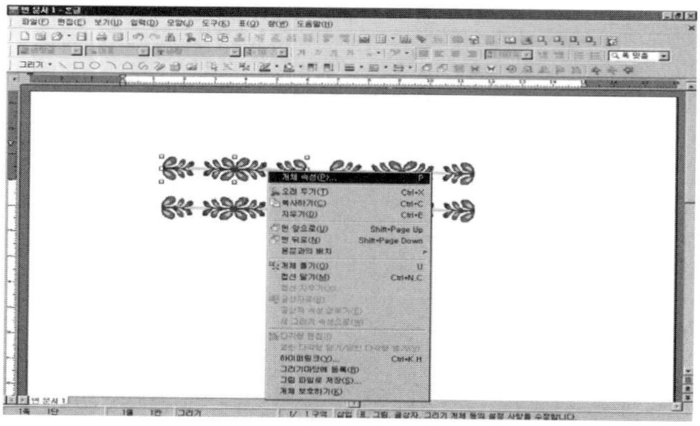

⑤ 그림 한 개를 선택한 후 마우스 오른쪽 버튼을 눌러 '개체속성' 을 클릭한다.

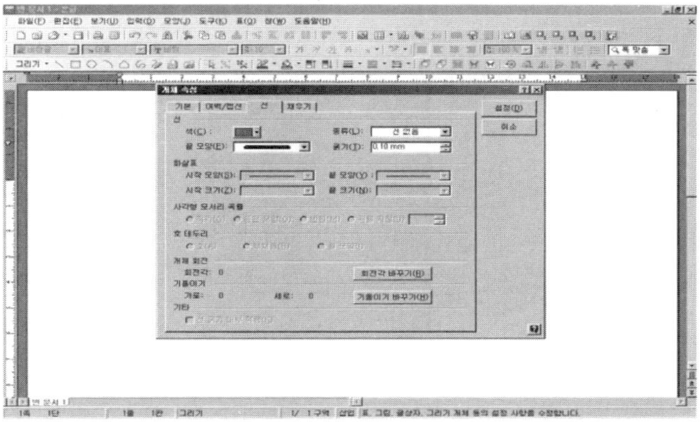

⑥ '개체 속성' 중 '선' 탭 아래에 있는 '회전각 바꾸기'를 클릭한다.

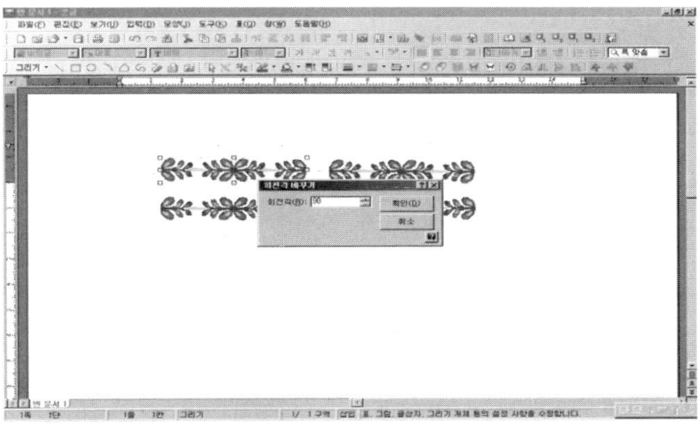

⑦ 회전각을 '90' 도로 입력한다.

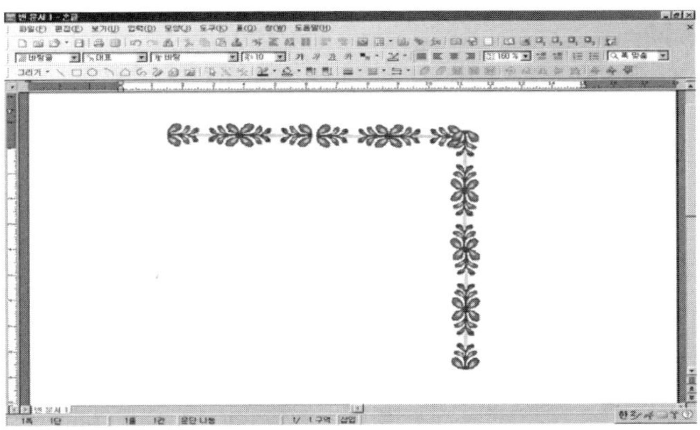

⑧ 다른 한 개의 그림도 '90도' 회전시킨 후, 왼쪽과 같이 배치한다.

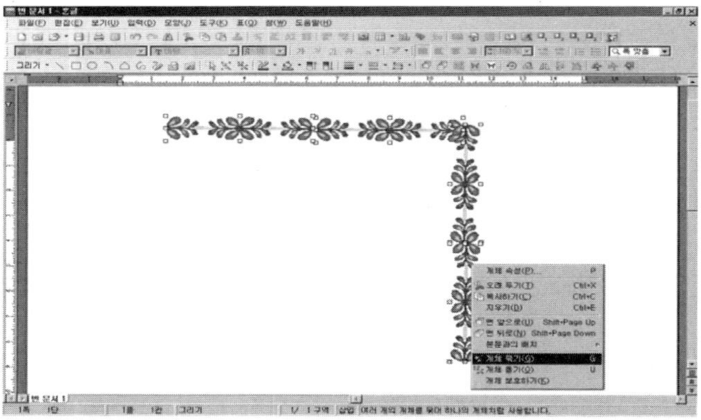

⑨ Shift키를 이용하여 4개의 그림을 선택한 후, 마우스 오른쪽 버튼을 눌러 '개체 묶기'를 클릭한다.

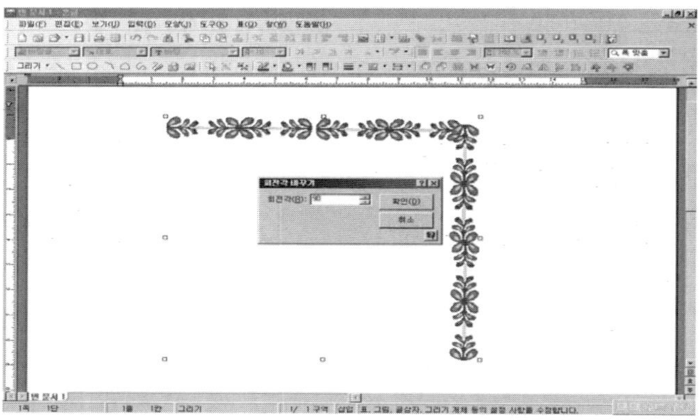

⑩ 그림을 한 개 더 복사한 후, 역시 회전각 바꾸기를 실행하여 '-90도' 회전시킨다.

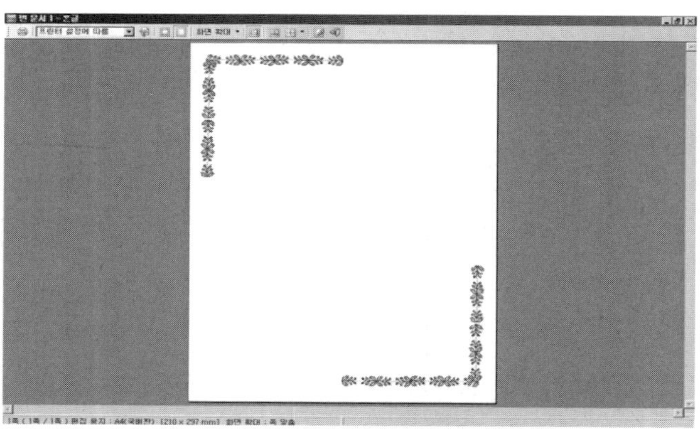

⑪ 2개의 테두리 그림을 왼쪽과 같이 화면에 배치한다.

### 3) 편지지에 배경 그림 불러오기

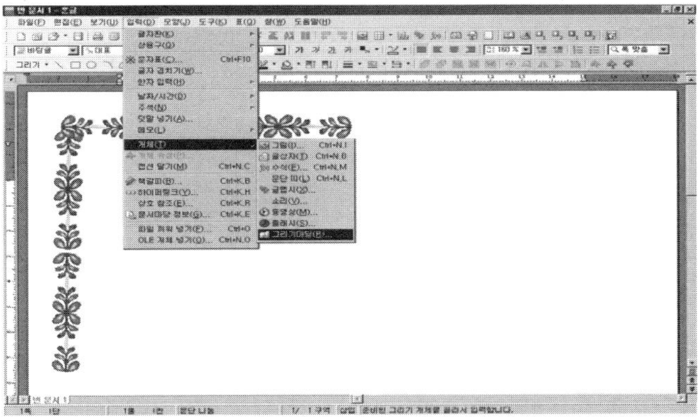

⑫ [입력]-[개체]-[그리기마당]을 실행한다.

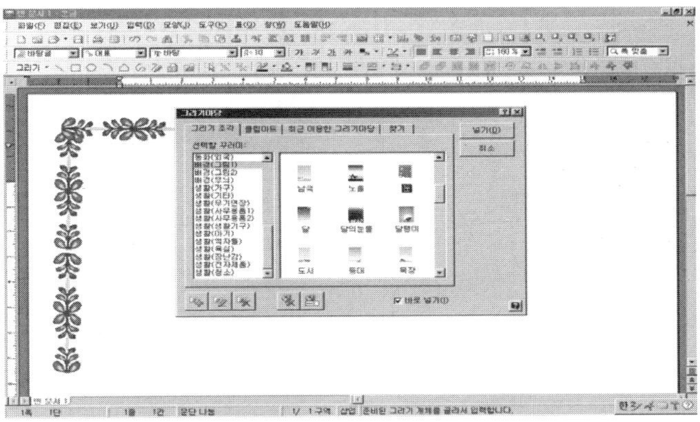

⑬ '배경(그림1)' 중 '눈'을 선택한다.

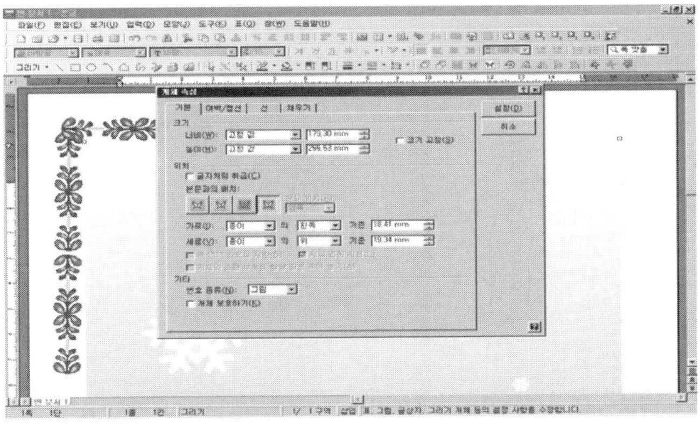

⑭ 배경 그림을 선택한 다음 마우스 오른쪽 버튼을 클릭하여 '개체 속성'을 실행한다. 그리고 본문과의 배치 항목의 4번째인 '글 앞으로'를 선택한다.

## 4) 표를 이용하여 편지 쓸 부분 만들기

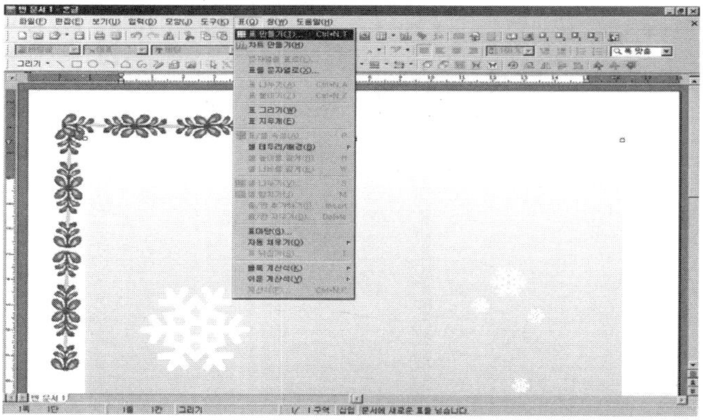

⑮ [표]-[표만들기]를 클릭한다.

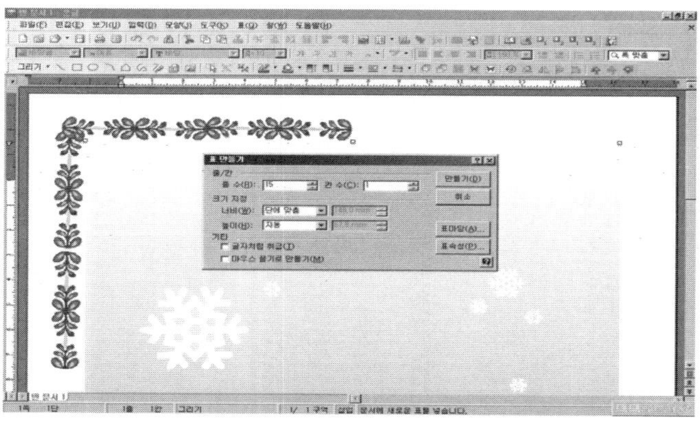

⑯ 15줄 1칸을 설정한 후, 만들기를 클릭한다.

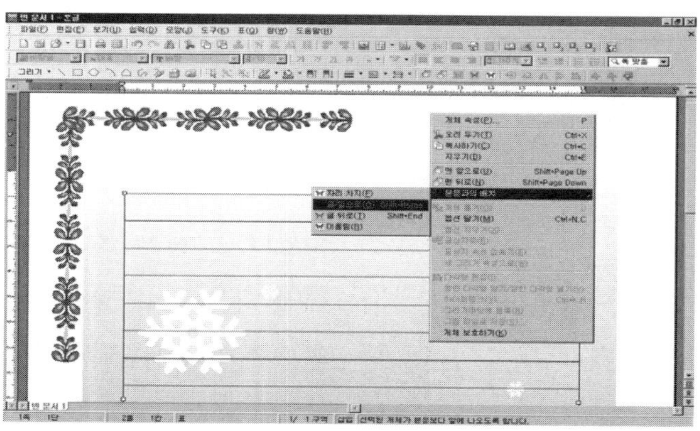

⑰ 표를 선택한 후, '본문과의 배치'를 '글 앞으로'로 선택한다.

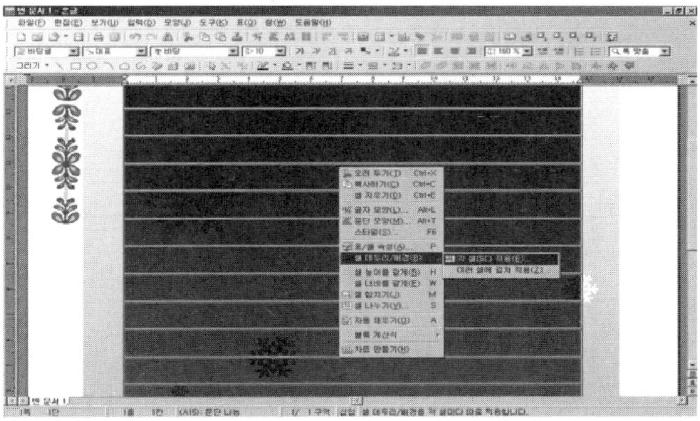

⑱ 표에서 셀을 모두 블록 설정한 후, [표]-[셀테두리/배경]-[각 셀마다 적용]을 실행한다.

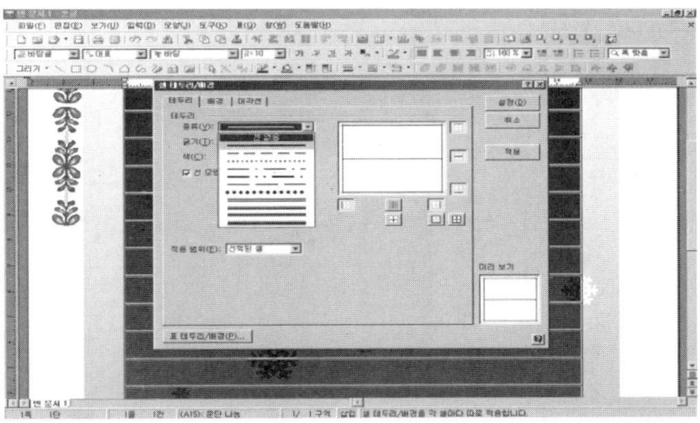

⑲ 선의 종류를 '선없음'으로 설정한 후 모든 셀에 적용한다.

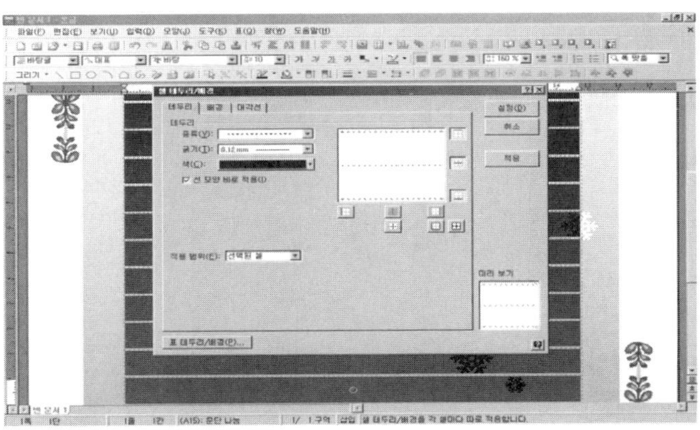

⑳ 다시 셀 전체를 선택한 후, 이번에는 선의 종류를 점선으로 한 다음 왼쪽과 오른쪽은 제외한 후, 적용한다.

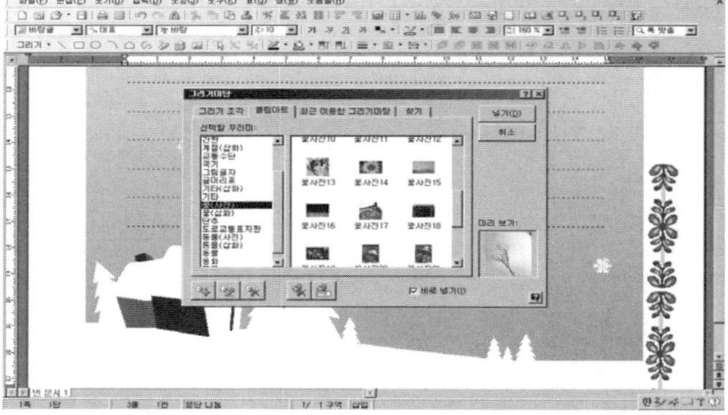

㉑ [입력]-[개체]-[그리기마당]을 실행하여 '클립아트' 탭의 꽃(사진) 꾸러미에서 꽃 사진을 선택한다.

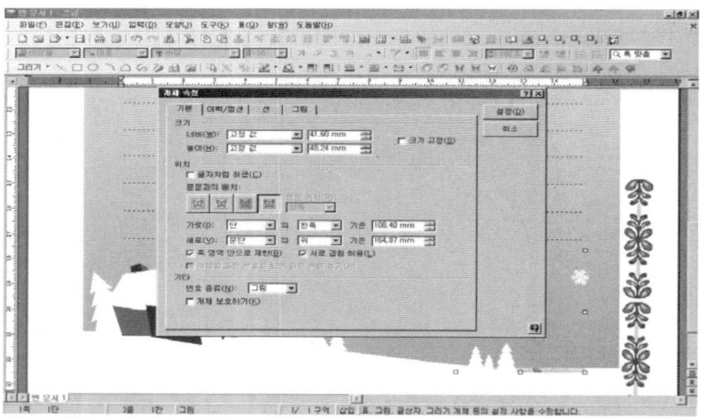

㉒ 선택한 사진을 적당한 위치에 배치한 후, '개체 속성'을 같은 방법으로 '글 앞으로'로 설정한다.

### 5) 편지지에 내용 입력하기

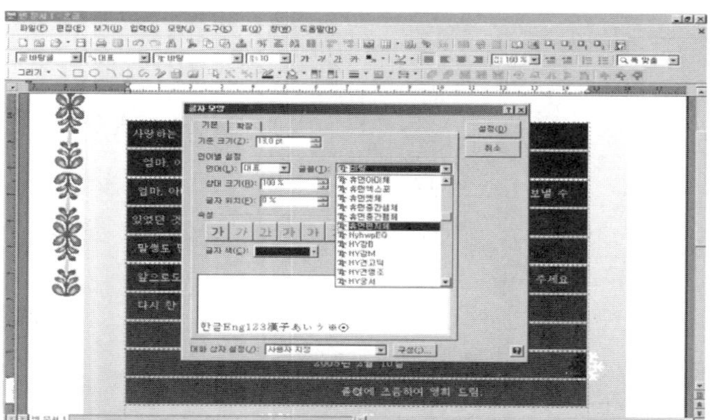

㉓ 편지 내용을 입력한 후, [모양]-[글자모양]에서 글자체와 크기를 변경한다.

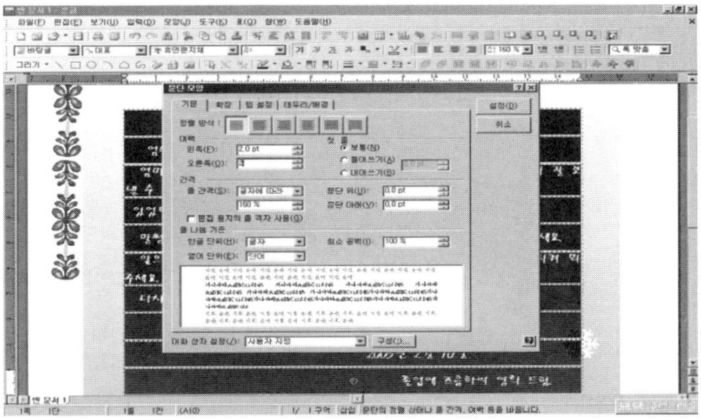

㉔ [모양]-[문단모양]에서 '양쪽 정렬' 왼쪽, 오른쪽 여백 '2'를 선택한다.

### 6) 편지 저장하기

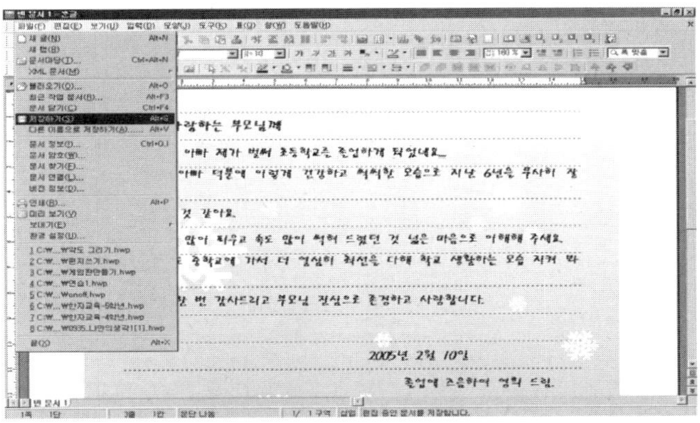

㉕ [파일]-[저장하기]를 실행하여 파일 이름을 지정한다.

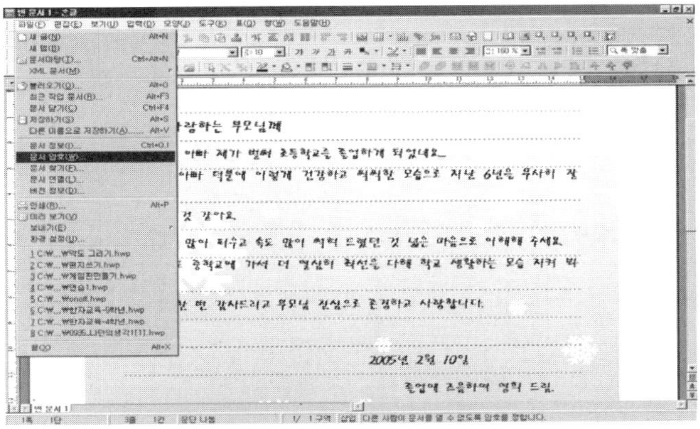

㉖ 비밀스럽게 편지를 보관하고 싶다면 [파일]-[문서암호]를 실행하여 저장할 수 있다.

# 패션 명함 만들기

- 글상자와 그리기 상자

## 01 무슨 일인가요?

새 학년이 되어 새로운 얼굴의 학급 친구들과 빨리 친해지고 싶다. 반 친구들에게 나를 소개하고 친구들의 이름과 연락처 등 신상에 대해 알아서 친숙해지고 싶다. 나를 표현하고 낯선 친구들의 특징을 잘 설명할 수 있는 패션 명함을 만들어 교환하면 새로운 학급 친구들과 더욱 빨리 친해질 수 있지 않을까?

## 02 이것만은 꼭!

⊙ '한글 2005' 를 사용하여 패션 명함을 만들 수 있다.
⊙ 자신의 특징을 친구들에게 소개할 수 있다.
⊙ 글상자, 글맵시, 그리기 마당, 그림 넣기 기능을 사용할 수 있다.

## 03 미리 알아보아요

### 1) 명함

명함은 자기 이름, 주소, 연락처, 특징, 사진 등 자신의 특징을 간략히 적은 작은 소형 종이를 말한다. 친구들에게 나를 간략히 표현하여 소개할 수 있는 패션 명함을 만들어 보자.

### 2) 글상자

[글상자]는 다단 편집에서 단의 경계를 넘어서는 커다란 제목을 넣거나 본문 중간에 박스형 요약 글을 넣을 때 주로 이용한다. 글상자는 위치와 크기 조절, 글상자 안의 채우기 효과, 테두리의 모양과 색깔 바꾸기 등을 자유롭게 설정할 수 있다. 명함 만들기에서는 명함 전체테두리를 설정하고 성명, 연락처 등 내용 부분을 손쉽게 정렬하기 위해서 글상자에 내용을 입력해 본다.

### 3) 글맵시

[글맵시]는 글자를 구부리거나 글자에 외곽선, 면 채우기, 그림자, 회전 등의 효과로 문자를 꾸미는 기능이다. 글맵시를 이용하여 자신을 한 문장으로 인상 깊게 표현할 수 있도록 비틀기, 원형모양, 물결 모양 등 다양한 문자 모양으로 꾸밀 수 있다.

### 4) 그리기 마당

[그리기 마당]은 많이 사용되는 개체(그림)를 미리 만들어 놓고, 필요할 때마다 등록된 개체(그림)를 가져다 원하는 그림을 쉽고 빠르게 그릴 수 있다. 그리기 마당을 통해 명함에 멋있게 그림을 넣어 볼 수 있다.

### 5) 그림 넣기

[그림 넣기]는 그림을 그리는 기능이 아니라 미리 준비된 그림 파일을 커서 위치에 삽입하는 기능이다. 본인의 사진을 디지털카메라로 찍어서 사용하거나, 자신이 좋아하는 그림을 불러와 확대하거나 축소하여 넣을 수도 있으며, 그림의 테두리와 그림 효과 여부도 그때그때 설정/해제할 수 있다.

# 04 무엇을 할까요?

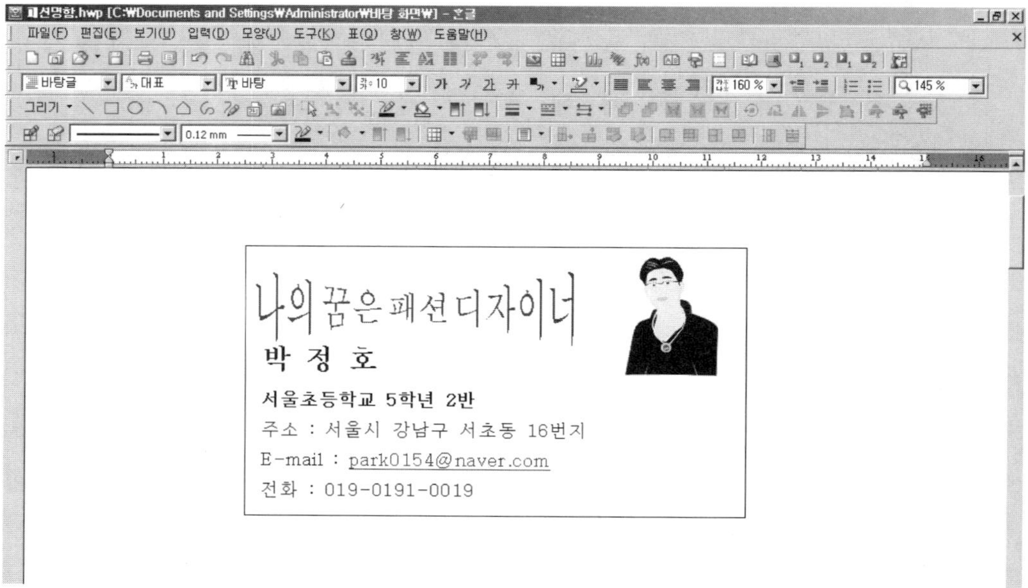

# 05 함께 만들어 보아요

## 1) 글상자 선택하기

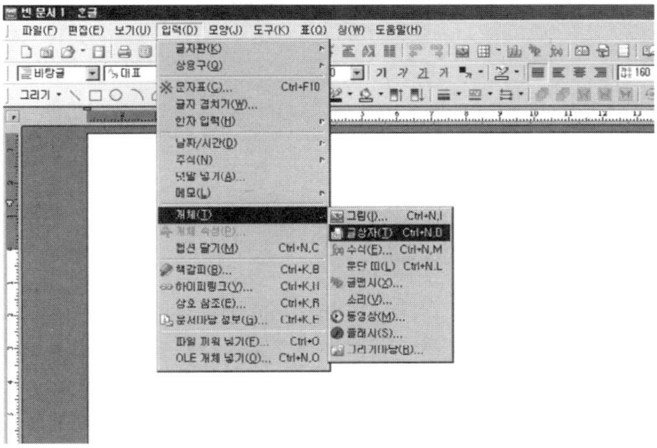

① [입력]-[개체의 글상자] 메뉴를 선택한다.

## 2) 테두리 글상자 만들기

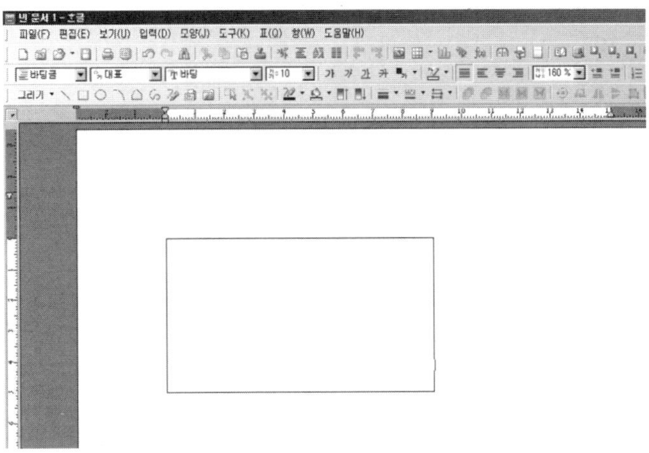

② 마우스를 드래그 하여 왼쪽과 같이 테두리를 만든다.

### 3) 명함속의 표 만들기

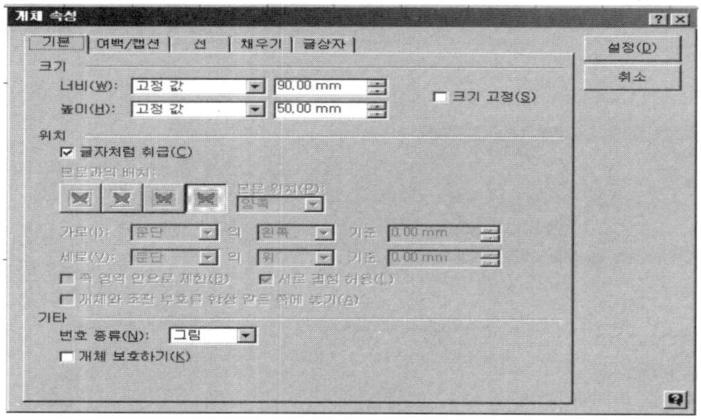


③ 글상자의 속성에서 가로는 90mm, 세로는 50mm로 조정을 하고 설정을 누른다.

### 4) 명함 속 표 만들기

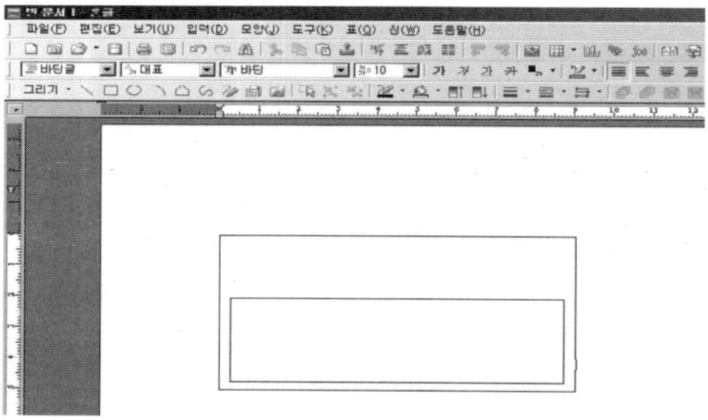

④ [입력]-[개체 글상자]를 선택하고 표 안에 왼쪽과 같이 드래그 한다.

### 5) 선 크기 조정하기

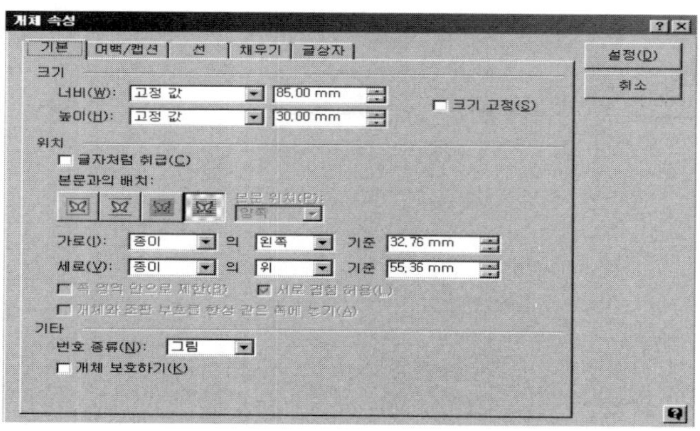


⑤ 다른 한쪽의 셀도 '색-면색'에서 원하는 색을 선택하여 왼쪽과 같이 만든다.

## 6) 선 속성 바꾸기

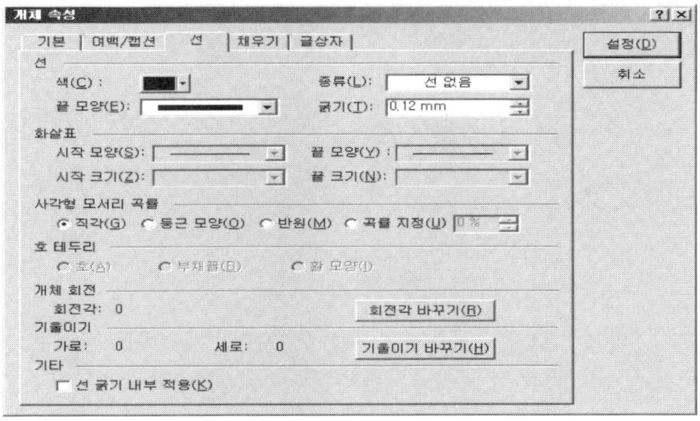


⑥ 안쪽의 글상자를 선택한 후 개체속성 대화상자를 열어 선 종류를 '선 없음'으로 설정한다.

## 7) 속성 변경 확인하기

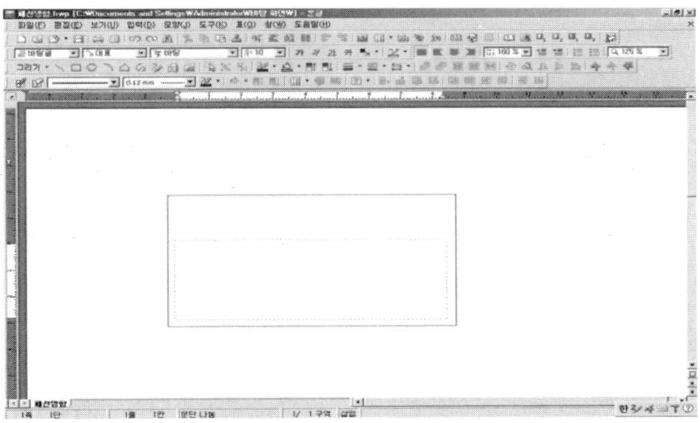

⑦ 글상자의 선 종류가 없으면 왼쪽과 같이 점선으로 나타나게 된다.

## 8) 내용 입력하기

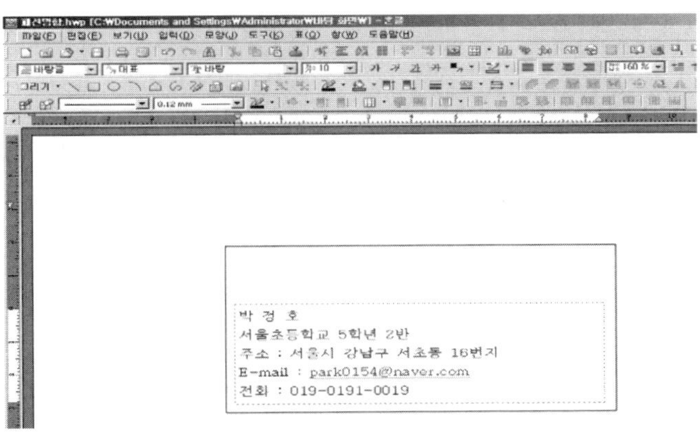


⑧ 이름, 학교, 주소, E-mail 그리고 전화번호 등 신상 정보를 안쪽 표에 삽입한다.

## 9) 특수문자 입력하기

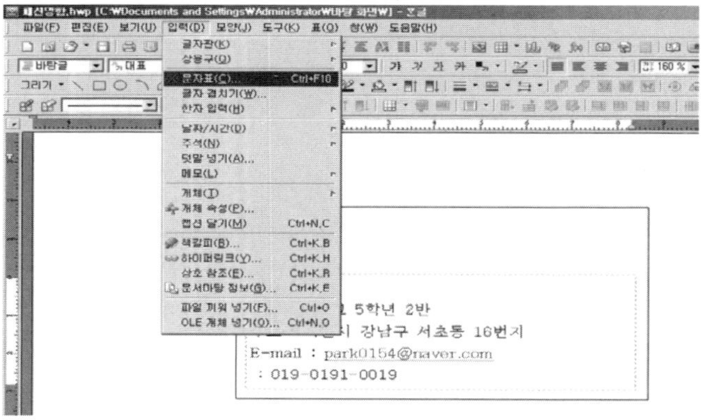

⑨ 특수문자를 불러오기 위해 [입력]-[문자표]를 선택한다. (단축키는 Ctrl+F10)

## 10) 특수문자 선택하기

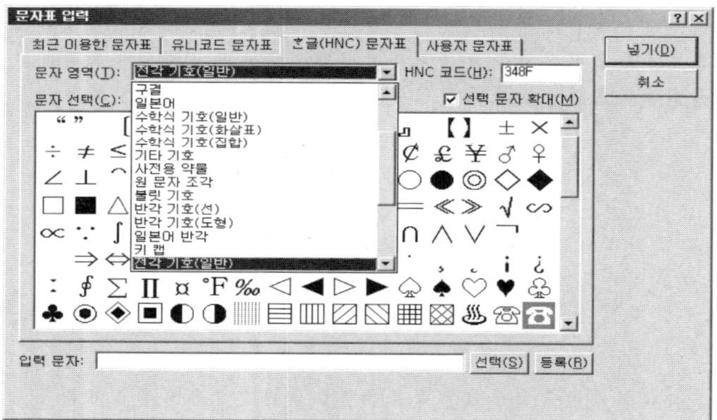

⑩ 문자 영역의 항목 중 전각 기호(일반)를 선택하고 오른쪽 아래의 전화기 아이콘을 선택한 후 「넣기」를 누른다.

## 11) 특수문자 삽입하기

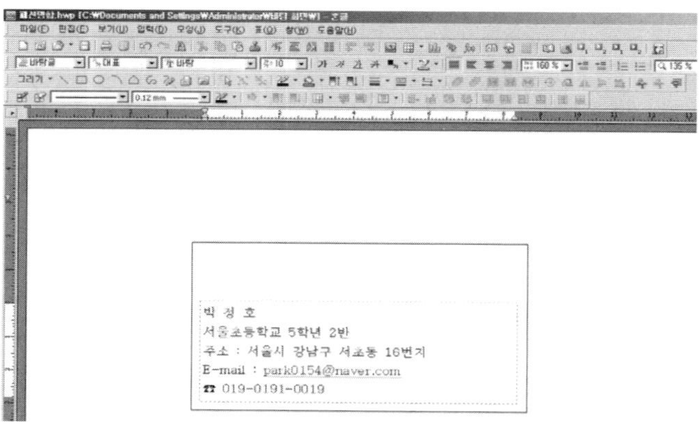

⑪ 「전화」글자를 지우고, 특수문자(☎)를 앞에 삽입한다.

## 12) 이름 속성 바꾸기

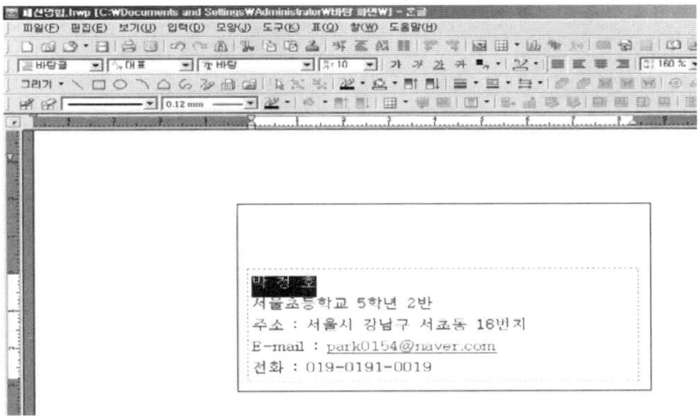


⑫ 이름 속성을 바꾸기 위해 이름 영역을 블록 씌운다.

## 13) 글자 모양 선택하기

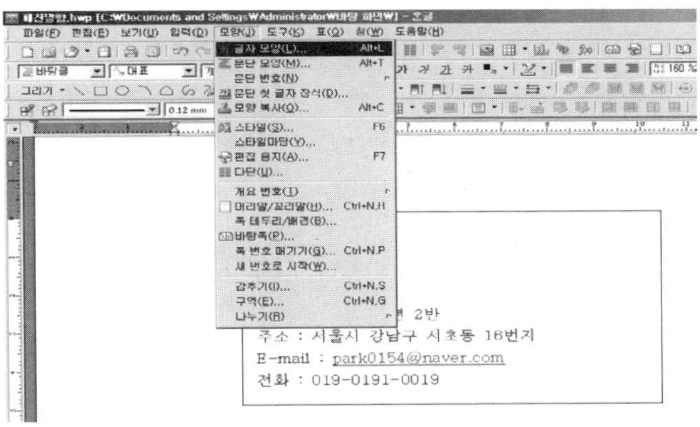


⑬ [모양]-[글자모양]메뉴를 선택한다. (단축키 Alt+L)

## 14) 글자 모양 변경

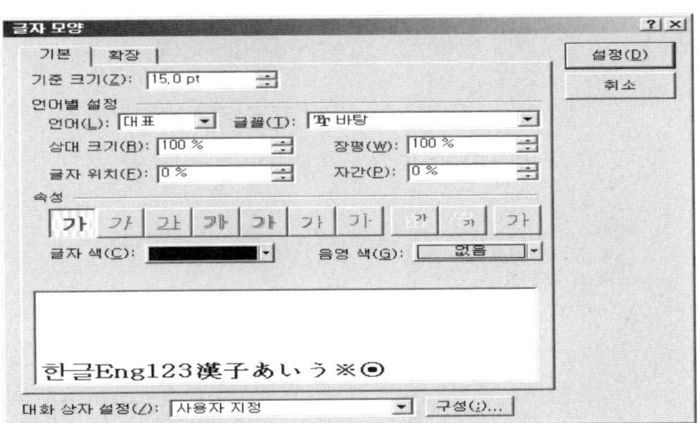


⑭ 글자 모양을 아래와 같이 변경한다.(글자 크기 : 15, 속성 : 진하기)

## 15) 변경 확인하기

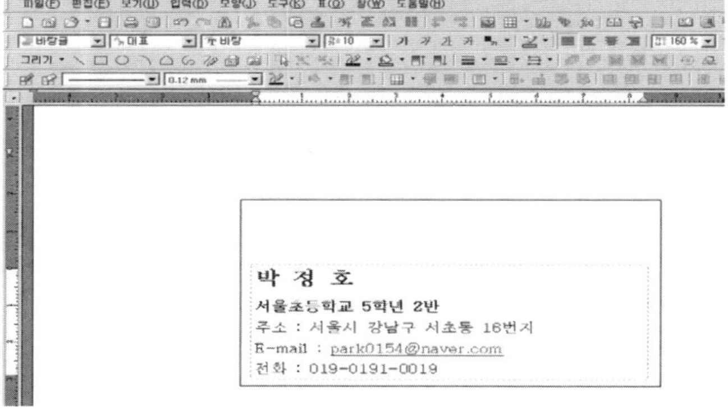


⑮ 이름과 학교의 속성이 각각 변경 되었다.

## 16) 글맵시 만들기

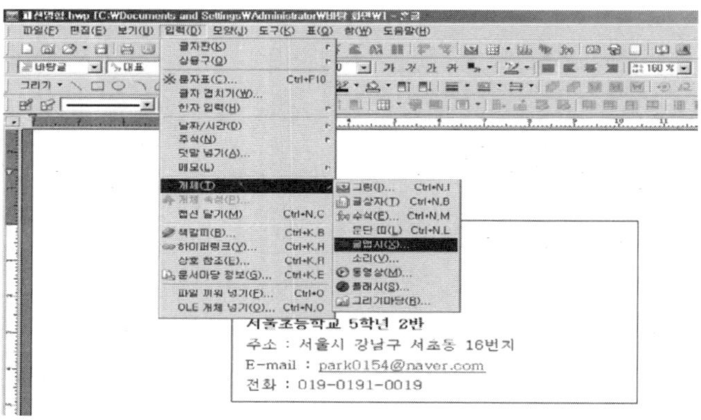

⑯ [입력]-[개체]-[글맵시]를 선택한다.

## 17) 내용 입력하기

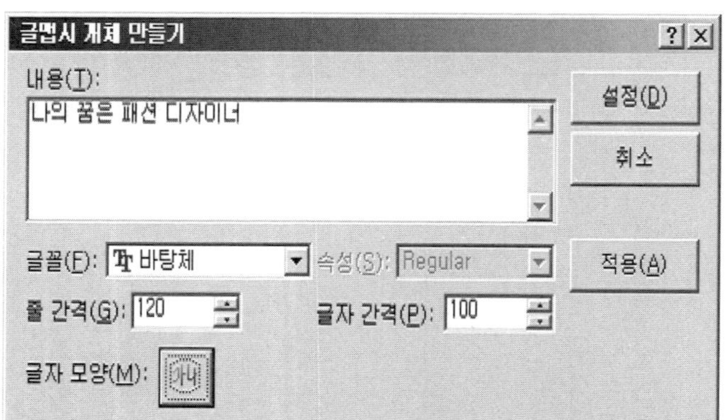


⑰ [내용]에 '나의 꿈은 패션 디자이너'를 입력하고 [설정]버튼을 누른다.

## 18) 글맵시 개체 알아보기

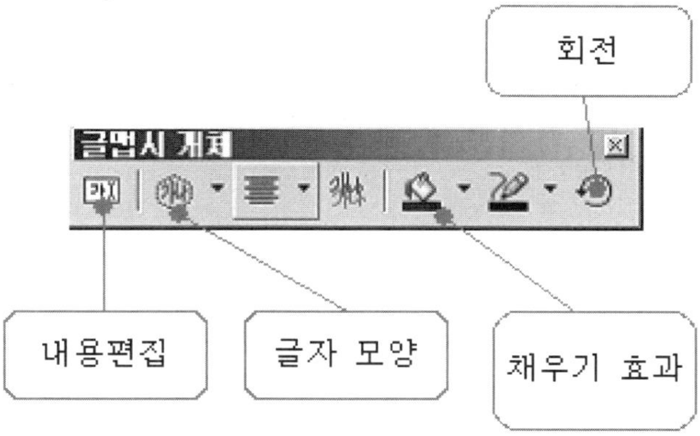


⑱ 글맵시 도구상자가 없어지면 글맵시 글자를 더블 클릭하면 나타난다.

## 19) 글맵시 수정하기

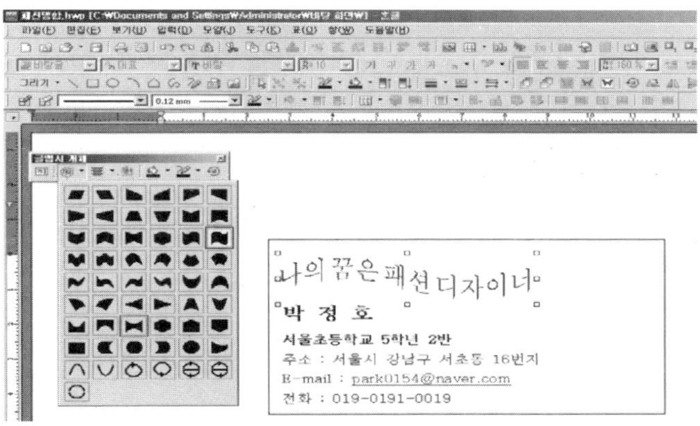


⑲ [개체]를 선택한 후 모양을 왼쪽과 같은(■) 로 변경한다.

## 20) 채우기 효과(색상 변경하기)

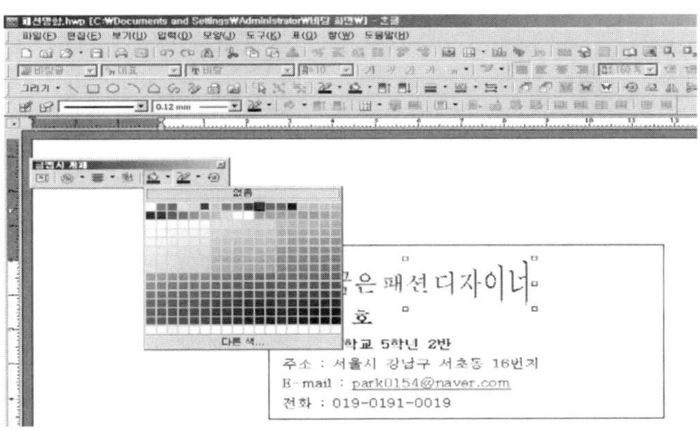


⑳ [개체]를 선택한 후 색상을 왼쪽과 같은(■)으로 변경한다.

## 21) 그림(사진) 삽입하기

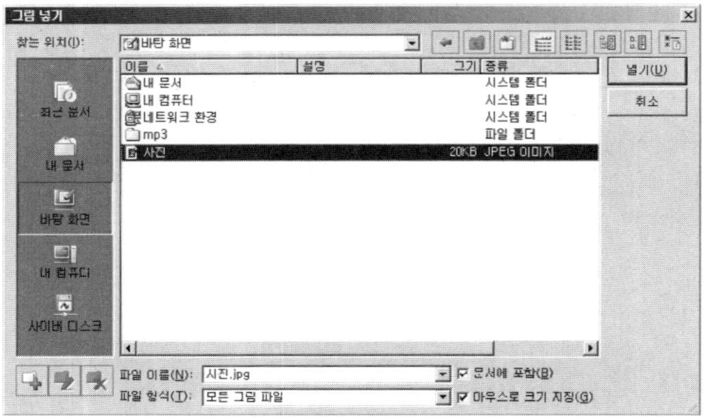


㉑ 명함에 삽입할 그림파일을 불러들인다.

## 22) 완성하기

㉒ 그림을 왼쪽과 같이 배치시키면 명함이 완성된다.

메모

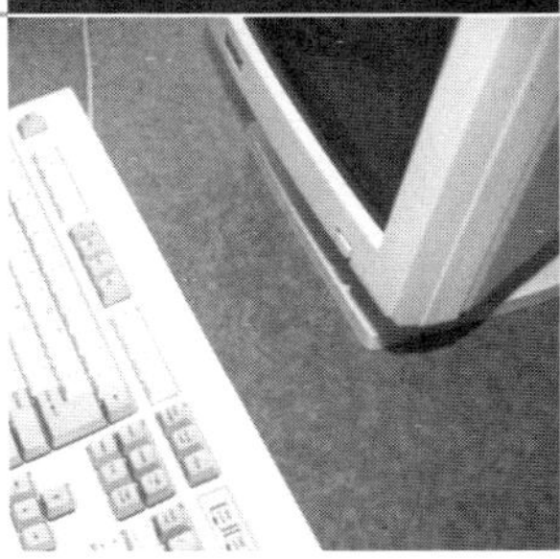

# 역할극 대본 만들기

- Style 이용

## 01 무슨 일인가요?

한 달 후에 학예회 행사가 예정되어 있다. 선생님께서는 나를 포함하여 5명의 친구들이 한 모둠이 되어 '미운 아기 오리' 에 관한 연극을 해보라고 하셨다. 모둠에서 나에게 주어진 첫 번째 임무는 우리가 연극할 때 필요한 대본(시나리오)을 만드는 것이다. 선생님께서 나를 인정해주시는 마음은 너무나 고마우나, 난 경험이 없어 무엇을 먼저 시작해야 할지 모르겠다.

## 02 이것만은 꼭!

⊙ 시나리오의 구성요소를 이해 할 수 있다.

⊙ 한글 2005를 이용하여 시나리오를 작성할 수 있다.

⊙ 스타일을 지정하고, 문서에 적용할 수 있다.

# 03 미리 알아보아요

## 1) 시나리오란

시나리오란 원래 이탈리아어이며, 영화를 촬영하는 데 사용되는 대본을 말한다. 영화를 찍는 동안 어떤 배경이 준비되어 있어야 할지, 배우들은 어떤 동작을 해야 할 것인지와 배우의 대사까지 자세히 정리해 두어야, 영화를 촬영하는 도중에 충돌을 피할 수 있다.

## 2) 시나리오의 구성요소

장면 설명, 지문, 등장인물과 대사

## 3) 스타일

스타일은 문서를 입력할 때 일관성 있는 모양으로 작업을 할 수 있게 도와준다. 스타일에서는 글자 모양, 문단모양, 탭을 하나의 스타일 이름에 설정해 두었다가 필요한 문단에 적용을 하면, 글자, 문단 모양과 탭을 지정한 것으로 한꺼번에 변경할 수 있다.

# 04 무엇을 할까요?

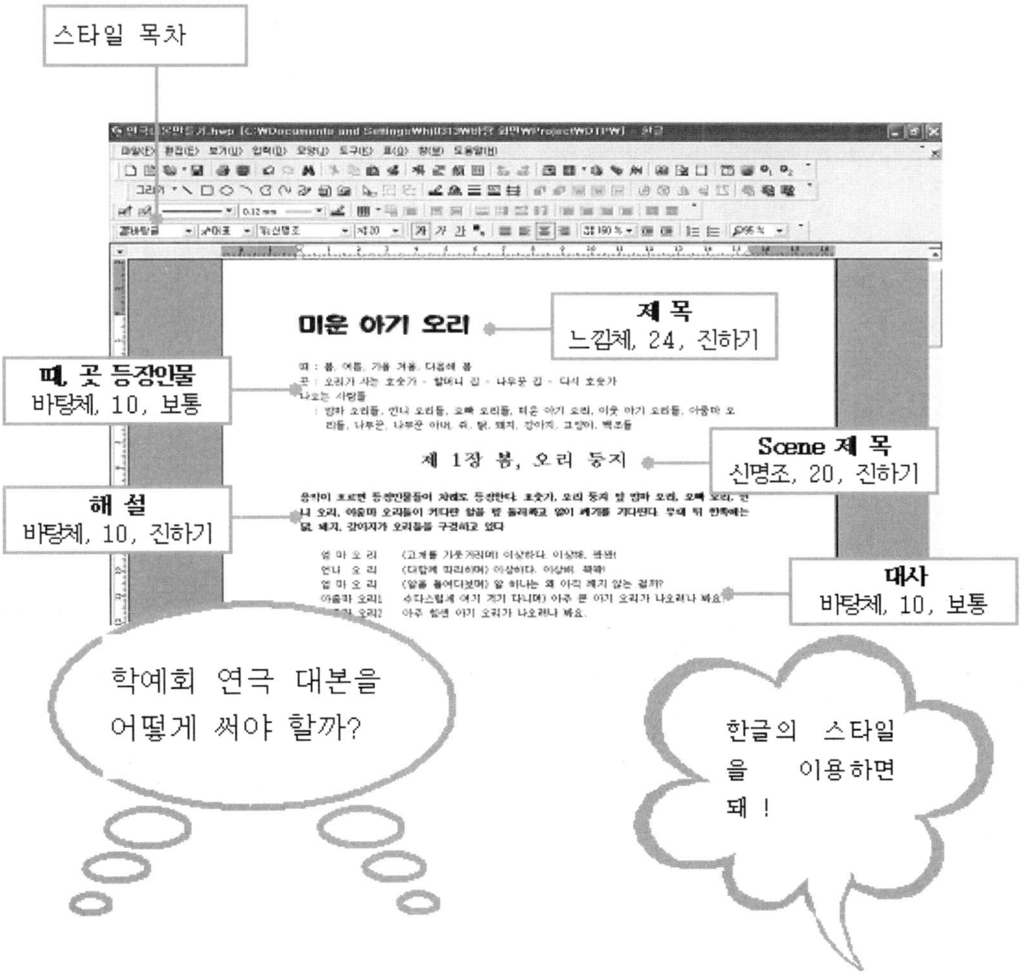
스타일 목차
미운 아기 오리
제 목
느낌체, 24, 진하기
때, 곳 등장인물
바탕체, 10, 보통
제 1장 봄, 오리 둥지
Scene 제 목
신명조, 20, 진하기
해 설
바탕체, 10, 진하기
대사
바탕체, 10, 보통
학예회 연극 대본을
어떻게 써야 할까?
한글의 스타일
을 이용하면
돼 !

# 05 함께 만들어 보아요

## 1) 제목 입력하기

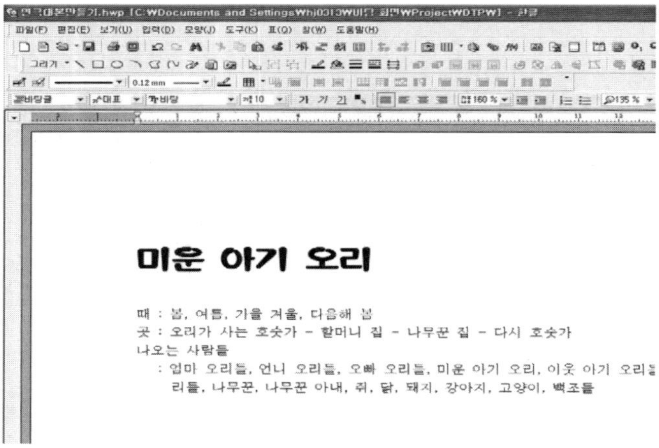

① 연극 대본의 제목과 때, 곳, 장소를 왼쪽과 같이 입력한 후에 제목 글꼴은 느낌체, 글자크기는 24로 설정한다.

## 2) Scene 제목 입력하기

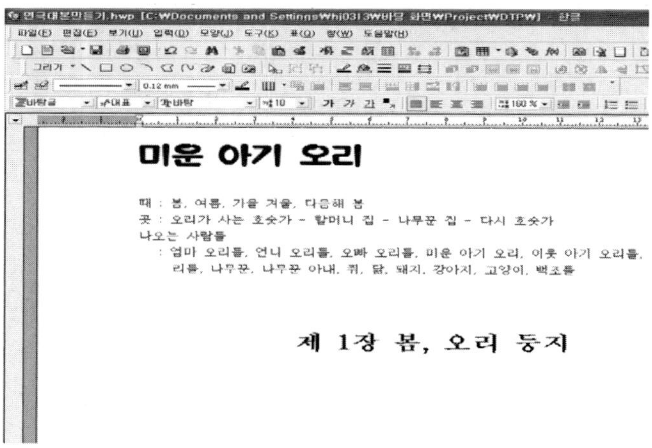

② SCENE 제목을 입력 한 후 [메뉴]-[모양]-[스타일]을 선택한다.

### 3) 스타일(Style) 추가하기

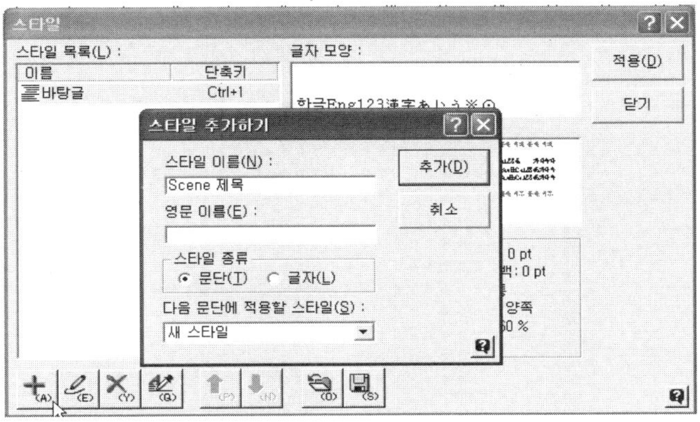


③ 왼쪽 하단의 [+] 버튼을 선택한 후 스타일 이름에 「Scene 제목」을 입력하고 추가 버튼을 클릭한다.

### 4) 스타일(Style) 적용하기

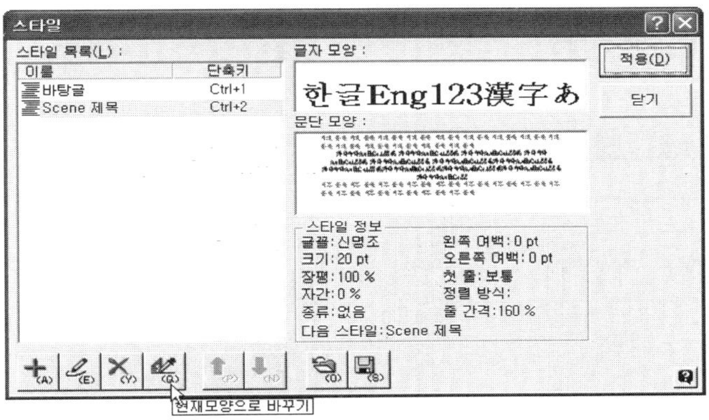


④ 스타일 목록에 「Scene 제목」이 등록된 것을 확인한 후, 스포이트 버튼을 선택한다. 앞으로 모든 Scene 제목은 이 스타일을 적용하게 된다.

### 5) 스타일(Style) 확인하기

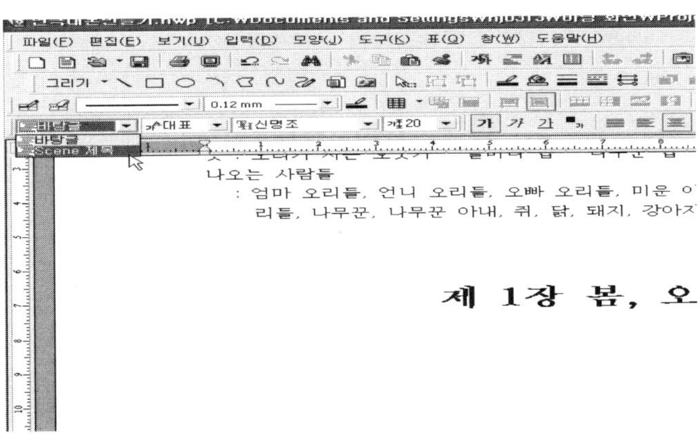


⑤ 왼쪽 상단의 펼침 메뉴에서 등록된 스타일을 확인한다. 스타일을 추가하면 목록에서 늘어난 스타일을 확인할 수 있다.

### 6) 해설 입력하기

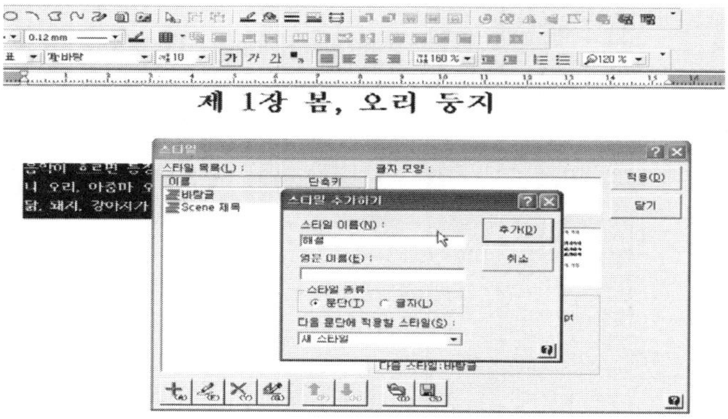


⑥ 해설을 입력 한 후, 글꼴을 진하게 한다. 선택한 후, [메뉴]-[모양]의 스타일을 추가하고, 이름을 '해설' 이라고 입력한다.

### 7) 해설 적용하기

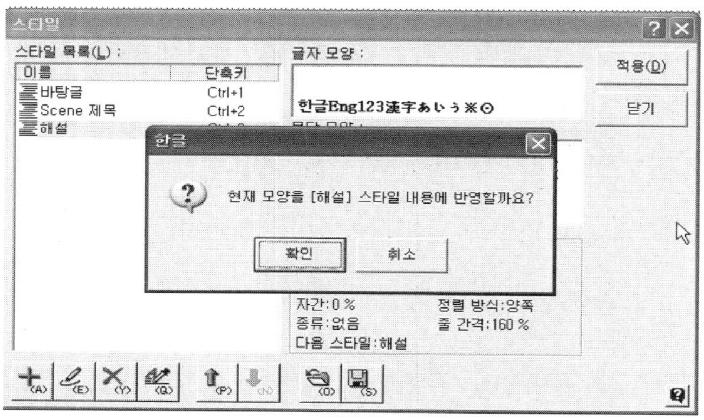


⑦ 스타일 목록에 「해설」이 등록된 것을 확인한 후 스포이트 버튼을 선택 하면, 앞으로 모든 해설은 이 스타일을 적용 하게 된다.

### 8) 대사 입력하기

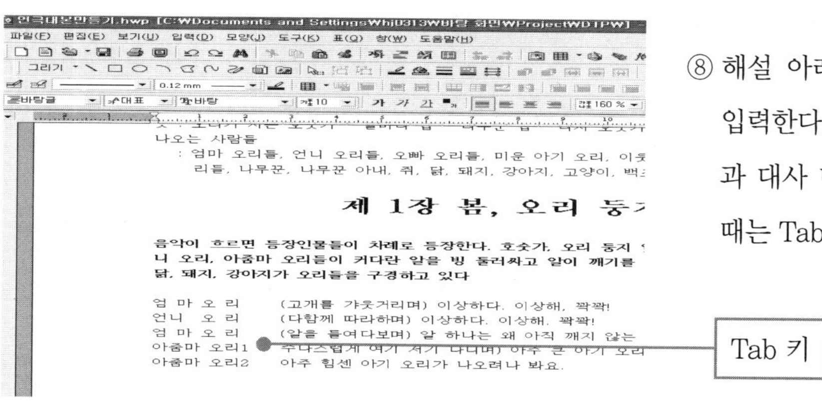


⑧ 해설 아래 부분에 대사를 입력한다. 이때, 등장인물과 대사 내용을 정렬 시킬 때는 Tab 키를 눌러준다.

## 9) 대사 입력하기

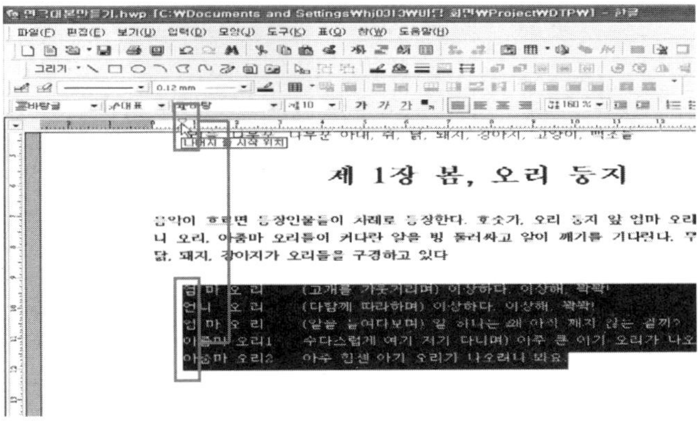


⑨ 들여쓰기를 위해 대사부분을 블록으로 지정한 후, 눈금자의 Tab 키를 마우스로 적당히 이동한다. Tab를 이동하면, 대사부분의 문단도 함께 이동한다.

## 10) 대사 적용하기

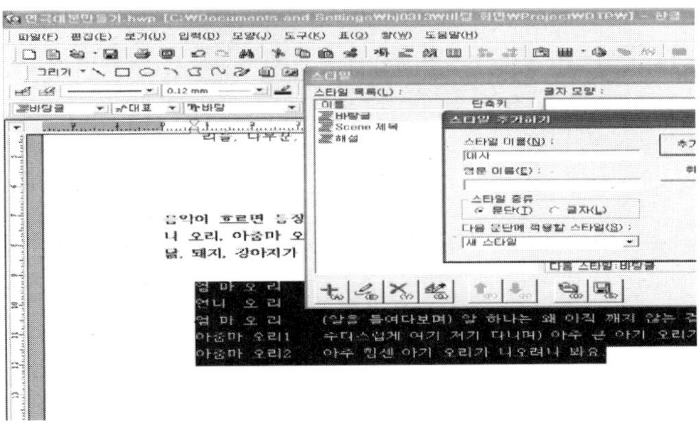

⑩ 스타일 목록에 「대사」를 등록한 후, 스포이트 버튼을 클릭하여 스타일을 적용 시킨다.

## 11) 대본 쓰기

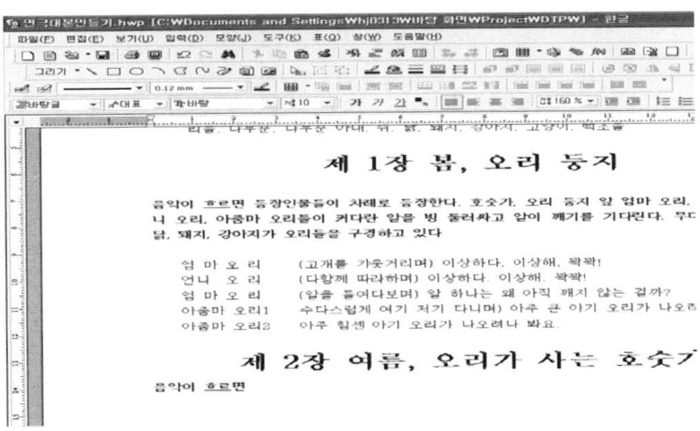


⑪ 이제부터는 제목, 해설, 대사의 3가지 스타일을 가지고, 대본을 써보자. 이때, Ctrl과 숫자의 조합으로 각 스타일로 이동할 수 있다.(Ctrl+2⇒Scene 제목)

메 모

영재를 위한 오피스 교육론

# 3장 스프레드시트

# 01 스프레드시트란 무엇인가?

워드 프로세서가 문서작성용 편집프로그램이라면 스프레드시트는 일상 생활에서 많이 발생되는 여러 가지 계산 작업을 표 형태의 양식을 이용하여 자동으로 할 수 있는 표 계산 프로그램으로 흔히 마이크로소프트(Microsoft)사의 엑셀(Excel)을 많이 이용한다.

계산기와 계산용지, 장부 등이 통합된 것이라 할 수 있는데 연산 및 표를 작성하고 나아가 그래프까지 그리는 소프트웨어를 말한다.

스프레드시트의 기능은 복잡한 수식을 쉽게 처리할 수 있는 수치 계산 기능, 입력된 데이터나 계산된 결과를 시각적으로 나타내는 2차원 및 3차원 차트기능, 자료의 검색, 추출, 정렬, 레코드 관리 등과 같이 데이터베이스를 관리해주는 데이터베이스 기능, 문서작성기능, 복잡하고 반복되는 작업을 단순화 및 자동화 할 수 있게 도와주는 매크로 기능 등이 있다. 스프레드시트의 구성단위는 셀(cell), 열, 행, 영역으로 나누어 볼 수 있다.

셀은 가로의 행과 세로의 열이 교차하면서 생기는 공간으로 정보를 저장하는 단위인데, 예를 들어 생산비나 판매물품의 개수 등을 입력하면 하나의 셀에 한 개의 값이 표시되게 된다.

스프레드시트는 처리하고자 하는 숫자와 데이터를 셀에 기입하고 이 셀들을 사용자가 처리하기를 원하는 수학식으로 연결하면 셀 내용이 사용자의 수학식에 의해 자동 계산되어 결과를 볼 수 있게 된다. 그 밖에도 스프레드시트에서는 여러 파일을 동시에 한 화면에 표시할 수도 있고, 파일 간을 서로 연결시켜 내용의 복사, 이동, 연산을 할 수 있으며, 메모리가 허용하는 한도의 파일을 동시에 불러들여 한꺼번에 볼 수도 있다.

## 02 스프레드시트의 종류

1978년 8비트 애플 컴퓨터용으로 개발된 비지칼크(Visicalc), 1982년 미국의 로터스사에서 개발된 Lotus 1-2-3, 그리고 현재 가장 보편화된 마이크로소프트(Microsoft)사의 엑셀(Excel) 등이 있다.

## 03 스프레드시트의 활용

- ⦿ 구구단 표 만들기
- ⦿ 내 성적은 얼마쯤 ?
- ⦿ 예쁜 시간표 만들어 보기
- ⦿ 우리 반 주소록 만들기
- ⦿ 나는 우리 반 총무에요
- ⦿ 나를 소개합니다.
- ⦿ 학급문고 관리하기

# 구구단 표 만들기

- 절대 주소 및 상대주소

## 01 무슨 일인가요?

오늘은 엑셀 수식을 배웠다.

엑셀의 절대주소, 상대주소 그리고 수식을 이용하여 구구단 표를 만들어 볼 수 있을까?

## 02 이것만은 꼭!

- ⊙ 절대 주소와 상대주소의 개념을 알 수 있다.
- ⊙ 수식과 결합하여 구구단 표를 만들 수 있다.
- ⊙ 엑셀을 이용한 자동 채우기 기능을 할 수 있다

# 03 미리 알아보아요

엑셀은 수식 계산에 있어 셀의 주소를 참조하는 데, 주소를 참조할 때 상대참조와 절대참조의 2가지 방법을 나누어서 사용한다.

### 1) 절대주소

수식에서 수식이 들어 있는 셀의 위치에 관계없이 고정된 셀의 주소를 의미한다. 절대 셀 참조는 $A$1 형식을 사용한다. 즉, '상대 주소'와 달리 셀의 변경이 있어도 해당 셀의 주소가 변경되지 않는 것이다. 다시 말하면, 셀의 변경이 있어도 참조하는 셀의 주소는 변경이 없다는 것이다. 말 그대로 해당 셀이 절대 바뀌지 않는 것을 말한다.

### 2) 상대주소

수식에서 수식과 참조되는 셀이 들어 있는 셀의 상대 위치를 기준으로 하는 주소이다. 수식을 복사하면 참조가 자동으로 조정된다. 상대 주소는 다음과 같이 표시된다.

$A1(절대 열과 상대 행) 또는 A$1(상대 열과 절대 행)

# 04 무엇을 할까요?

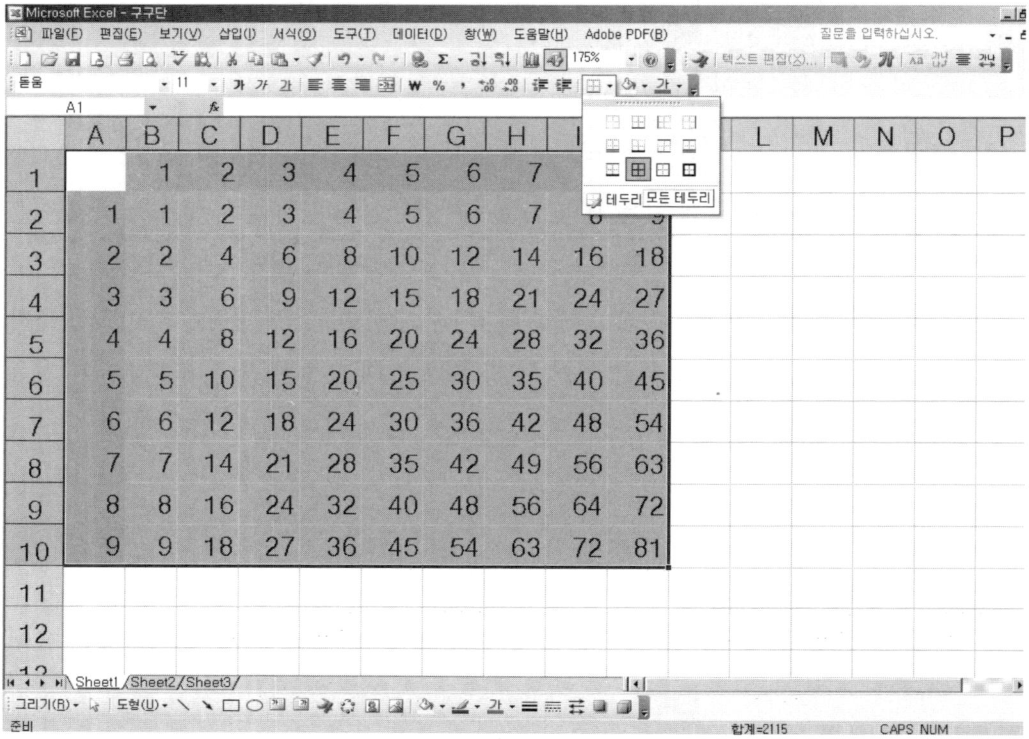
Microsoft Excel - 구구단
파일(F) 편집(E) 보기(V) 삽입(I) 서식(O) 도구(T) 데이터(D) 창(W) 도움말(H) Adobe PDF(B)
질문을 입력하십시오.
175%
텍스트 편집(X)...
돋움
11
A1
A B C D E F G H I L M N O P
1 1 2 3 4 5 6 7
2 1 1 2 3 4 5 6 7
3 2 2 4 6 8 10 12 14 16 18
4 3 3 6 9 12 15 18 21 24 27
5 4 4 8 12 16 20 24 28 32 36
6 5 5 10 15 20 25 30 35 40 45
7 6 6 12 18 24 30 36 42 48 54
8 7 7 14 21 28 35 42 49 56 63
9 8 8 16 24 32 40 48 56 64 72
10 9 9 18 27 36 45 54 63 72 81
11
12
테두리 모든 테두리
Sheet1 Sheet2 Sheet3
그리기(R) 도형(U)
준비
합계=2115
CAPS NUM

# 05 함께 만들어 보아요

## 1) 새 문서 열기

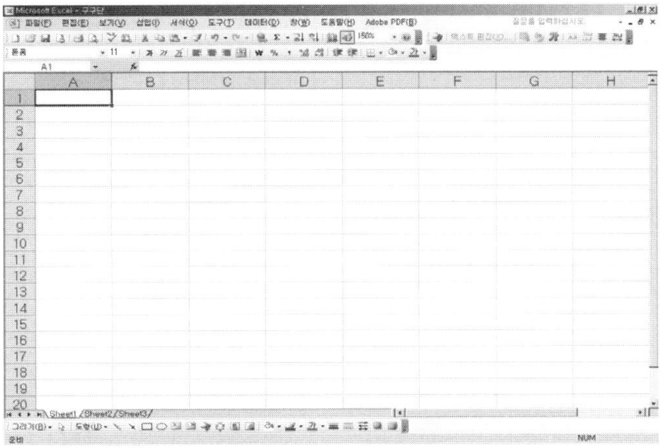

① 엑셀 프로그램을 실행한 후 새 문서를 연다.

## 2) 새 문서 열기

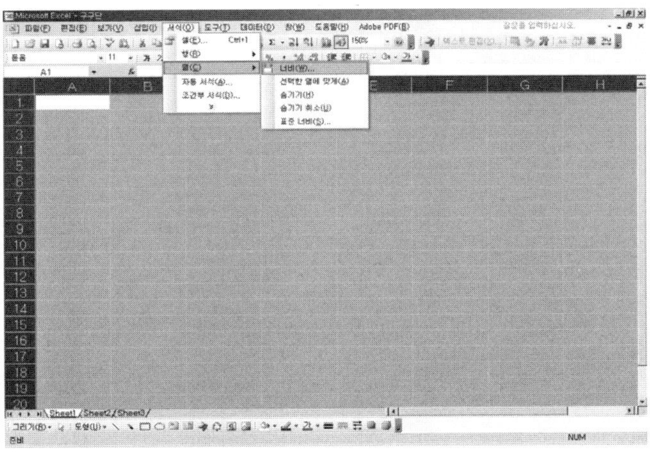

② 전체 셀을 선택한 후 [서식]-[열]-[너비]를 클릭한다.

## 3) 수치 입력하기

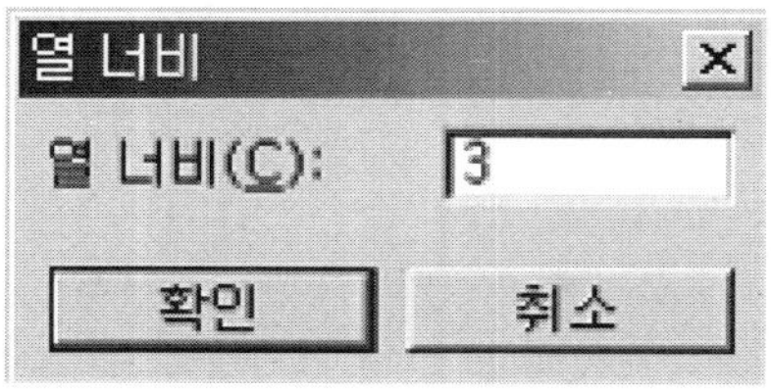

③ 열 너비에 '3' 을 입력한 후 확인 버튼을 누른다.

## 4) 행 높이 조정하기

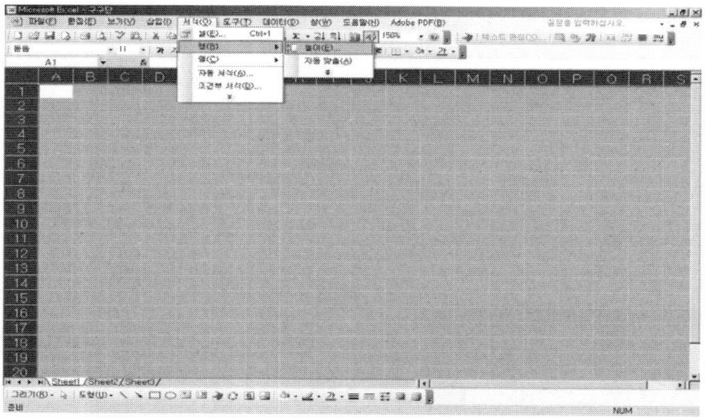

④ 전체 셀을 선택한 후 [서식]-[행]-[높이]를 클릭한다.

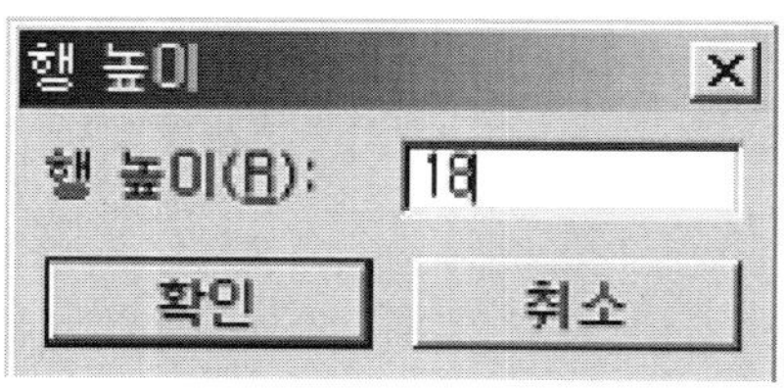

⑤ 왼쪽과 같이 행 높이에 18을 입력한다.

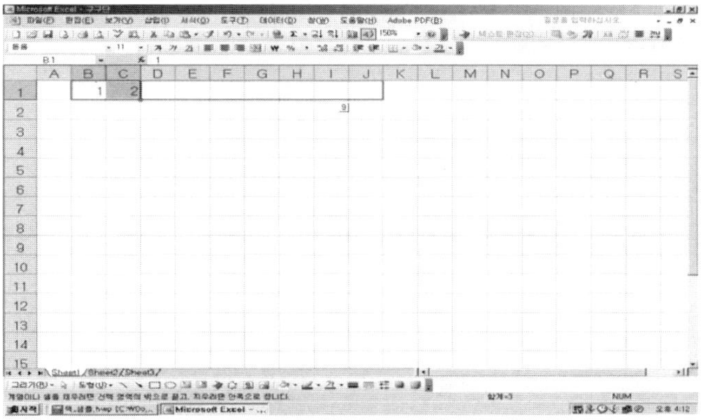

⑥ B1과 C1에 각각 1과 2를 입력한 후, J1까지 채우기 효과를 적용한다.

## 5) 열 수치 입력하기

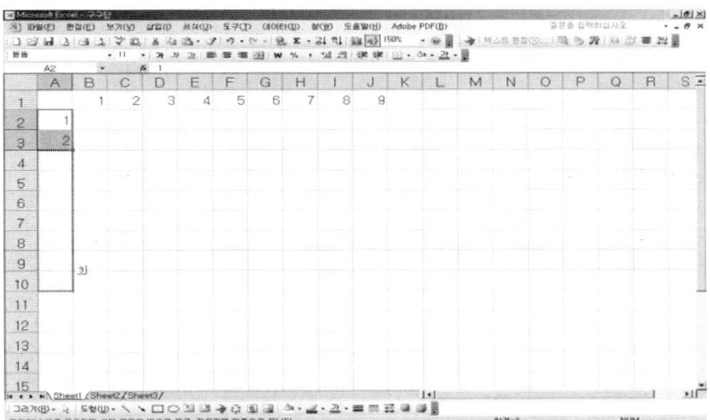

⑦ 열 숫자 또한 A2와 A3에 각각 1과 2를 입력한 후 A2의 오른쪽 아래 꼭지 점을 A10까지 드래그 한다.

## 6) B2 셀 선택하기

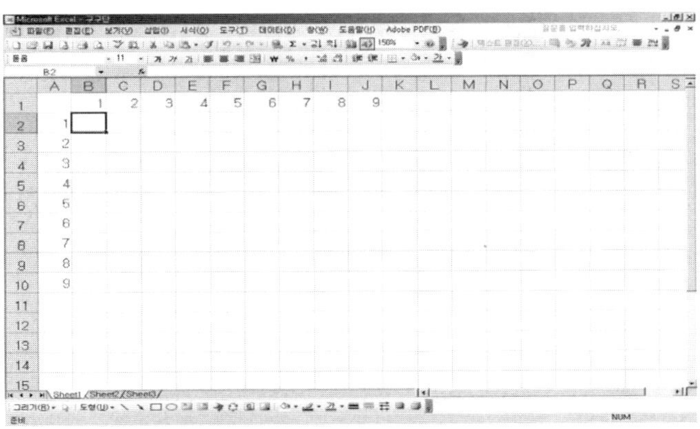

⑧ B2 셀을 선택한다.

## 구구단 되돌아보기

- 엑셀에서는 곱셈을 하기 위해서는 아래와 같은 수식을 이용한다.

= A2(행 주소) × B1(열 주소)

- 행과 열이 교차하는 지점의 값은 행과 열의 곱이다.

| | 1(B1) | 2(C1) | 3(D1) | 4(E1) |
|---|---|---|---|---|
| 1(A2) | 1 × 1 (A2×B1) | 1 × 2 (A2×C1) | 1 × 3 (A2×D1) | 1 × 4 (A2×E1) |
| 2(A3) | 2 × 1 (A3×B1) | 2 × 2 (A3×C1) | 2 × 3 (A3×D1) | 2 × 4 (A3×E1) |
| 3(A4) | 3 × 1 (A4×B1) | 3 × 2 (A4×C1) | 3 × 3 (A4×D1) | 3 × 4 (A4×E1) |
| 4(A5) | 4 × 1 (A5×B1) | 4 × 2 (A5×C1) | 4 × 3 (A5×D1) | 4 × 4 (A5×E1) |

- 색칠된 두 셀을 비교해 보자.

A2 × B1

A5 × E1

행과 열 주소 중에서 바뀌지 않은 것은 A와 1이다.
따라서 두 개는 절대 주소로 설정한다.

- 절대 주소와 상대 주소 설정하기

A2 × B1 → $A2 × B$1

- 열 주소 중 A값은 고정되고, 행 주소는 (2, 3, 4... ) 늘어난다.
- 행 주소 1은 고정되고, 열 주소는(B, C, D....) 늘어난다.

### 7) 수식 입력하기

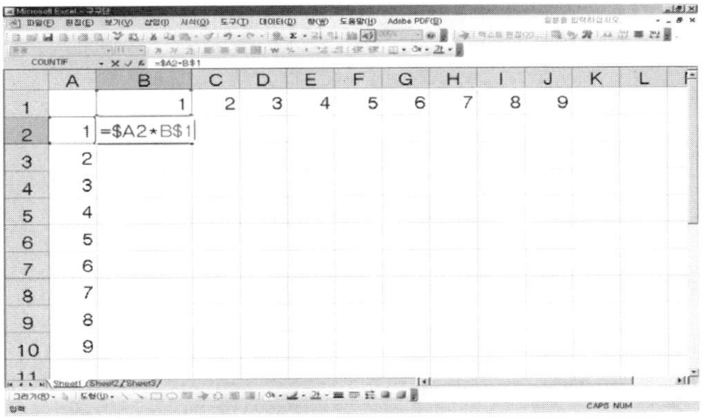

⑨ B2 셀에 왼쪽과 같은 수식을 입력한다.

### 8) 수식 채우기 효과 (첫 번째 행)

⑩ B2에 수식을 입력한 후 오른쪽 아래 꼭지 점을 선택한 후, J2까지 드래그 한다.

### 9) 수식 채우기 (전체)

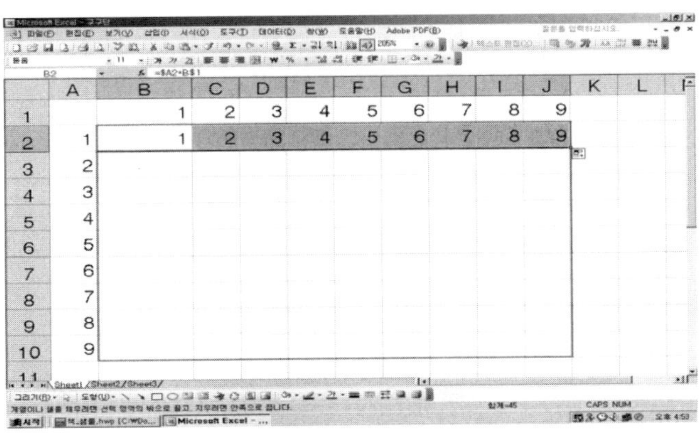

⑪ J2 셀의 오른쪽 아래 꼭지 점을 선택한 후 A10까지 드래그 한다.

## 10) 열 머리 색칠하기

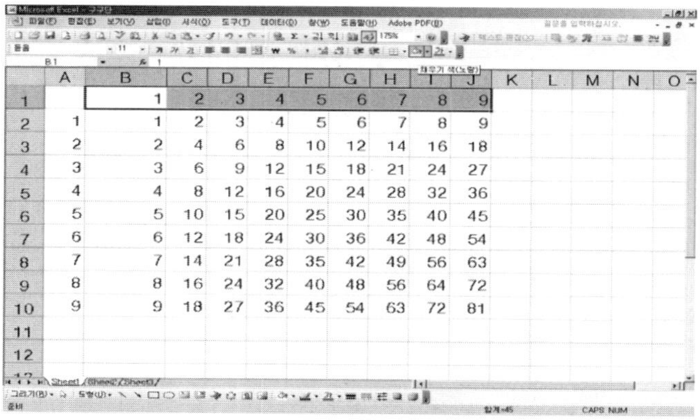

⑨ B1부터 J1까지 선택한 후 채우기 아이콘을 클릭한다.

## 11) 행 머리 색칠하기

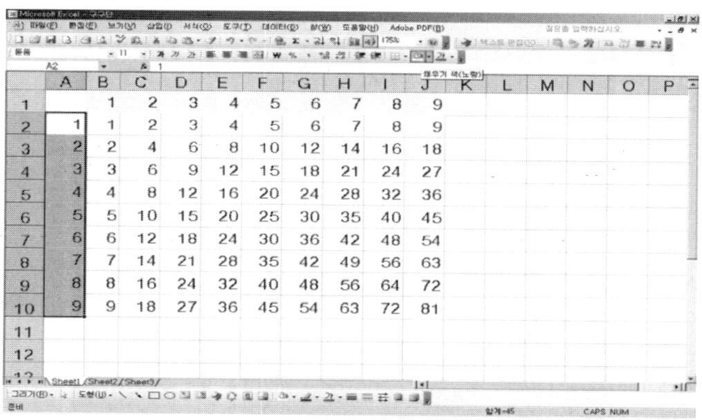

⑩ A2부터 A10까지 선택한 후 채우기 아이콘을 클릭한다.

## 12) 테두리 입히기

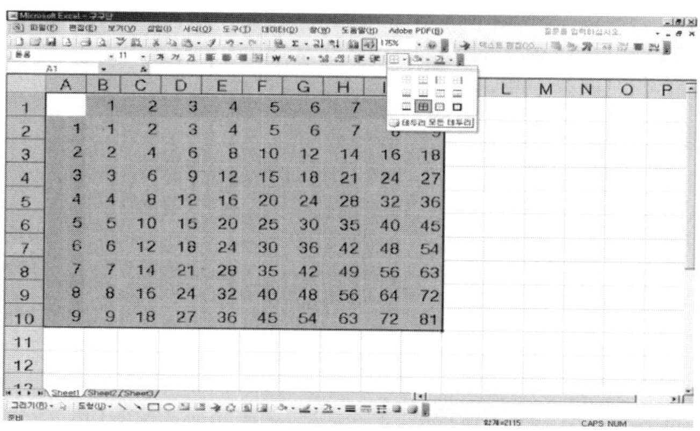

⑪ 왼쪽과 같이 구구단 영역을 선택한 후 「모든 테두리 입히기」를 클릭한다.

# 내 성적은 얼마쯤 ?

Excel 함수 및 Chart 이용

## 01 무슨 일인가요?

이번에 중간고사 성적표를 받았다. 성적표에는 나와 우리 반 아이들의 성적이 나와 있었다. 난 내 성적이 우리 반에서 어느 정도 되는지 또 전체 중 몇 등이나 하는지 궁금해졌다. 물론 계산기로 일일이 할 수도 있었지만 학교에서 배운 Excel 응용프로그램을 사용한다면 내 성적이 얼마쯤 되는지 손쉽게 계산할 수 있을 것 같다.

## 02 이것만은 꼭!

- ⊙ 표현하고 싶은 주제를 선정하여 가족 신문을 구상할 수 있다.
- ⊙ 워크시트에 간단한 성적 데이터를 입력할 수 있다.
- ⊙ 엑셀 함수를 이용하여 총점, 평균 그리고 등수를 구할 수 있다.
- ⊙ 차트 마법사를 이용하여 차트를 만들 수 있다.

## 03 미리 알아보아요

### 1) 총점과 평균

총점이란 받은 총 점수를 모두 다 합한 것이다. 전체의 점수를 총점이라 부르고, 총점을 과목 수로 나누어 얻은 점수를 평균, 다시 말해서 '중간 값'이라한다.

## 2) 석차

석차는 전체 우리 반 학생들 중에서 내가 몇 등 했는지를 나타내는 것이다. 석차는 평균이나 총점으로 구한다.

## 3) 함수

함수란 어떤 값에 따라 어떠한 결과를 만들어 내는 한 기능이다. 엑셀에서는 함수를 이용하여 총점이나 평균을 쉽게 구한다. 몇 가지 정해진 함수의 기능으로 몇 번의 클릭만으로 수고를 줄일 수 있다. 예를 들어 총점은 함수이름으로 Sum이고 이 함수를 이용하여 총점을 쉽게 구할 수 있다. 엑셀의 함수를 기본적인 사용을 알아보자.

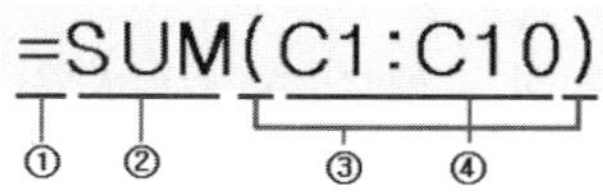


① = : 수식을 엑셀에게 알리는 중요한 기호이다. 물론 함수도 수식과 같이 취급을 한다.

② 함수이름 : 함수이름을 쓰면 된다. 함수의 이름은 지금부터 공부를 하겠지만, 일반적으로 영어이거나 영어의 약자를 사용하게 된다.

- Sum : 합계
- Average : 평균
- Rank : 순위를 구한다.

③ ( ) : 함수이름을 썼으면, 반드시 괄호( )를 해야 한다. 괄호가 없는 함수는 없다.

④ 인수 : 괄호 속에는 여러 가지 종류의 것이 들어갈 수 있다. 괄호 속에 들어가는 것을 우리는 '인수' 라고 부른다. 이 범위만큼 함수에 따라 나오는 값이 달라지게 된다.

# 04 무엇을 할까요?

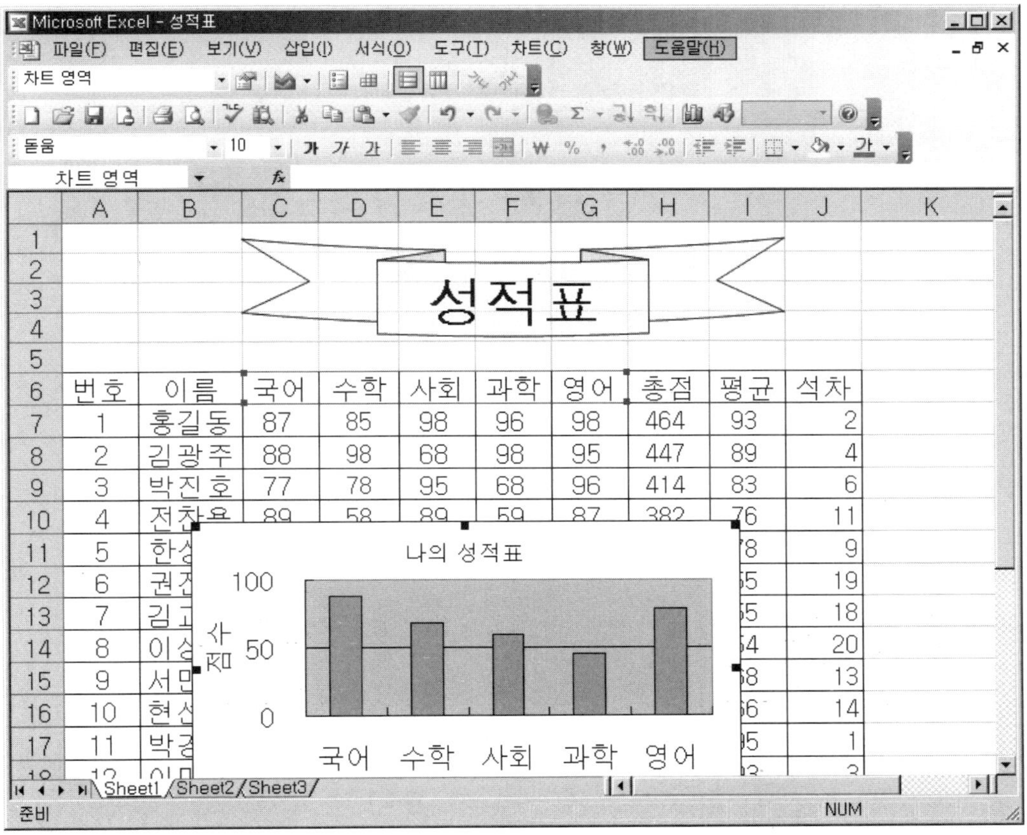
Microsoft Excel - 성적표
파일(F) 편집(E) 보기(V) 삽입(I) 서식(O) 도구(T) 차트(C) 창(W) 도움말(H)
차트 영역
성적표
번호 이름 국어 수학 사회 과학 영어 총점 평균 석차
1 홍길동 87 85 98 96 98 464 93 2
2 김광주 88 98 68 98 95 447 89 4
3 박진호 77 78 95 68 96 414 83 6
나의 성적표
100
50
0
점수
국어 수학 사회 과학 영어
Sheet1 Sheet2 Sheet3
준비
NUM

# 05 함께 만들어 보아요

## 1) 함수 선택하기

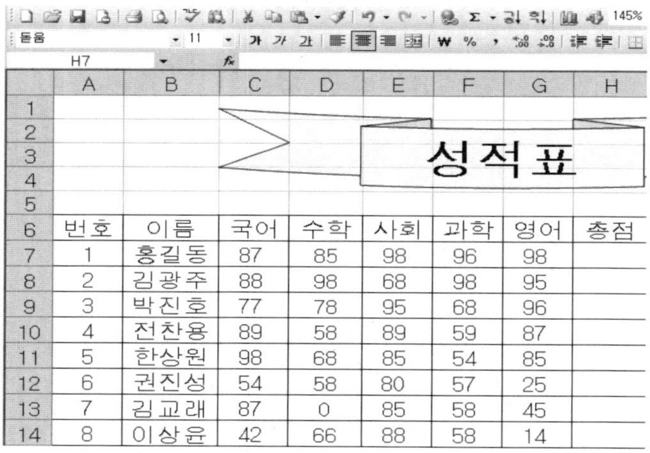


① 총점을 구하기 위해 셀(H7)을 선택하고 [메뉴]-[삽입]-[함수]를 선택한다.

## 2) 데이터 선택하기

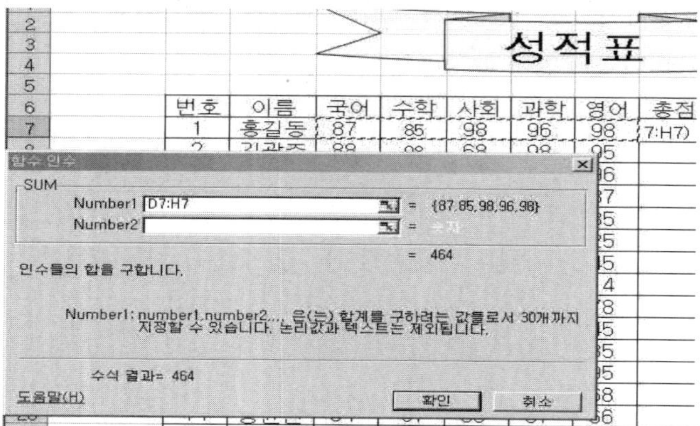


② 함수목록 중에서 SUM(합계)를 선택한다. 함수 상자가 나타나면 합산한 범위를 입력하고 확인 단추를 누른다.

### 3) 총점 복사하기

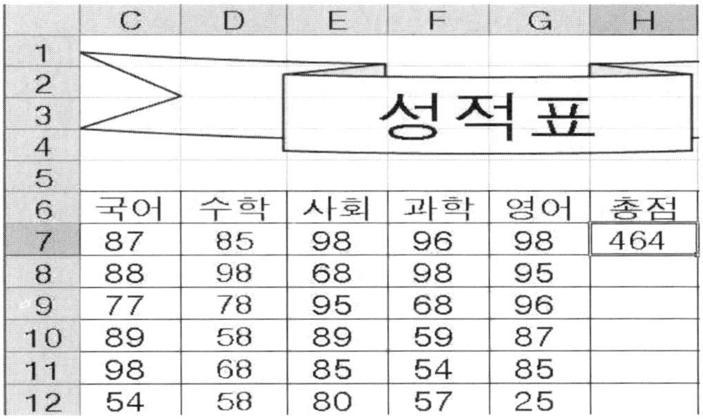

|   | C | D | E | F | G | H |
|---|---|---|---|---|---|---|
| 1 | | | | | | |
| 2 | | | | | | |
| 3 | | | | 성적표 | | |
| 4 | | | | | | |
| 5 | | | | | | |
| 6 | 국어 | 수학 | 사회 | 과학 | 영어 | 총점 |
| 7 | 87 | 85 | 98 | 96 | 98 | 464 |
| 8 | 88 | 98 | 68 | 98 | 95 | |
| 9 | 77 | 78 | 95 | 68 | 96 | |
| 10 | 89 | 58 | 89 | 59 | 87 | |
| 11 | 98 | 68 | 85 | 54 | 85 | |
| 12 | 54 | 58 | 80 | 57 | 25 | |

③ 구한 총점 셀의 오른쪽 아래 꼭지 점을 클릭하고 아래로 드래그한다.

### 4) 평균값 구하기

|   | A | B | C | D | E | F | G | H | I |
|---|---|---|---|---|---|---|---|---|---|
| 1 | | | | | | | | | |
| 2 | | | | | | | | | |
| 3 | | | | | 성적표 | | | | |
| 4 | | | | | | | | | |
| 5 | | | | | | | | | |
| 6 | 번호 | 이름 | 국어 | 수학 | 사회 | 과학 | 영어 | 총점 | 평균 |
| 7 | 1 | 홍길동 | 87 | 85 | 98 | 96 | 98 | 464 | |
| 8 | 2 | 김광주 | 88 | 98 | 68 | 98 | 95 | 447 | |
| 9 | 3 | 박진호 | 77 | 78 | 95 | 68 | 96 | 414 | |
| 10 | 4 | 전찬용 | 89 | 58 | 89 | 59 | 87 | 382 | |
| 11 | 5 | 한상원 | 98 | 68 | 85 | 54 | 85 | 390 | |
| 12 | 6 | 권진성 | 54 | 58 | 80 | 57 | 25 | 274 | |
| 13 | 7 | 김교래 | 87 | 0 | 85 | 58 | 45 | 275 | |
| 14 | 8 | 이상윤 | 42 | 66 | 88 | 58 | 14 | 268 | |

④ 평균을 구하기 위해 셀(I7)을 선택하고 [메뉴]-[삽입]-[함수] 메뉴를 선택한다.

### 5) 함수 선택하기

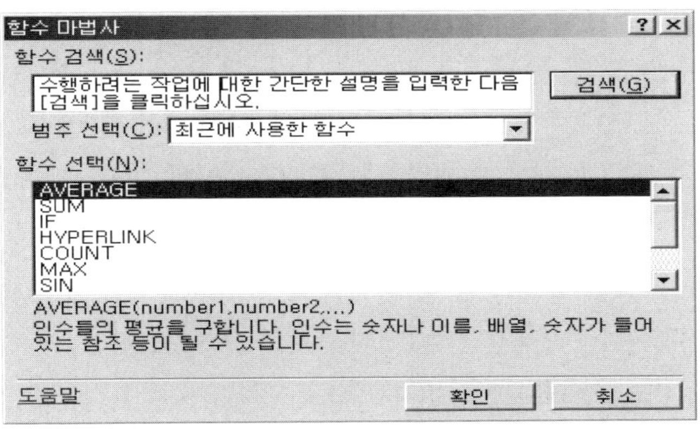


⑤ 함수목록에서 Average를 선택한다.

## 6) 영역 설정하기

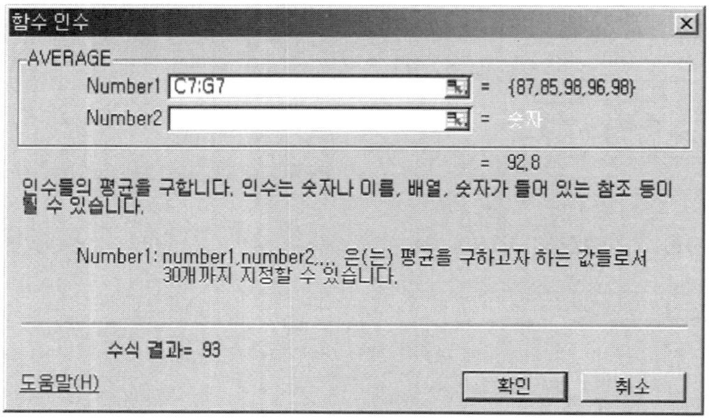


⑥ Average 함수의 영역을 보기와 같이 설정하고 확인을 누른다.

## 7) 석차 구하기

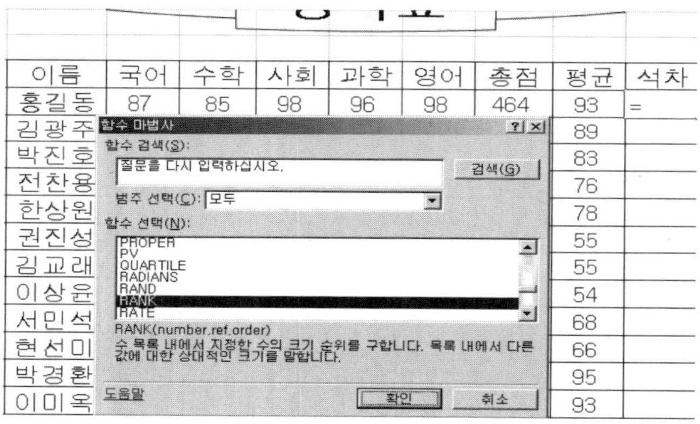


⑦ 석차를 구하고자 하는 셀(J7)에 커서를 놓고, 함수 Rank를 선택한다.

## 8) 함수 인수 설정하기

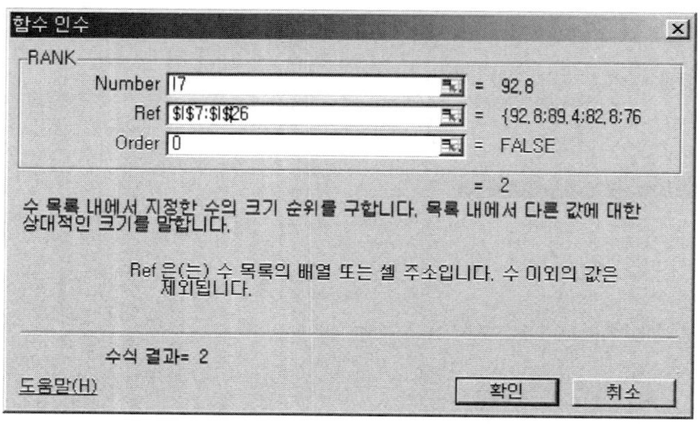


⑧ Number는 전체 평균 중에서 구하고자 하는 값, Ref는 전체 평균 영역, Order=0은 내림차순 순위를 의미한다.

## 9) 석차 확인

성적표

| 번호 | 이름 | 국어 | 수학 | 사회 | 과학 | 영어 | 총점 | 평균 | 석차 |
|---|---|---|---|---|---|---|---|---|---|
| 1 | 홍길동 | 87 | 85 | 98 | 96 | 98 | 464 | 93 | 2 |
| 2 | 김광주 | 88 | 98 | 68 | 98 | 95 | 447 | 89 | 4 |
| 3 | 박진호 | 77 | 78 | 95 | 68 | 96 | 414 | 83 | 6 |
| 4 | 전찬용 | 89 | 58 | 89 | 59 | 87 | 382 | 76 | 11 |
| 5 | 한상원 | 98 | 68 | 85 | 54 | 85 | 390 | 78 | 9 |
| 6 | 권진성 | 54 | 58 | 80 | 57 | 25 | 274 | 55 | 19 |
| 7 | 김교래 | 87 | 0 | 85 | 58 | 45 | 275 | 55 | 18 |
| 8 | 이상윤 | 42 | 66 | 88 | 58 | 14 | 268 | 54 | 20 |
| 9 | 서민석 | 88 | 68 | 59 | 45 | 78 | 338 | 68 | 13 |
| 10 | 현선미 | 86 | 69 | 69 | 63 | 45 | 332 | 66 | 14 |
| 11 | 박경환 | 98 | 98 | 100 | 95 | 85 | 476 | 95 | 1 |
| 12 | 이미옥 | 99 | 88 | 99 | 82 | 95 | 463 | 93 | 3 |
| 13 | 김혜민 | 100 | 77 | 65 | 88 | 68 | 398 | 80 | 8 |
| 14 | 강은진 | 54 | 84 | 38 | 57 | 66 | 299 | 60 | 17 |

⑨ 평균 점수가 높은 순서대로 오름차순 석차가 매겨진 것을 확인 할 수 있다.

## 10) 그래프 그리기(영역 선택하기)

| 6 | 번호 | 이름 | 국어 | 수학 | 사회 | 과학 | 영어 | 총점 |
|---|---|---|---|---|---|---|---|---|
| 7 | 1 | 홍길동 | 87 | 85 | 98 | 96 | 98 | 464 |
| 8 | 2 | 김광주 | 88 | 98 | 68 | 98 | 95 | 447 |
| 9 | 3 | 박진호 | 77 | 78 | 95 | 68 | 96 | 414 |
| 10 | 4 | 전찬용 | 89 | 58 | 89 | 59 | 87 | 382 |
| 11 | 5 | 한상원 | 98 | 68 | 85 | 54 | 85 | 390 |
| 12 | 6 | 권진성 | 54 | 58 | 80 | 57 | 25 | 274 |
| 13 | 7 | 김교래 | 87 | 0 | 85 | 58 | 45 | 275 |
| 14 | 8 | 이상윤 | 42 | 66 | 88 | 58 | 14 | 268 |
| 15 | 9 | 서민석 | 88 | 68 | 59 | 45 | 78 | 338 |
| 16 | 10 | 현선미 | 86 | 69 | 69 | 63 | 45 | 332 |
| 17 | 11 | 박경환 | 98 | 98 | 100 | 95 | 85 | 476 |

⑩ 나의 성적을 그래프로 나타내기 위해 과목과 성적을 선택한 후 아이콘을 누른다.

## 11) 차트 마법사 시작하기 (차트 종류 선택)

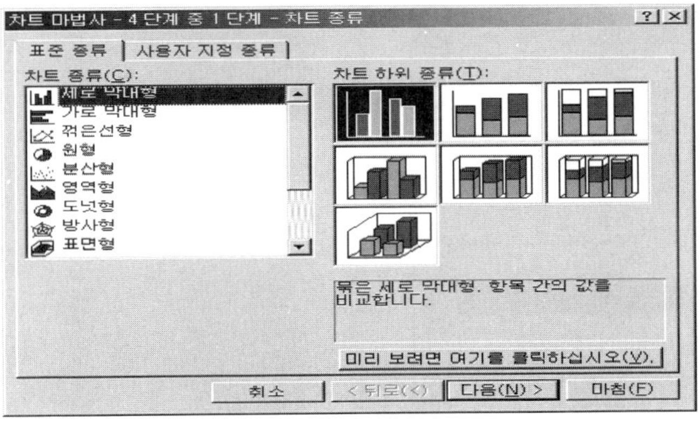


⑪ 왼쪽과 같이 세로형, 막대그래프를 선택한 후 다음 버튼을 누른다.

## 12) 차트 마법사 2단계 (데이터 범위)

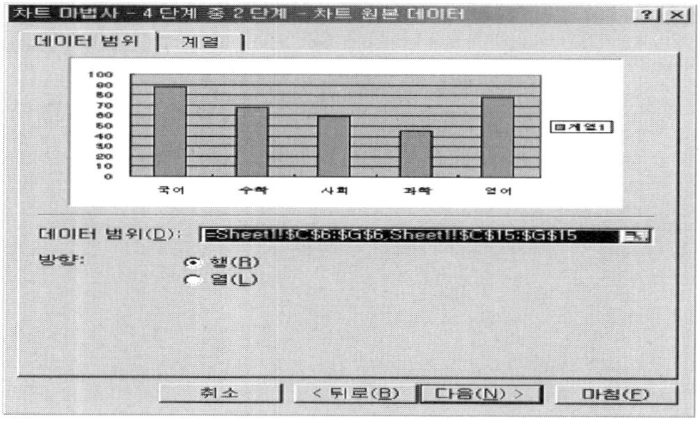


⑫ 데이터 범위를 수정할 수 있는 단계이나 이미 설정했으므로 다음 버튼을 누른다.

## 13) 차트 마법사 3단계 (기타 설정)

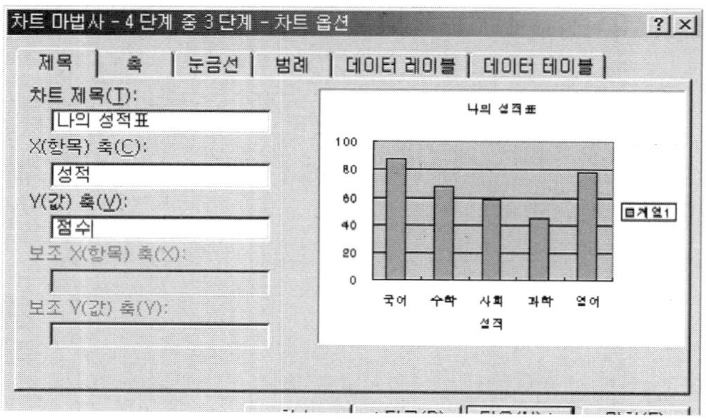


⑬ 제목(차트, X 및 Y축)을 입력하거나 축, 범례 등을 설정할 수 있다.

## 14) 차트 마법사 마침 (삽입)

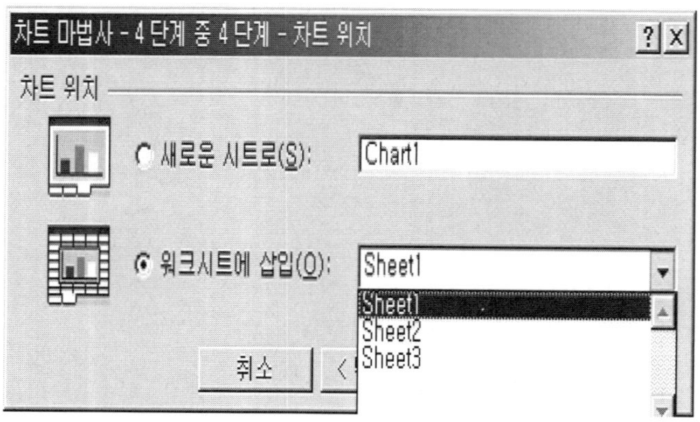


⑭ 만들어질 차트 위치를 결정하는 단계이다. 현재 시트에 삽입하기위해서는 워크시트에 삽입을 선택한다.

## 15) 차트 마법사 마침

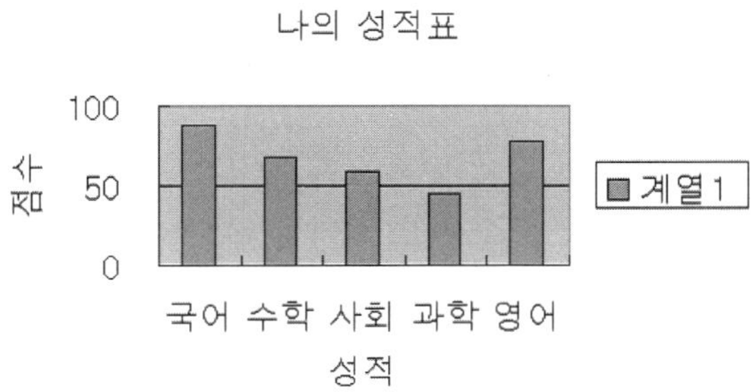


⑮ 만들어질 차트 위치를 결정하는 단계이다. 현재 시트에 삽입하기위해서는 워크시트에 삽입을 선택한다.

메모

# 예쁜 시간표 만들어 보기

도형, 그림 그리고 셀 서식

## 01 무슨 일인가요?

다음 주에 우리 반에서 환경미화심사가 있다.

다른 것은 다 준비가 된 상황이나 필수로 갖추어야 하는 시간표를 아직 다 만들지 못했다, 나는 반장으로서 우리 반의 분위기와 잘 어울리는 예쁜 시간표를 직접 컴퓨터를 이용하여 만들고 싶다. 하지만 나는 컴퓨터도 잘 못하고 어떻게 해야 잘 만들 수 있는지 모르겠다.

## 02 이것만은 꼭!

⊙ 엑셀이 무엇인가요?

MS에서 만든 엑셀은 윈도우즈(Windows 95/98)와 같은 그래픽 환경에서 표 계산, 수식 작성, 데이터 분석 등의 기능을 활용하는 스프레드시트(Spread Sheet)이다.

- 스프레드시트: 여러 장의 종이를 펼쳐놓은 작업 공간을 뜻함

⊙ 엑셀의 특징은 무엇이 있나요?

- 3차원 구조의 워크시트(Work Sheet)
- 윈도우의 특징인 WYSIWYG(What You See Is What You Get) 형태

- 마우스 중심의 편리한 작업
- 편리한 수식 계산 및 다양한 차트의 지원
- 다양한 개체 삽입 기능(그림, 클립아트 등)
- 독자적인 Application 작성 기능(Visual Basic, 매크로)
- 인터넷 데이터 베이스 연결 기능

◉ 이 기회를 통해 꼭 알고 싶다!

엑셀이란 프로그램의 특징을 이용해 손쉽고 예쁜 시간표를 만들고 싶다.

앞으로 엑셀을 이용해 시간표뿐만 아니라 다양한 문서를 작성하고 싶다.

◉ 왜 시간표를 만들어야 하나요?

시간표는 내가 배울 교과의 순서를 미리 알려주어 수업준비를 잘 할 수 있게 해준다.

예쁜 시간표는 우리 반을 더 아름답게 보이게 할 것 같다.

공부하는 학급의 분위기도 조성될 것이다.

# 03 미리 알아보아요

## 1) Excel이란?

Excel은 Microsoft사에서 개발한 표 계산 소프트웨어이다. 표 계산 소프트웨어는 가정의 가계부나 금전 출납부 기업의 회계장부와 같이 단순한 계산에서부터 복잡한 계산까지 컴퓨터로 쉽고, 편안하게 계산하고 관리할 수 있게 도와주는 프로그램을 말한다. 이렇게 계산과정에 주목적인 프로그램을 스프레드시트 소프트웨어라고 한다.

## 04 무엇을 할까요?

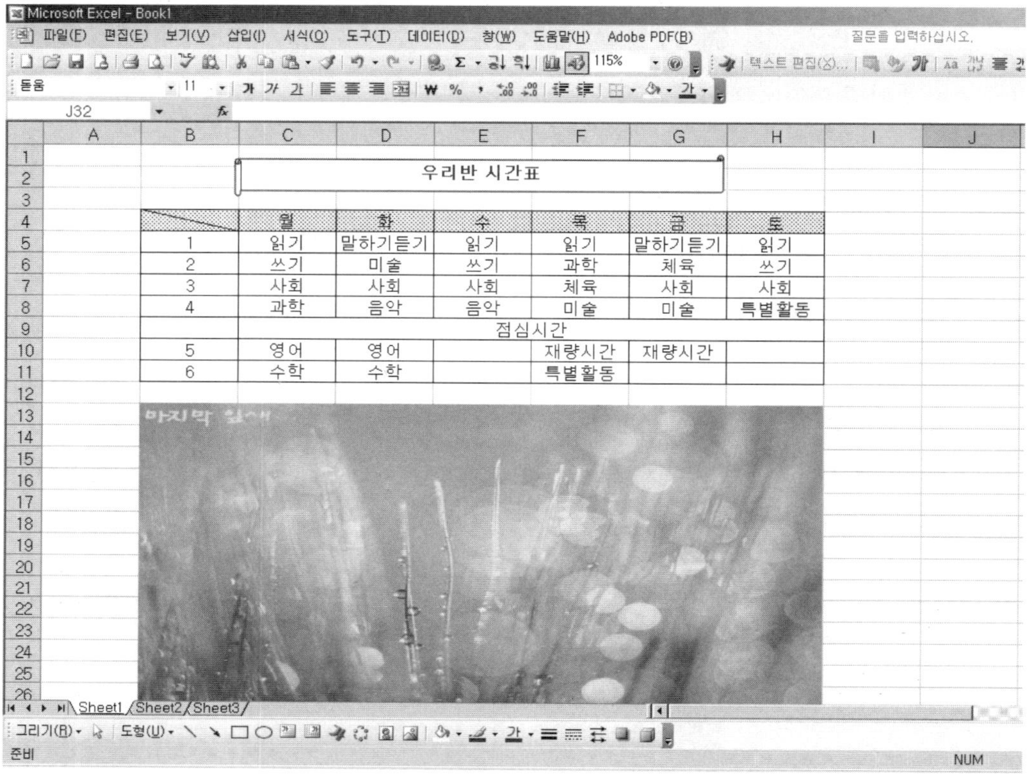
Microsoft Excel - Book1
파일(F) 편집(E) 보기(V) 삽입(I) 서식(O) 도구(T) 데이터(D) 창(W) 도움말(H) Adobe PDF(B)
우리반 시간표
월 화 수 목 금 토
1 읽기 말하기듣기 읽기 읽기 말하기듣기 읽기
2 쓰기 미술 쓰기 과학 체육 쓰기
3 사회 사회 사회 체육 사회 사회
4 과학 음악 음악 미술 미술 특별활동
점심시간
5 영어 영어 재량시간 재량시간
6 수학 수학 특별활동
Sheet1 Sheet2 Sheet3
준비
NUM

# 05 함께 만들어 보아요

## 1) 제목 넣기

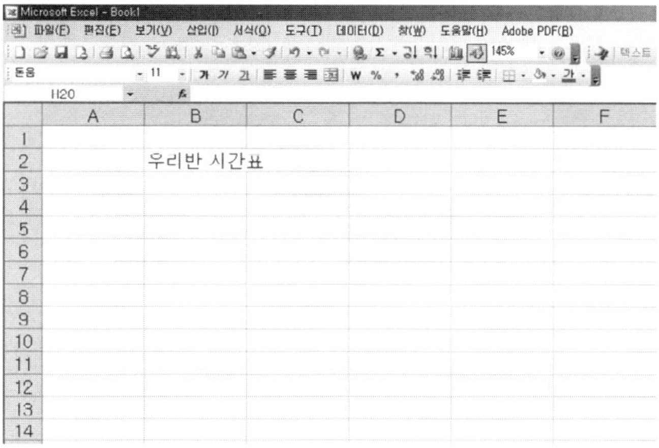


① B2 셀에 마우스를 선택하고 '우리 반 시간표'를 입력한다.

## 2) 시간 입력하기

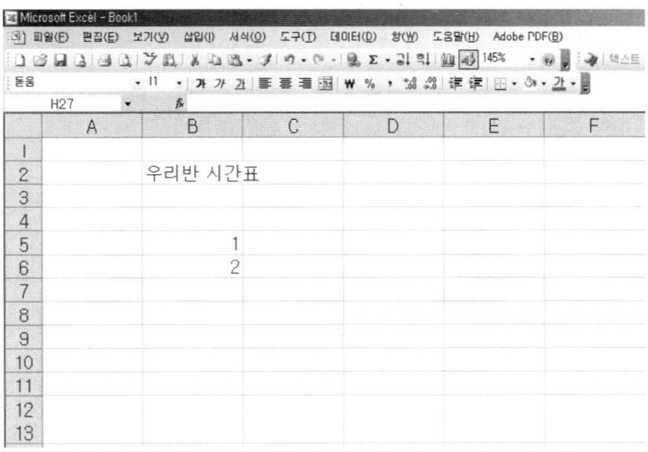


② B5 셀에 1을 B6 셀에 2를 각각 입력한다.

### 3) 시간 채우기 효과

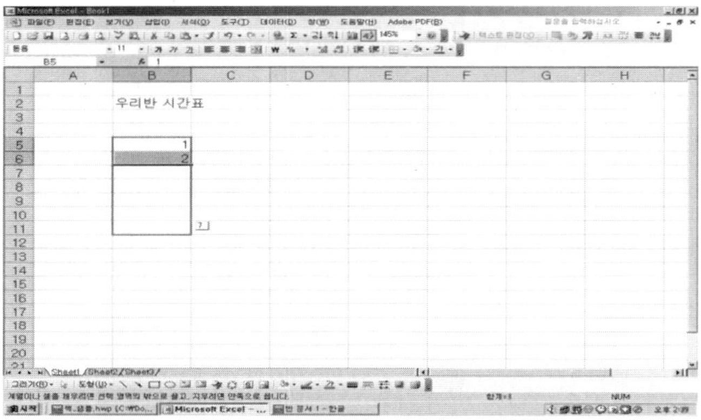


③ B6 셀의 오른쪽 아래 꼭지점을 클릭한 후, 왼쪽과 같이 드래그 한다.

### 4) 요일 입력하기

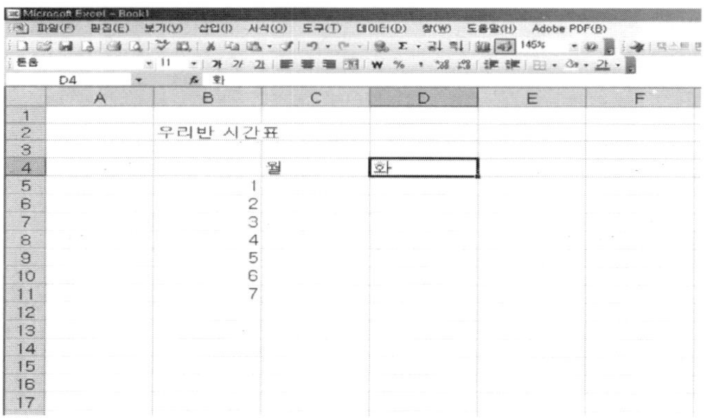


④ C4 셀과 D4 셀에 각각 월, 화를 입력한다.

### 5) 요일 채우기 효과

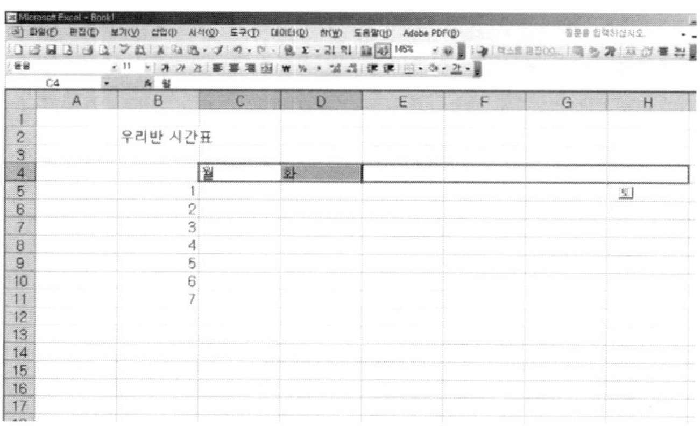


⑤ D4셀 오른 쪽 아래 꼭지점을 선택한 후, 왼쪽과 같이 오른쪽으로 드래그 한다.

## 6) 옵션 메뉴

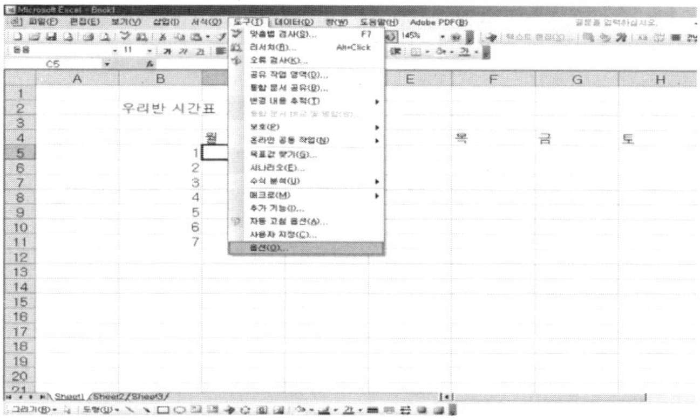

⑥ 등록된 채우기 효과를 보기 위해 [도구]-[옵션]메뉴를 선택한다.

## 7) 사용자 지정 목록

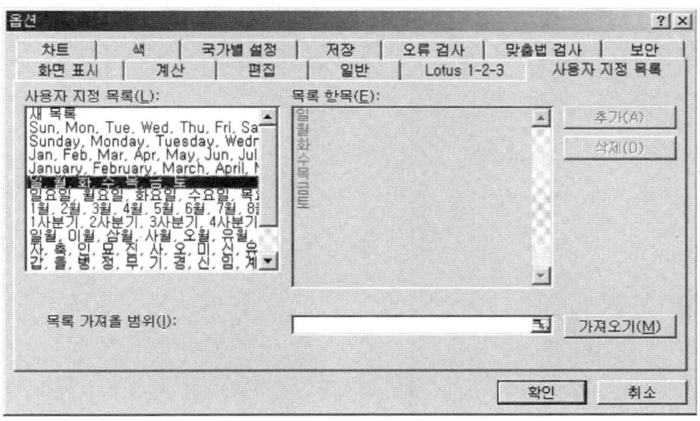


⑦ [옵션]의 [사용자 지정 목록]탭을 선택하면 요일과 관련된 목록이 이미 지정되어 있는 것을 볼 수 있다.

## 8) 새 목록

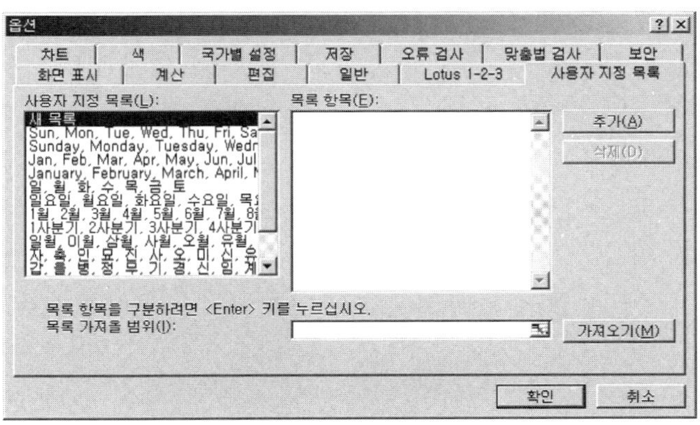


⑧ 새로운 목록을 만들기 위해서는 제일 위에 있는 새 목록을 선택한다.

## 9) 목록 입력하기

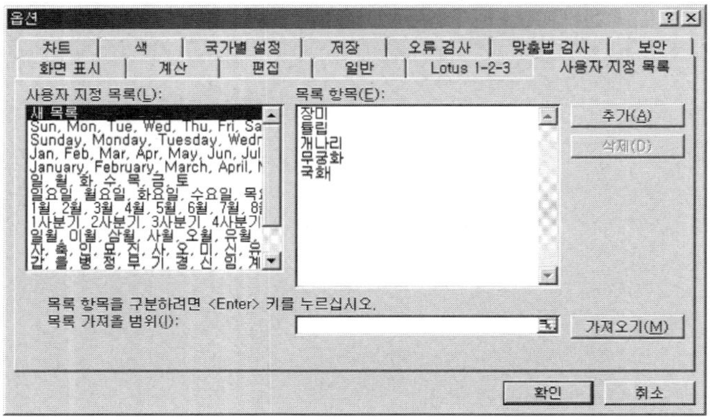


⑨ 오른쪽 목록 항목에 장미, 튤립, 개나리, 무궁화, 국화 순으로 입력한다.

## 10) 목록 추가하기

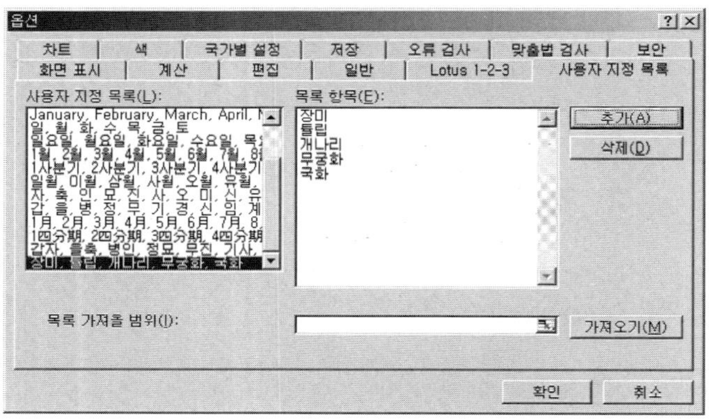


⑩ 오른 쪽 「추가」 버튼을 누른다.

## 11) 지정한 목록 사용하기

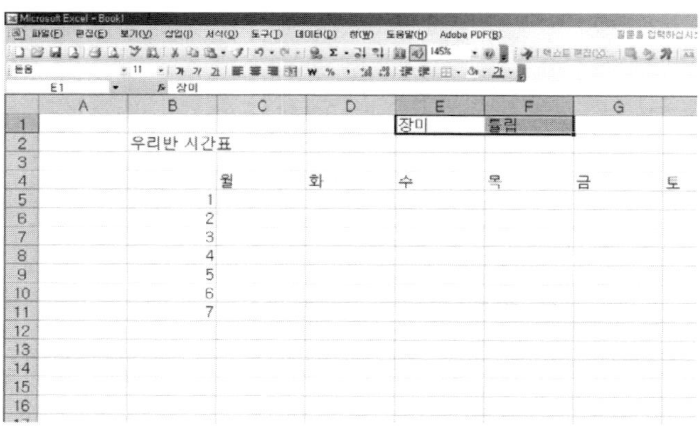


⑪ E1 셀과 F1 셀에 장미, 튤립을 각각 입력한다.

## 12) 목록 확인하기

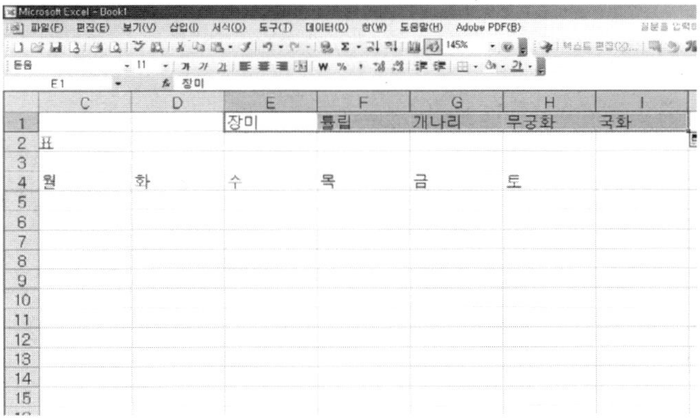


⑫ F1 셀의 오른쪽 아래를 선택하고 I1 셀까지 드래그 한다. 지정된 목록대로 채우기 효과가 적용되는 것을 확인 할 수 있다.

## 13) 시간표 입력하기

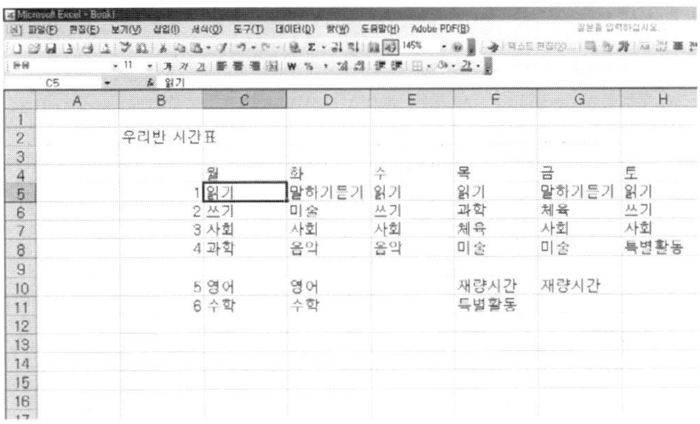


⑬ 왼쪽과 같이 우리 반 시간표를 입력한다.

## 14) 셀 병합하기

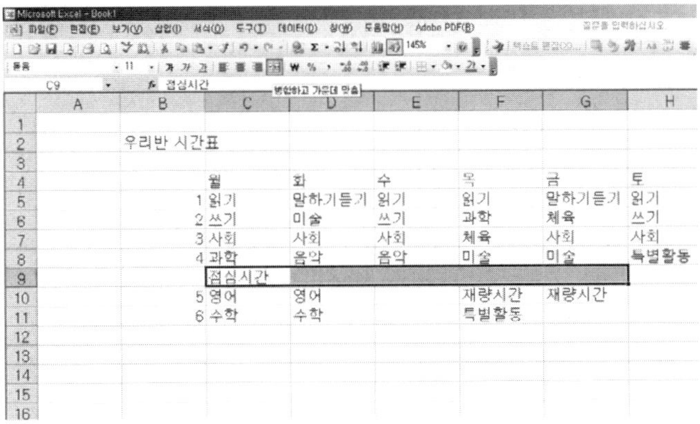


⑭ C9 셀에 점심시간을 입력한 후, C9부터 F9까지 선택한 후 상단의 셀 병합(▣)을 클릭 한다.

## 15) 가운데 정렬하기

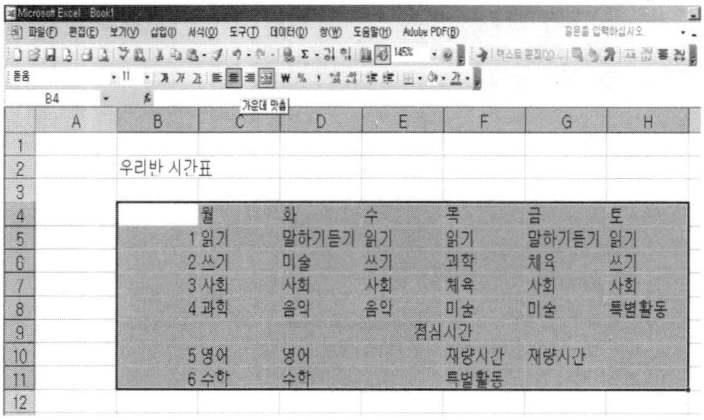


⑮ 왼쪽과 같이 선택하고, 상단의 (≡)을 클릭한다.

## 16) 셀 서식 선택하기

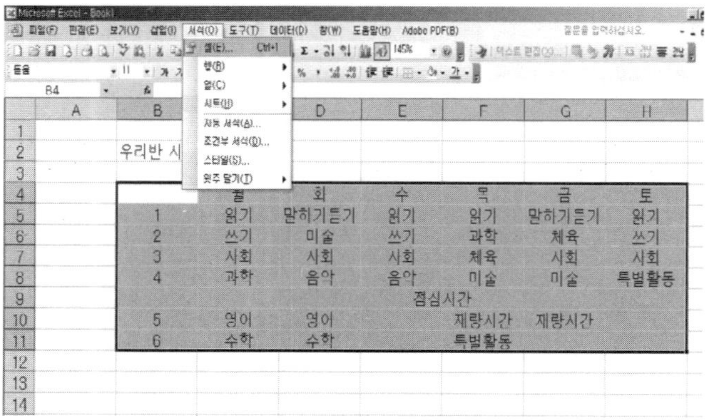


⑯ 테두리를 입력하기 위해 데이터가 선택된 상태에서 「셀 서식」을 선택한다.

## 17) 테두리 입력하기

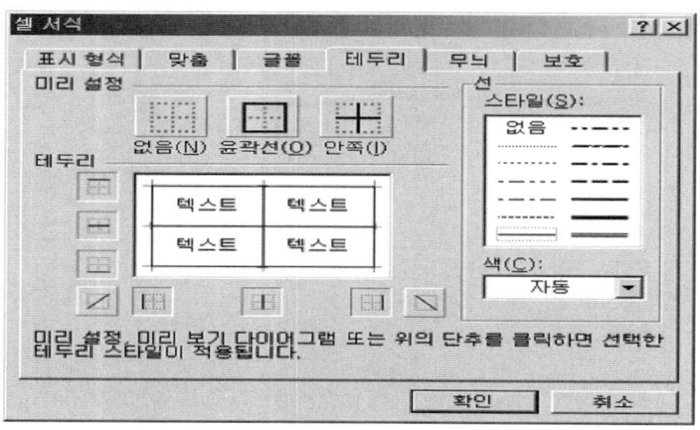


⑰ [테두리]탭에서 선 스타일을 선택하고 윤곽선과 안쪽을 각각 클릭한 후 확인 버튼을 누른다.

## 18) 대각선 입력하기

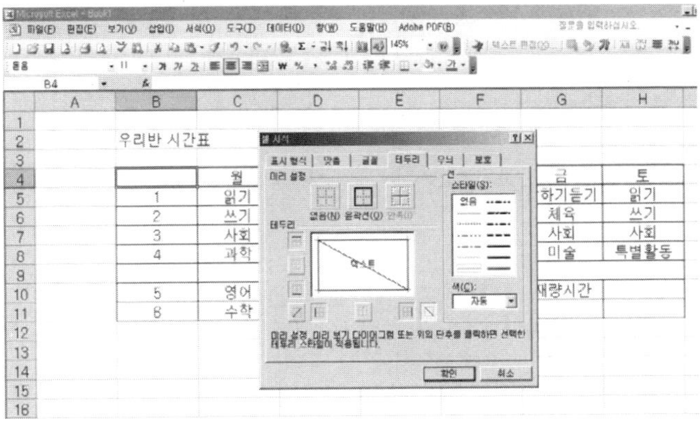

⑱ B4셀을 선택한다.

[서식]-[셀]을 선택하고 나서 대각선 테두리를 선택한 후, 확인 버튼을 누른다.

## 19) 테두리 수정하기

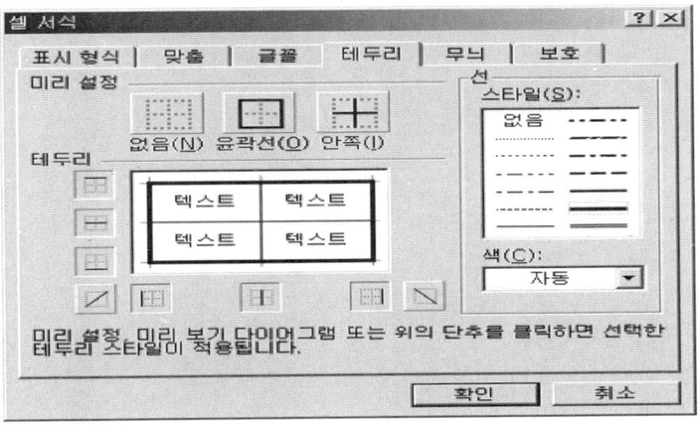


⑲ 선 스타일 목록에서 여러 가지 선 종류 중 하나를 선택 한 후 테두리를 누르면 테두리가 수정된다.

## 20) 도형 메뉴 선택하기

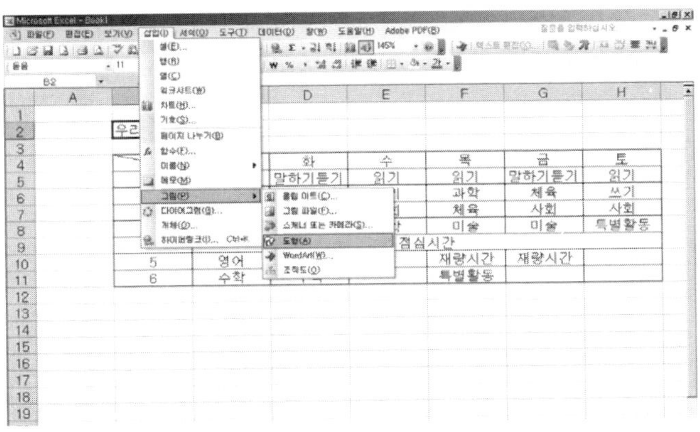

⑳ [삽입]-[그림]-[도형]메뉴를 선택한다.

## 21) 도형 종류 선택하기

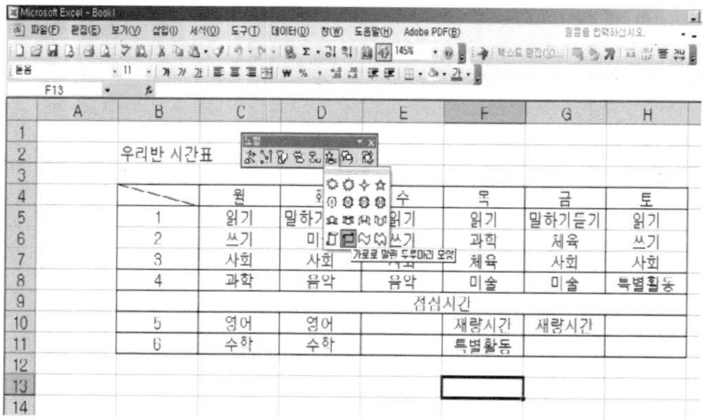

㉑ 왼쪽과 같은 도형을 선택한 후 C2에서 G2까지 드래그 한다.

## 22) 도형에 텍스트 추가하기

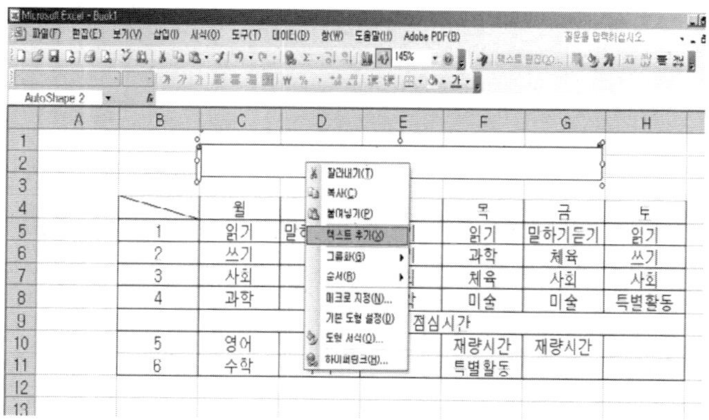

㉒ 도형을 선택한 후 Pop-Up메뉴에서 텍스트 추가를 선택한다.

## 23) 텍스트 입력하기

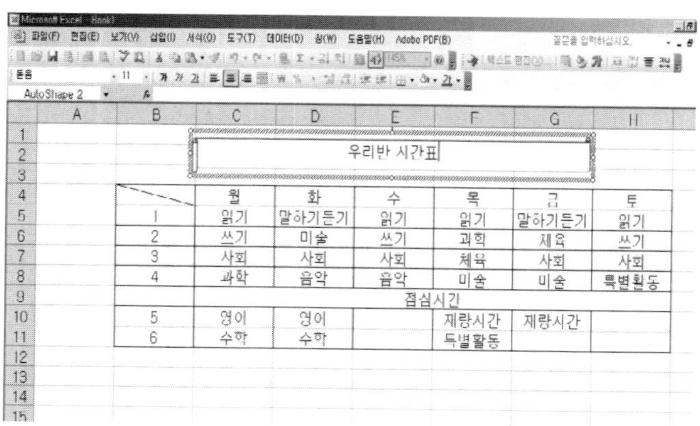

㉓ '우리반 시간표' 라고 입력한 후 가운데 정렬시킨다.

## 24) 그림 삽입하기

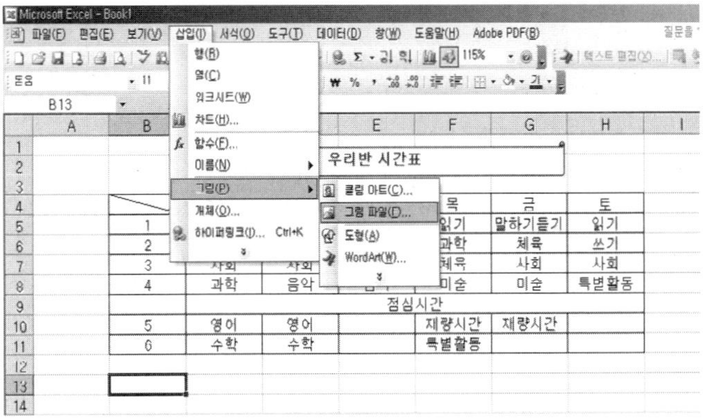


㉔ [삽입]-[그림]-[그림파일]을 선택한다.

## 25) 그림 조정하기

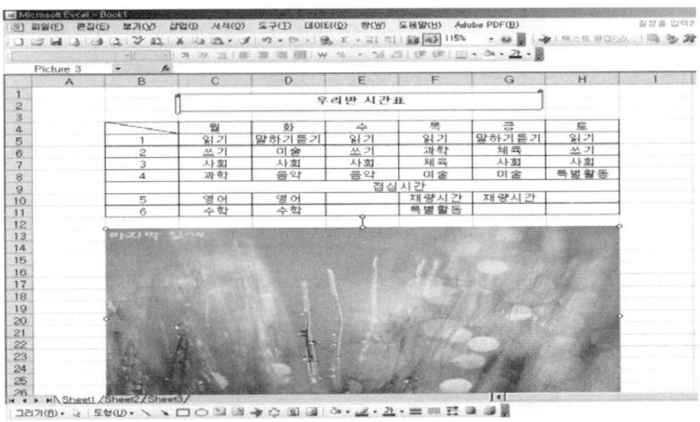


㉕ 삽입된 그림을 좌 · 우의 8개의 조절점을 이용하여 크기를 조정한다.

## 26) 셀 선택하기

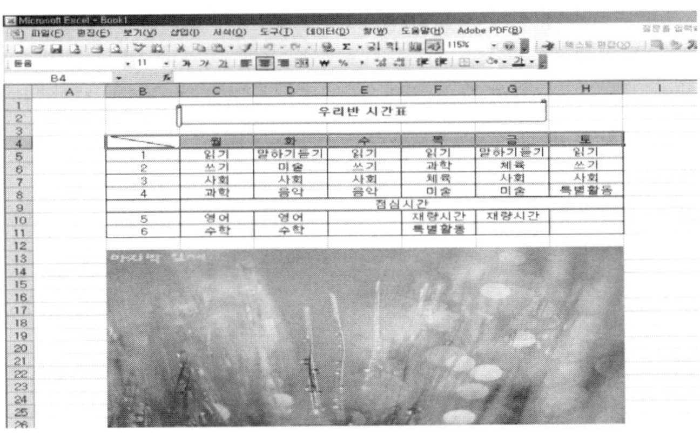


㉖ 셀 무늬를 입력하기 위해 B4부터 H4까지 영역을 선택한 후, [셀]-[서식]메뉴를 클릭한다.

## 27) 무늬 지정하기

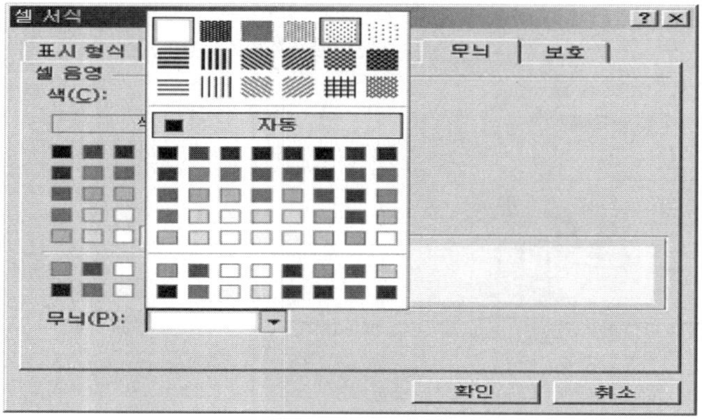


㉗ 원하는 색과 무늬를 선택 한 후 확인 버튼을 누른다.

## 28) 완성하기

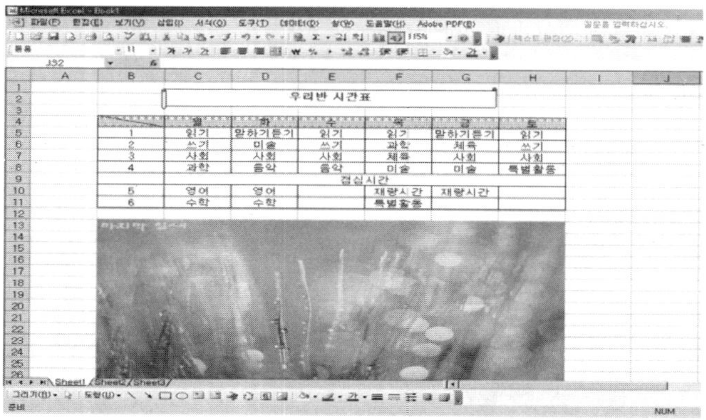


㉘ 시간표가 완성되었다.

메모

# 우리 반 주소록 만들기

- 함수 및 서식 활용

## 01 무슨 일인가요?

이제 곧 여름 방학이 되면, 모두 집으로 가게 된다. 만나지도 못하는 방학 동안 서로에게 편지나 이메일을 쓰거나, 또는 싸이 월드를 방문해 글을 남기기 위해서 우리 반 주소록을 내가 만들기로 했다. 선생님이 특히 이성 친구들한테는 한 명도 빠짐없이 보내도록 만들라고 하셨는데 어떻게 해야 할지 막막하다.

## 02 이것만은 꼭!

- 엑셀에 배경을 넣는다.
- 워드아트와 그림추가 기능으로 제목을 넣는다.
- 주민 등록 번호와 우편 번호를 셀 서식으로 넣는다.
- 무작위로 적은 내용을 정렬한다.
- 엑셀의 함수를 통하여 나이와 성별을 구별한다.
- 싸이 월드 주소를 하이퍼링크 한다.
- 엑셀에 입력된 데이터에 자동 필터와 고급 필터를 한다.
- 조건부 서식을 활용한다.

# 03 미리 알아보아요

## 1) Excel이란?

Excel은 Microsoft사에서 개발한 표 계산 소프트웨어이다. 표 계산 소프트웨어는 가정의 가계부나 금전 출납부 기업의 회계장부와 같이 단순한 계산에서부터 복잡한 계산까지 컴퓨터로 쉽고, 편안하게 계산하고 관리할 수 있게 도와주는 프로그램을 말한다. 이렇게 계산과정에 주목적인 프로그램을 스프레드시트 소프트웨어라고 한다.

# 04 무엇을 할까요?

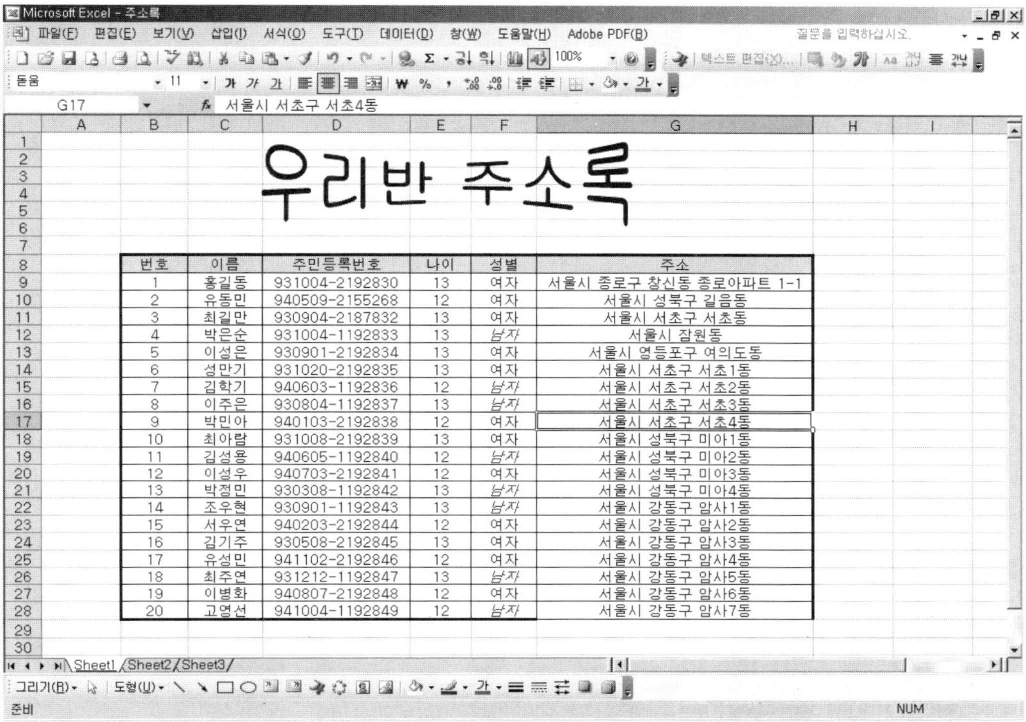


| 번호 | 이름 | 주민등록번호 | 나이 | 성별 | 주소 |
|---|---|---|---|---|---|
| 1 | 홍길동 | 931004-2192830 | 13 | 여자 | 서울시 종로구 창신동 종로아파트 1-1 |
| 2 | 유동민 | 940509-2155268 | 12 | 여자 | 서울시 성북구 길음동 |
| 3 | 최길만 | 930904-2187832 | 13 | 여자 | 서울시 서초구 서초동 |
| 4 | 박은순 | 931004-1192833 | 13 | 남자 | 서울시 잠원동 |
| 5 | 이성은 | 930901-2192834 | 13 | 여자 | 서울시 영등포구 여의도동 |
| 6 | 성만기 | 931020-2192835 | 13 | 여자 | 서울시 서초구 서초1동 |
| 7 | 김학기 | 940603-1192836 | 12 | 남자 | 서울시 서초구 서초2동 |
| 8 | 이주은 | 930804-1192837 | 13 | 남자 | 서울시 서초구 서초3동 |
| 9 | 박민아 | 940103-2192838 | 12 | 여자 | 서울시 서초구 서초4동 |
| 10 | 최아람 | 931008-2192839 | 13 | 여자 | 서울시 성북구 미아1동 |
| 11 | 김성용 | 940605-1192840 | 12 | 남자 | 서울시 성북구 미아2동 |
| 12 | 이성우 | 940703-2192841 | 12 | 여자 | 서울시 성북구 미아3동 |
| 13 | 박정민 | 930308-1192842 | 13 | 남자 | 서울시 성북구 미아4동 |
| 14 | 조우현 | 930901-1192843 | 13 | 남자 | 서울시 강동구 암사1동 |
| 15 | 서우연 | 940203-2192844 | 12 | 여자 | 서울시 강동구 암사2동 |
| 16 | 김기주 | 930508-2192845 | 13 | 여자 | 서울시 강동구 암사3동 |
| 17 | 유성민 | 941102-2192846 | 12 | 여자 | 서울시 강동구 암사4동 |
| 18 | 최주연 | 931212-1192847 | 13 | 남자 | 서울시 강동구 암사5동 |
| 19 | 이병화 | 940807-2192848 | 12 | 여자 | 서울시 강동구 암사6동 |
| 20 | 고영선 | 941004-1192849 | 12 | 남자 | 서울시 강동구 암사7동 |

# 05 함께 만들어 보아요

## 1) 제목 넣기

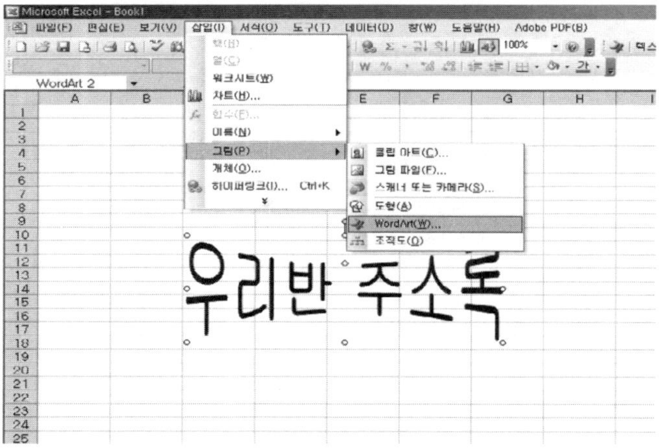


① 워드아트의 기능을 활용하여 상단 가운데에 제목(우리 반 주소록)을 입력한다.

## 2) 자료제목 입력하기

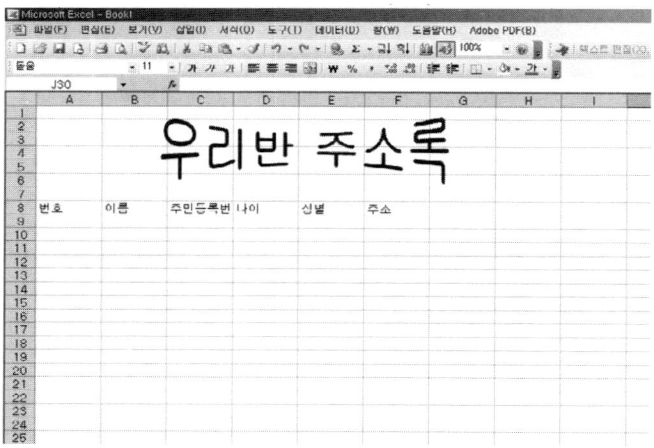


② 번호, 이름, 주민등록번호, 나이, 성별, 주소를 입력한다.

### 3) 번호 넣기

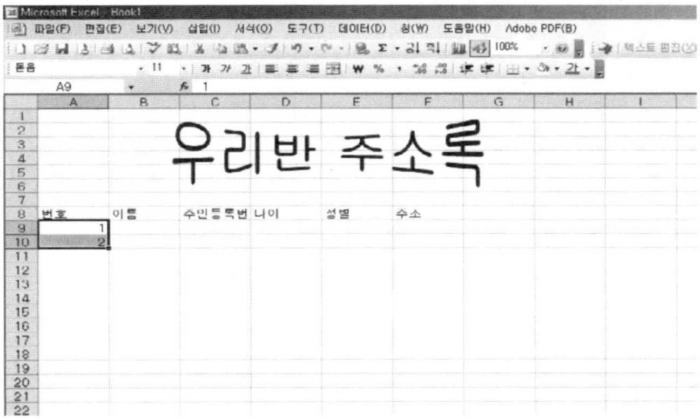


③ A9과 A10 셀에 1과 2를 입력하고, 마우스를 오른쪽 아래 검은색 꼭지 점에 댄다.

### 4) 번호 채우기 효과적용

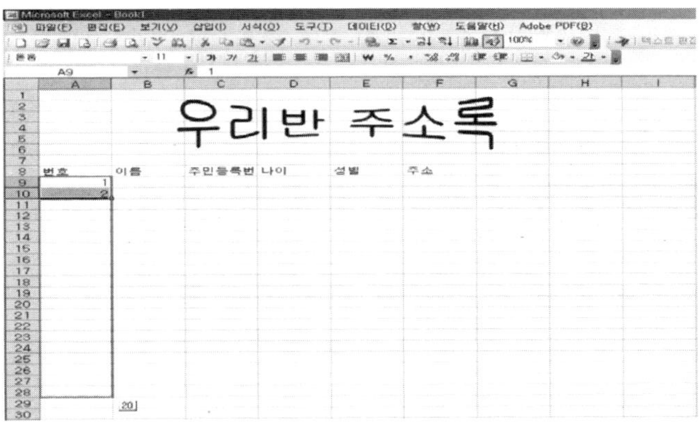


④ 마우스를 클릭하고, 아래로 드래그 한다.

### 5) 이름 넣기

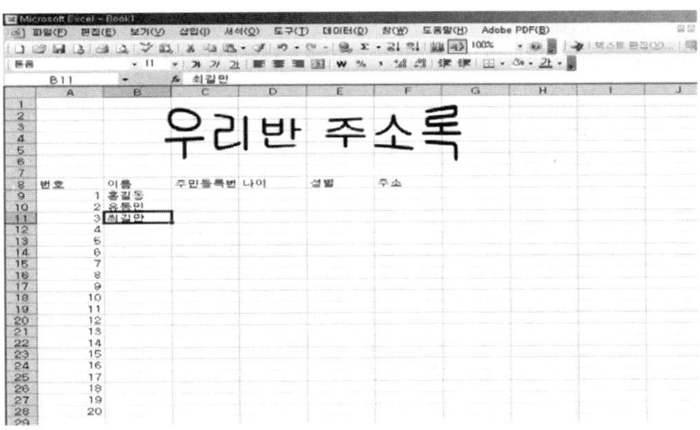


⑤ B9 셀부터 번호에 해당하는 학생의 이름을 입력한다. 이름을 입력한 후 Enter를 입력 하면 아래 셀로 자동으로 이동한다.

## 6) 주민등록번호 영역 선택

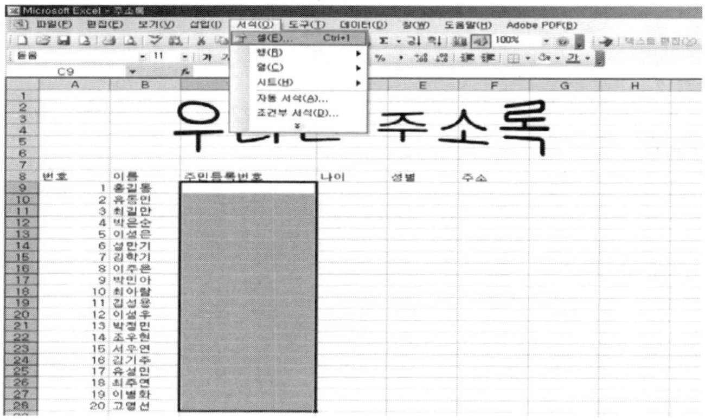


⑥ 주민등록번호를 입력할 셀을 드래그하여 선택한 다음 [서식]-[셀]을 선택한다.

## 7) 셀 속성 변경하기

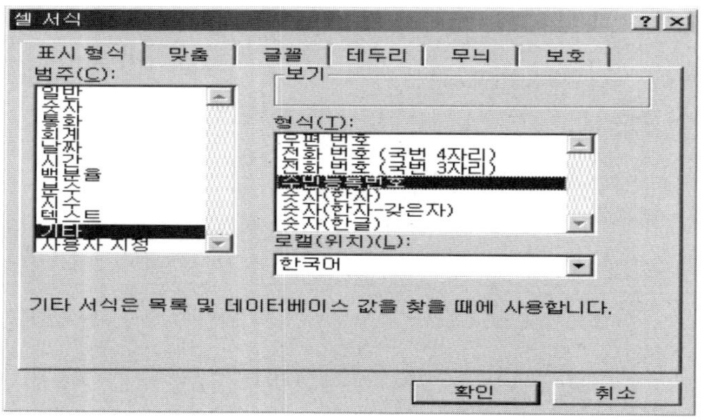


⑦ 범주는 기타를, 형식은 주민등록번호를 선택하고 확인을 클릭한다.

## 8) 주민등록번호 입력하기

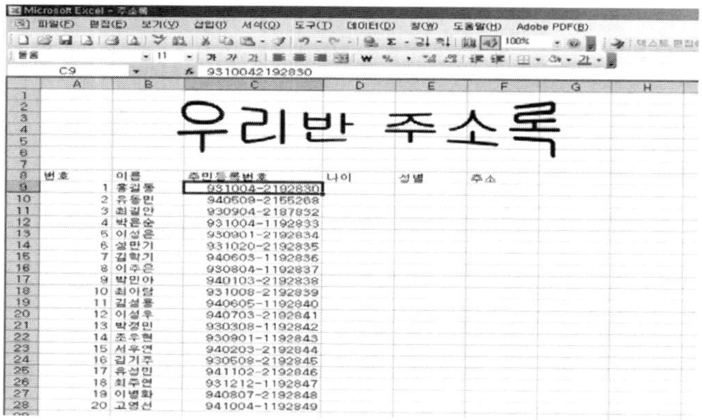


⑧ 셀 서식이 지정되어 있으므로 9310042192830를 입력하면 931004-2192830의 형식으로 자동으로 바뀐다.

### 함수 사용하기

- 함수를 사용할 때는 시작과 끝은 모두 괄호로( ) 열고 닫아야하고, 중간에 쉼표(,)를 찍어야 한다. 또한 값은 모두 큰 따옴표(“”)로 묶어야 한다.

- LEFT 함수 : LEFT 함수는 문자열에서 왼쪽부터 추출할 문자 수만큼 구하는 함수 D9 셀을 클릭하고 함수를 입력한다. =106-LEFT(C9,2)
  → C9 셀에 번호 중 왼쪽 두 자리를 사용한다는 의미

## 9) 나이 입력하기

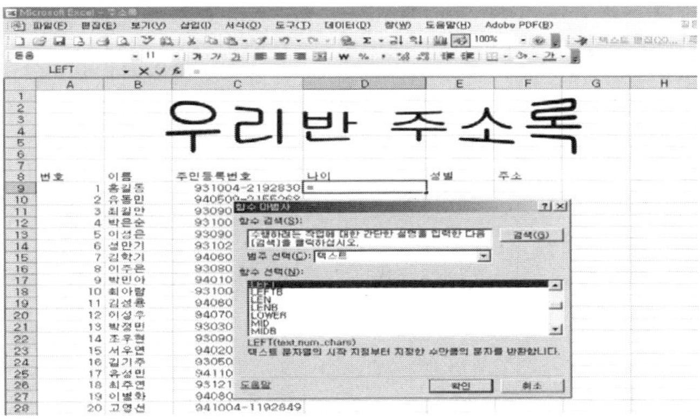


⑨ D9를 선택하고 함수 $f_x$ 를 선택한다. 함수마법사 창이 뜨면 텍스트의 LEFT 함수를 선택하고 확인을 누른다.

## 10) 함수 인수 입력하기

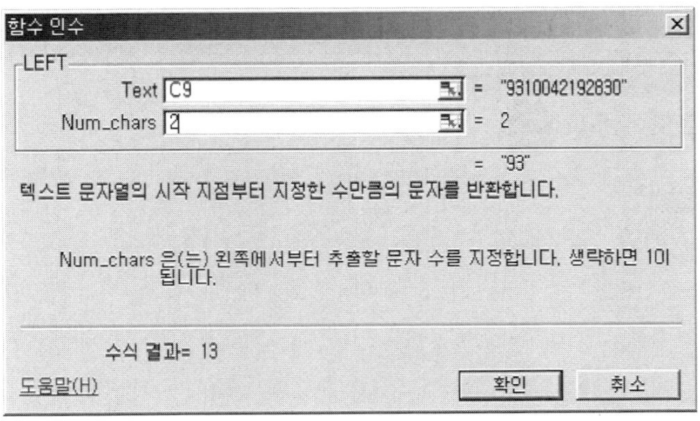


⑩ 함수 인수를 왼쪽과 같이 입력하고 확인버튼을 누른다.

Text ⇒ 주민등록번호 Cell

Num_chars ⇒ 자리수

## 11) LEFT 함수 결과 확인

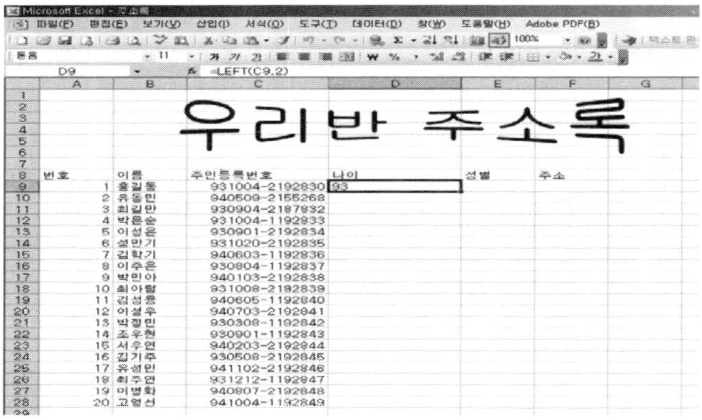


⑪ D9 셀에 주민등록번호중 앞 두 자리인 93이 추출된 것을 볼 수 있다.

### 주민등록번호와 나이와의 상관관계

- 2005년 기준으로 하여 주민등록번호에서 나이를 얻기 위해서는 106에서 주민등록번호 앞 두 자리 숫자를 빼야한다.

| 현재나이 = 106 − 두 자리 |
|---|

- 2005년 현재 1993년생의 경우 106 − 93(LEFT함수 결과 값)을 하면 13살임을 알 수 있다.
- 2006년의 경우 107, 2007년의 경우 108에서 두 자리 수를 빼야한다.

## 12) 나이 추출하기

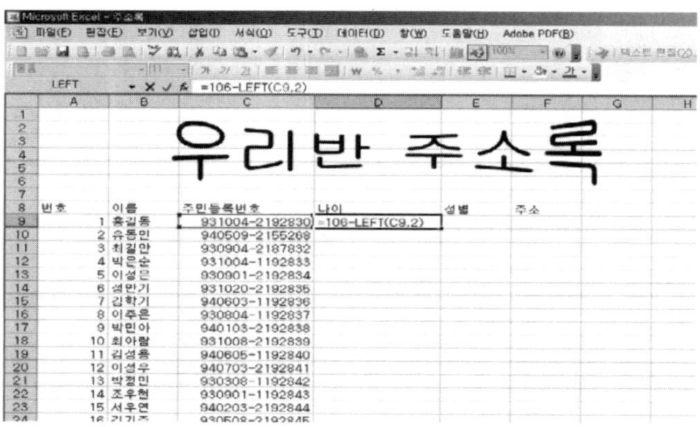


⑫ 수식을 왼쪽과 같이 106을 삽입하여 바꾸어준다.

## 13) 나이 채우기 효과

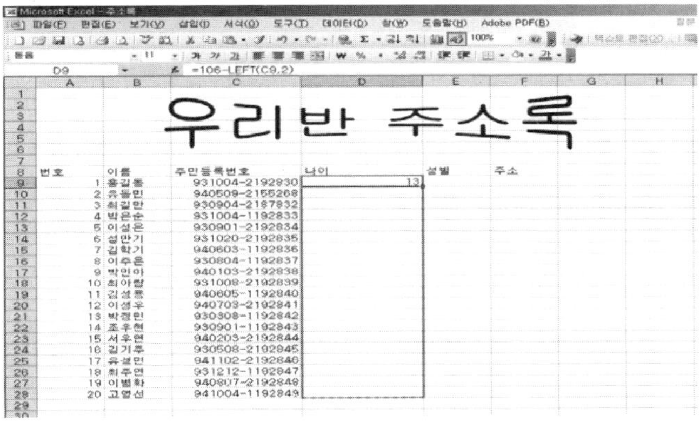


⑬ D10 셀의 오른쪽 아래 꼭지 점을 선택하고 D28까지 드래그 하여 수식을 복사한다.

### IF 함수 사용하기

- IF 함수 : 조건식의 값이 참이면 TRUE 값이 거짓이면 FALSE 값이 입력되는 함수
- MID 함수: 지정된 셀에서 지정된 위치에 지정된 수만큼의 문자를 구하는 함수
- E9 셀을 클릭하고 함수를 입력한다. =IF(MID(C9,7,1)="1", "남자", "여자")

→ MID는 C9 셀에 입력된 번호 중에서 7번째 숫자 1개를 의미한다.

즉, MID(C9,7,1) ↔ MID(9310042192830,7,1)의 경우 2가 추출된다.

→ IF의 조건식은 MID 함수의 값이 1,TRUE 값이 남자, FALSE 값이 여자이다.

## 14) 성별 입력하기

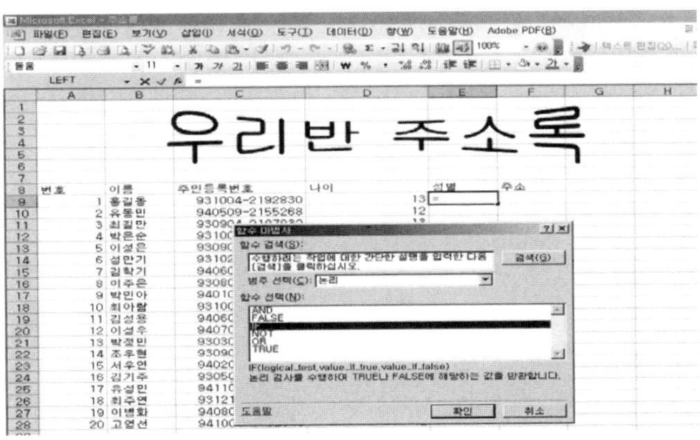


⑭ E9에 셀을 클릭하고 함수 마법사를 선택한 다음 논리 함수 중 IF를 선택한다.

## 15) 함수 인수 입력

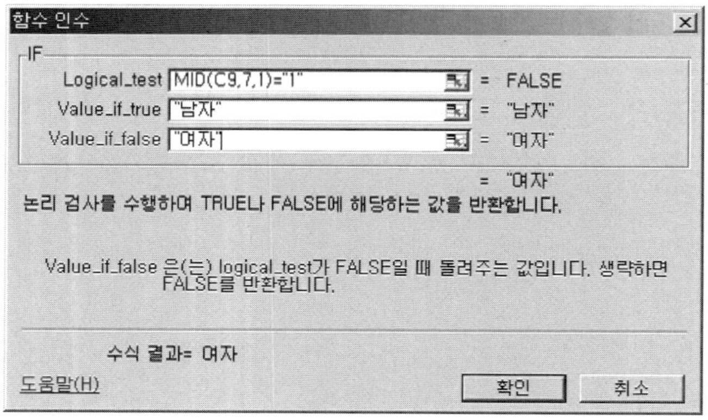


⑮ 3개의 인수를 왼쪽과 같이 입력한다.

## 16) 성별 채우기 효과

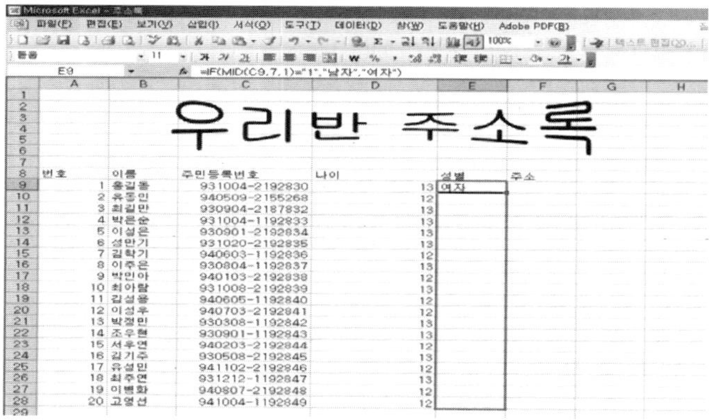


⑯ E10 셀의 오른쪽 아래 꼭지 점을 선택하고 E28까지 드래그 하여 수식을 복사한다.

## 17) 주소록 꾸미기

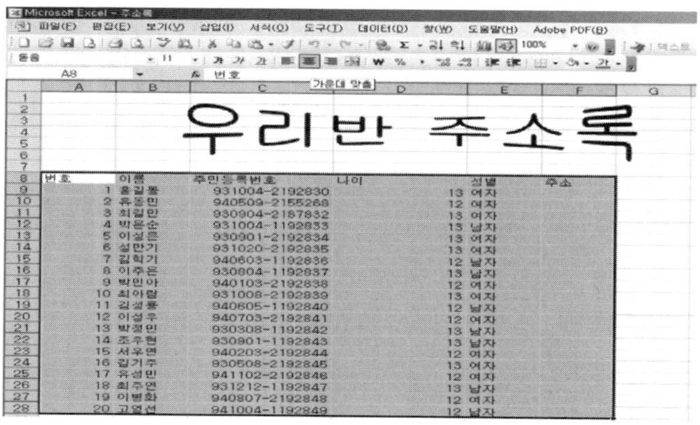


⑰ 문서를 꾸미기 위해 전체 데이터를 선택한다.

## 18) 셀 서식 선택하기

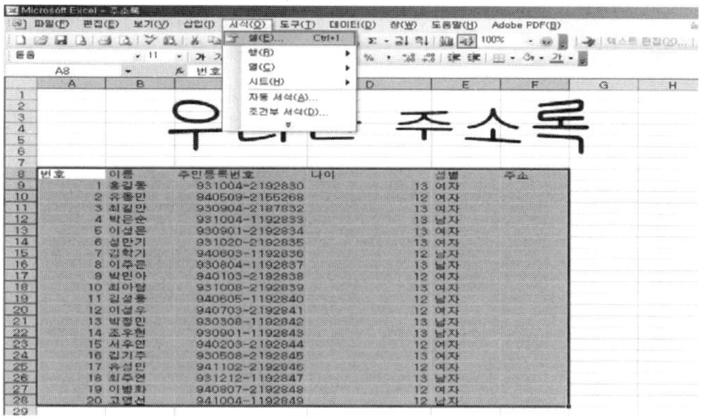


⑱ [서식]-[셀]을 선택한다.

## 19) 테두리 수정하기

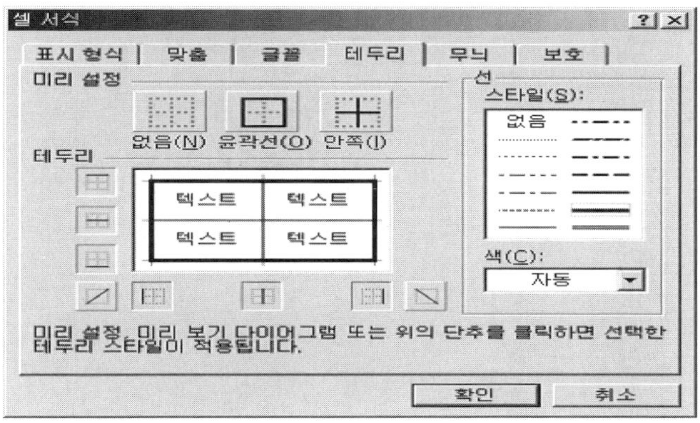


⑲ 테두리 탭을 선택하고 안쪽과 바깥쪽 선 모양을 왼쪽과 같이 설정한다.

## 20) 정렬하기

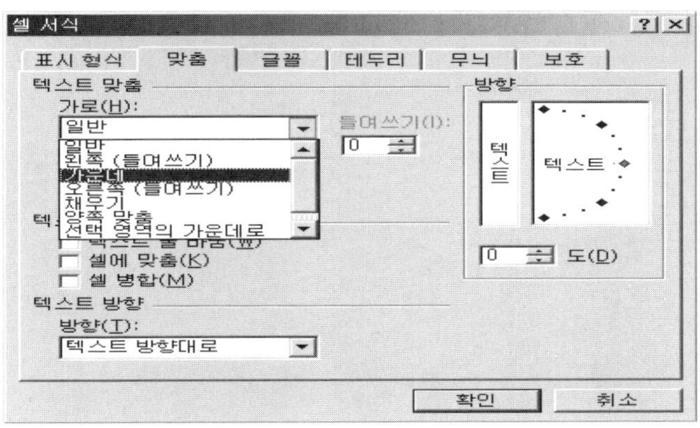


⑳ 선택된 전체 데이터를 가로, 세로 모두 가운데 맞춤을 선택하고 확인을 누른다.

## 21) 열 제목 색 채우기

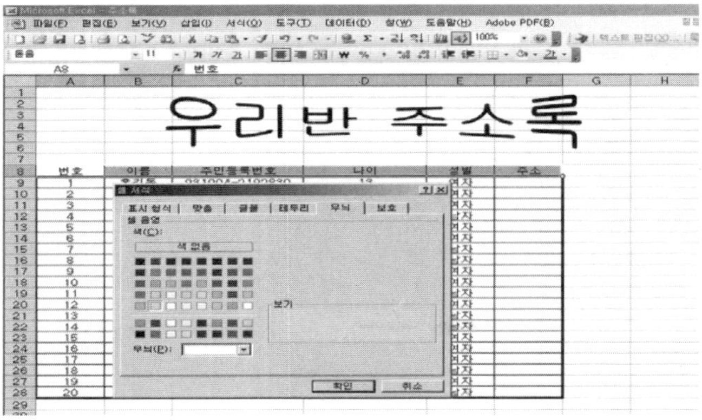


㉑ 열 제목(A8-F8)까지 선택한 후 [무늬]탭에서 색을 지정하고 확인 버튼을 클릭한다.

## 22) 열 삽입하기

㉒ A열 머리를 선택하고 Pop-Up 메뉴의 삽입을 클릭한다.

## 23) 주소 입력하기

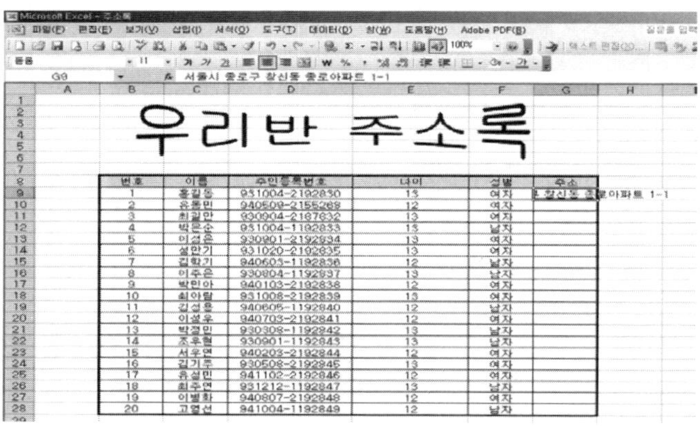


㉓ G9 셀에 친구들의 주소를 입력한다.

## 24) 메뉴에서 열 너비 조정하기

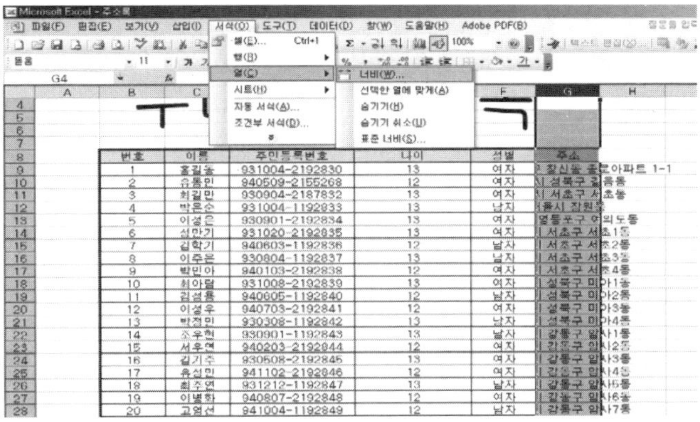

㉔ G열 전체를 선택한 후 [서식]-[열]-[너비]를 클릭한다.

## 25) 수치 입력하기

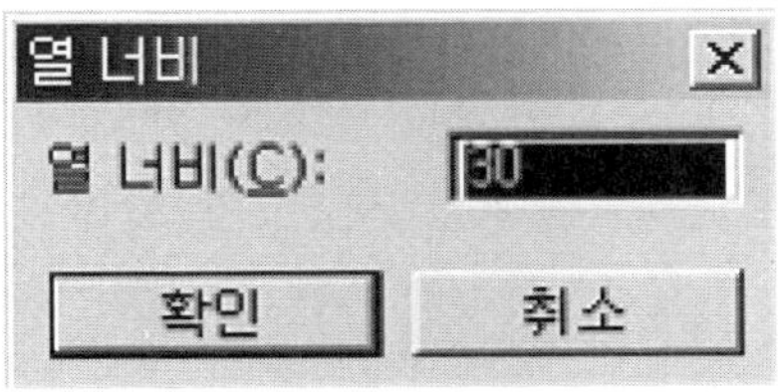


㉕ 열 너비 입력칸에 30을 치고, 확인 버튼을 클릭한다.

## 26) 마우스로 열 너비 조정하기

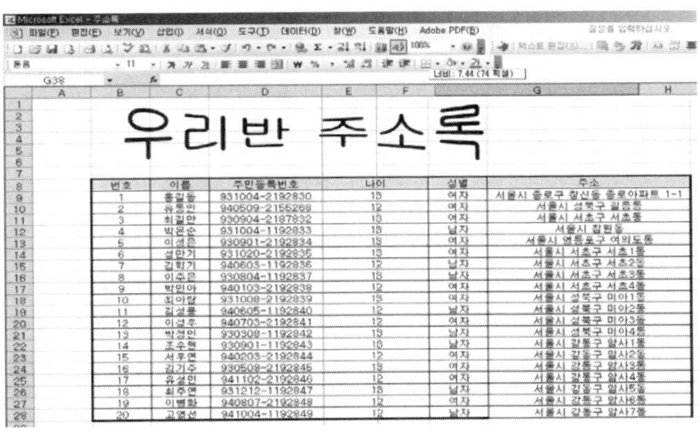


㉖ 나이 (E열)의 너비를 줄이기 위해 좌측과 같이 E와 F열 머리 사이에 마우스를 놓고 드래그 한다.

## 27) 성별에 따른 주소구별

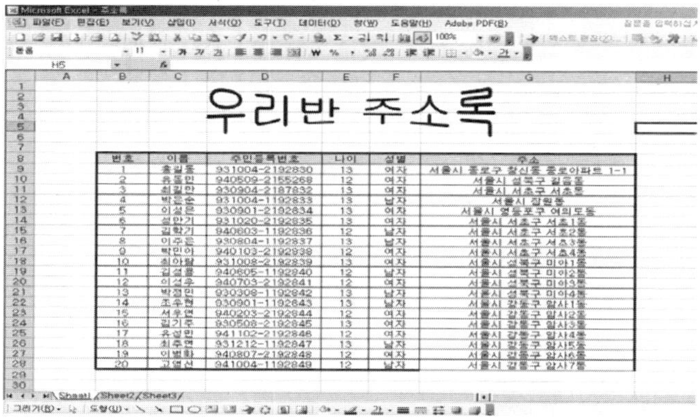


㉗ 성별에 따른 주소를 구별하기 위해 「조건부서식」을 이용한다.

## 28) 「서식-조건부 서식」

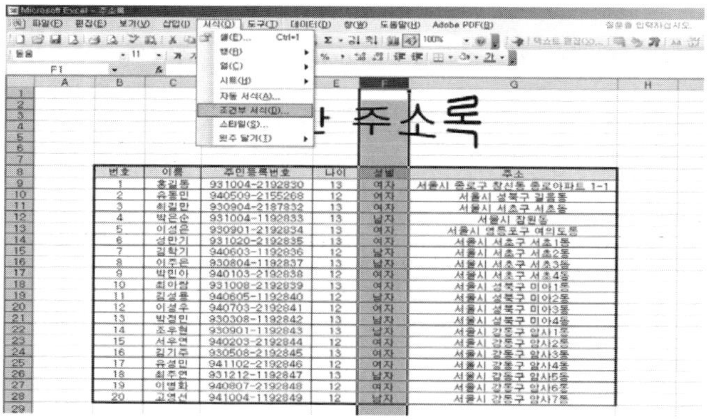

㉘ F열(성별)전체를 선택하고 「조건부 서식」을 지정한다.

## 29) 조건부 서식

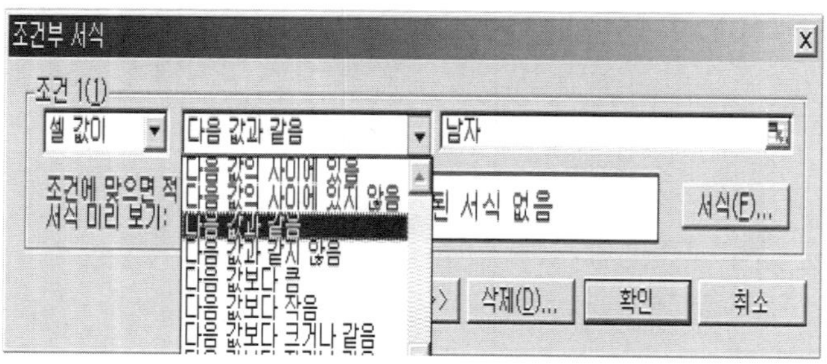


㉙ 왼쪽과 같이 '다음 값과 같음' 을 선택하고 값은 '남자' 를 입력한 후 서식 버튼을 클릭한다.

## 30) 셀 서식 지정

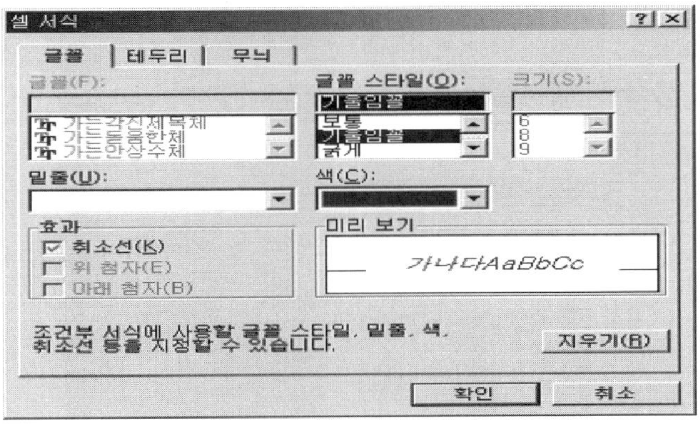


㉚ 글꼴은 '기울임꼴', 색은 파란색을 선택한 후 확인 버튼을 누른다.

## 31) 완성하기

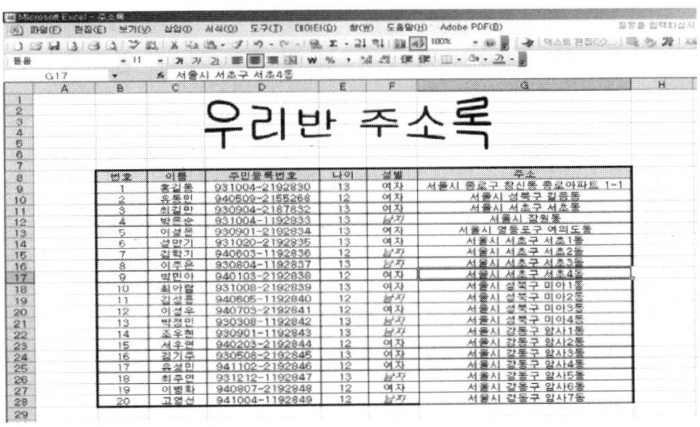


㉛ 주소록이 완성되었다.

메모

# 나는 우리 반 총무에요

셀 서식 및 수식

## 01 무슨 일인가요?

삼순이네 반에서는 매달 학급비를 걷는다. 학급비를 걷어서 학급에 필요한 물품을 구입한다거나 반 학생의 생일이 있으면 생일파티를 하는데 사용되고 있다. 학급비의 지출을 관리하지 않으면 얼마가 남았는지 어디에 사용했는지 시간이 지나면 알 수 없게 된다. 우린 컴퓨터 시간에 배운 엑셀을 활용하여 학급비 관리 프로그램을 만들기로 했다.

## 02 이것만은 꼭!

- ⊙ 엑셀을 생활에 적극적으로 활용하려는 태도를 가진다.
- ⊙ 엑셀로 작성한 문서의 효율성을 인식한다.
- ⊙ 자동합계의 용도와 편리성을 설명할 수 있다.
- ⊙ 쉼표스타일 아이콘의 용도를 설명할 수 있다.
- ⊙ 셀 서식의 [맞춤]탭과 [무늬]탭에서 할 수 있는 일을 설명할 수 있다.
- ⊙ 워드 아트를 이용하여 제목을 작성할 수 있다.
- ⊙ 수식기호를 입력하여 수식을 구할 수 있다.

# 03 미리 알아보아요

① 자동합계 : 연속적으로 나열된 셀들의 합계를 구할 때 사용하는 함수이다.

② 쉼표스타일 아이콘 : 셀에 입력된 숫자 데이터들의 세자리마다 콤마를 찍어 천의 자리를 표시한다.

③ 셀 서식의 [맞춤]탭 : 셀에 입력된 데이터의 셀 안에서의 가로와 세로 위치를 정렬할 때 사용한다.

④ 셀 서식의 [무늬]탭 : 셀 배경에 색을 채우거나 무늬를 지정한다.

⑤ 워드아트 : 제목을 다양한 모양으로 꾸민다.

⑥ 수식입력 : " = " 기호를 사용하여 셀에 수식을 입력한다.

# 04 무엇을 할까요?

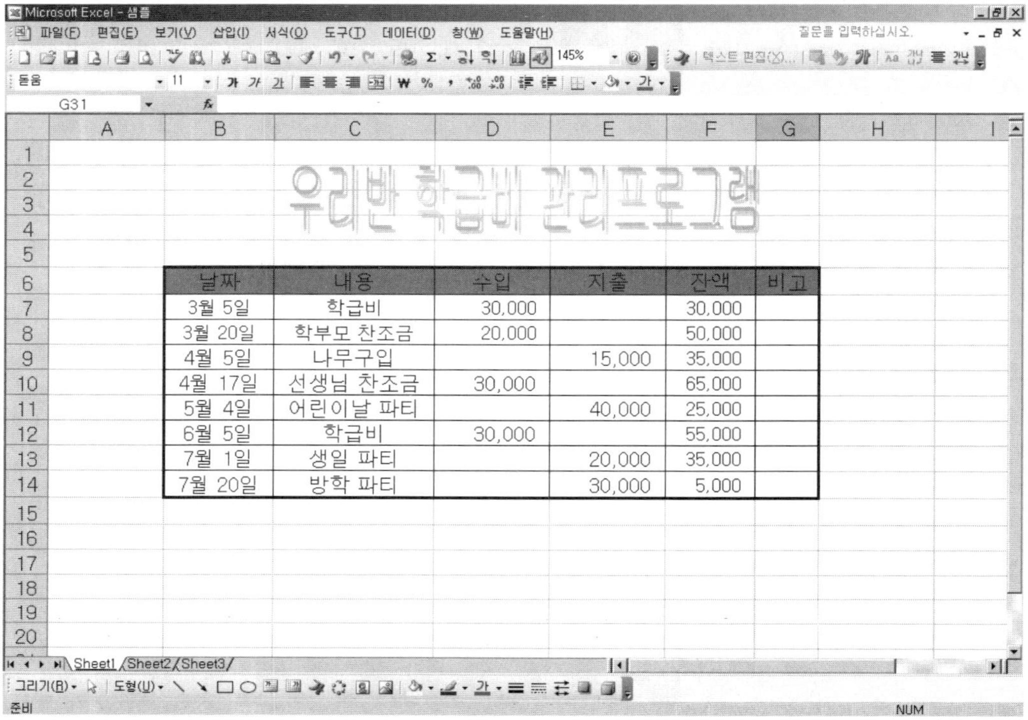

우리반 학급비 관리프로그램

| 날짜 | 내용 | 수입 | 지출 | 잔액 | 비고 |
|---|---|---|---|---|---|
| 3월 5일 | 학급비 | 30,000 | | 30,000 | |
| 3월 20일 | 학부모 찬조금 | 20,000 | | 50,000 | |
| 4월 5일 | 나무구입 | | 15,000 | 35,000 | |
| 4월 17일 | 선생님 찬조금 | 30,000 | | 65,000 | |
| 5월 4일 | 어린이날 파티 | | 40,000 | 25,000 | |
| 6월 5일 | 학급비 | 30,000 | | 55,000 | |
| 7월 1일 | 생일 파티 | | 20,000 | 35,000 | |
| 7월 20일 | 방학 파티 | | 30,000 | 5,000 | |

# 05 함께 만들어 보아요

## 1) 제목 만들기

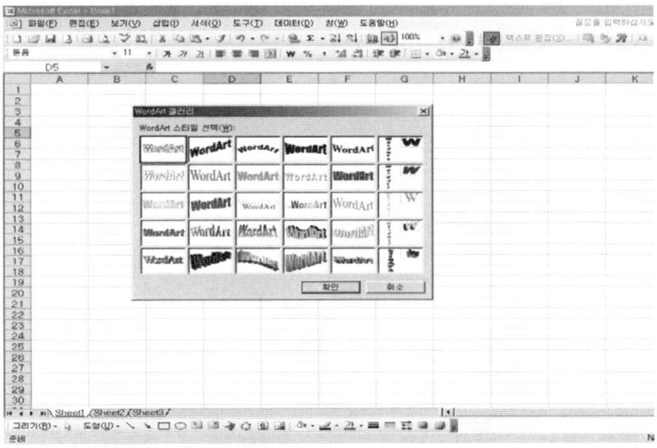

① 워드아트 아이콘( )을 클릭한 후 원하는 모양을 선택 하고 확인 버튼을 누른다.

## 2) 글자 입력하기

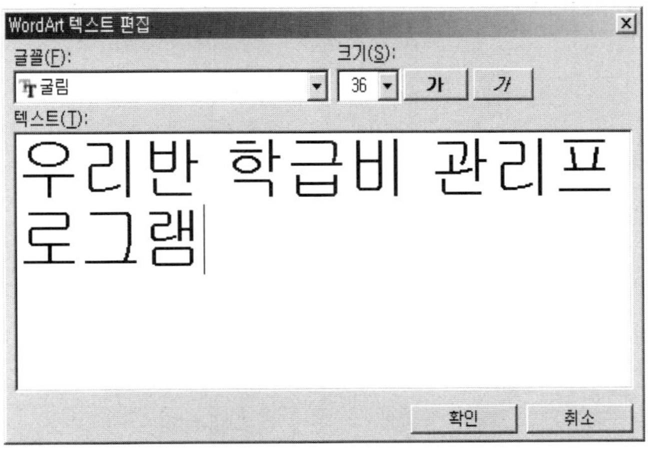


② 텍스트 편집상자가 나오면 '우리 반 학급비 관리 프로그램' 을 입력 한 후 확인 버튼을 누른다.

### 3) 제목 배치하기

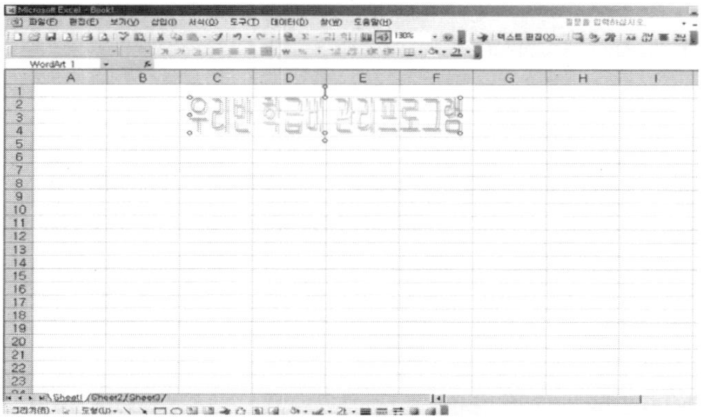


③ 생성된 워드아트를 셀 C2:F4에 이동한다.

### 4) 제목 셀 입력하기

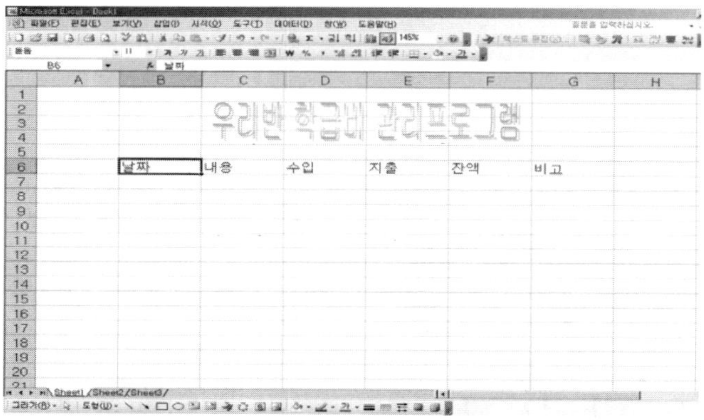


④ B6 셀에서 G6 셀까지 날짜, 내용, 수입, 지출, 잔액, 비고 등 제목을 입력한다.

### 5) 각 셀에 내용 채워 넣기

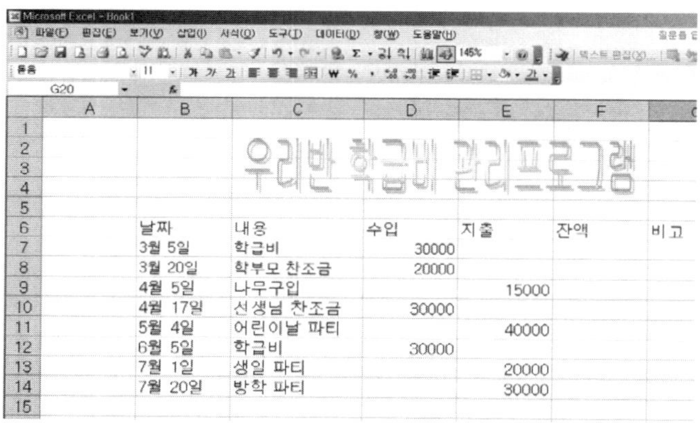


⑤ 왼쪽과 같이 학급회계 자료를 입력한다. 자료 입력할 때 Enter키를 누르면 아래 셀로 Tab키를 누르면 오른쪽 셀로 이동하게 된다.

## 6) 문자 정렬하기

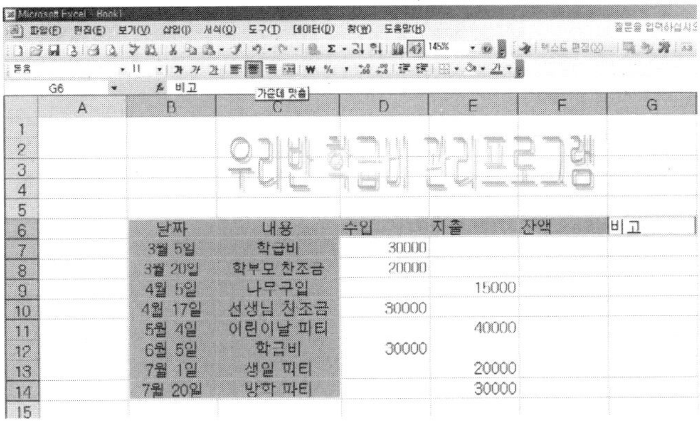


⑥ 날짜와 내용의 셀 값들과 소제목은 가운데 정렬을 한다.

## 7) 숫자는 1000 단위 표시하기

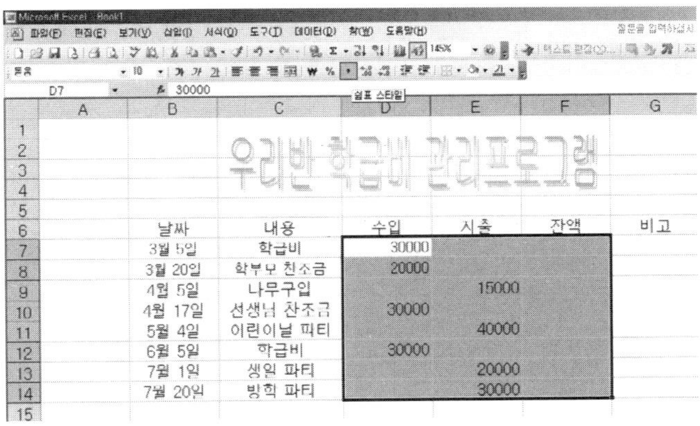


⑦ 수입, 지출, 잔액의 숫자 셀을 선택하고 쉼표 스타일을 눌러 1000단위를 표시하고, 오른쪽 정렬시킨다.

## 8) 표 만들기

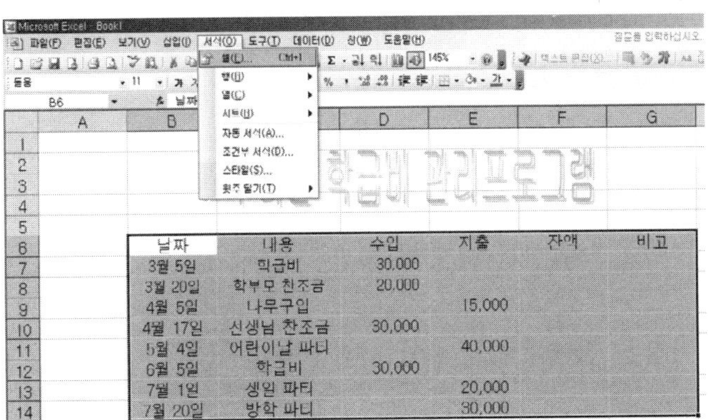


⑧ 왼쪽과 같이 선택한 다음 서식 메뉴의 셀을 선택한다. (단축키는 Ctrl+1이다)

## 9) 셀 서식(괘선)

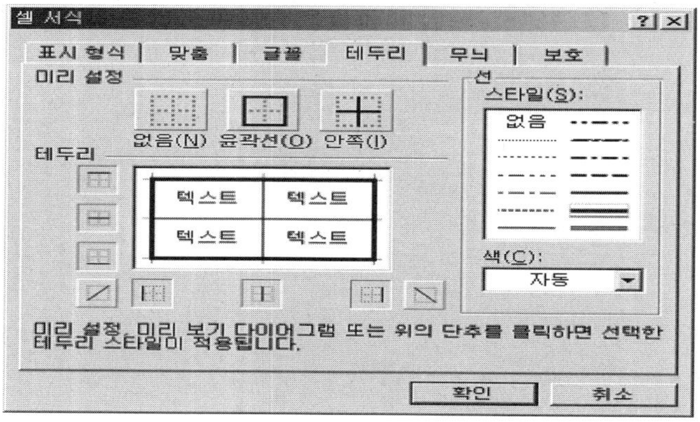


⑨ 셀 서식 대화상자가 나타나면 선 종류(스타일)를 선택한 후 안쪽 및 윤곽선을 차례로 누른다.

## 10) 제목 셀 색칠하기

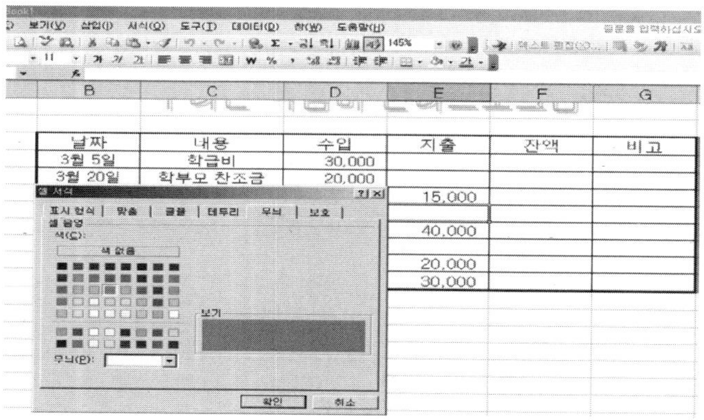


⑩ 제목 셀(날짜, 내용, 수입, 지출, 잔액, 비고)을 선택하고 셀 서식의 무늬 탭에서 색상을 선택한 후 확인 버튼을 누른다.

## 11) 잔액 구하기

① 잔액은 현재 남아 있는 학급비를 의미하는 것으로 다음과 같이 정리할 수 있다.

② 최초의 잔액은 처음 받은 수입이다.

③ 두 번째 잔액 = 첫 번째 잔액 + 두 번째 수입 – 두 번째 지출

④ 세 번째 잔액 = 두 번째 잔액 + 세 번째 수입 – 세 번째 지출

.

.

| 현재 셀 잔액 = 이전 셀 잔액 + 현재 수입 – 현재 지출 |
|---|

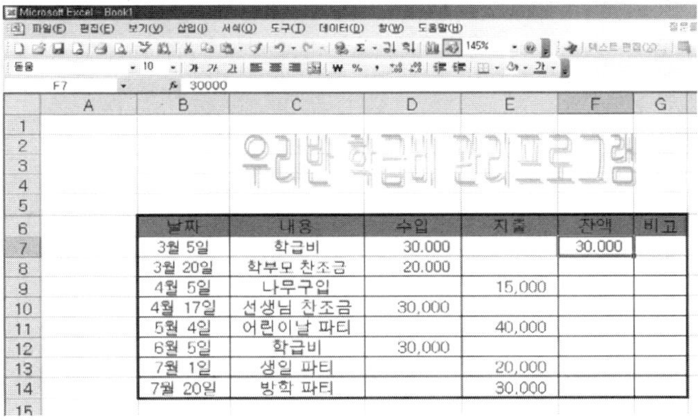


⑪ 최초의 잔액은 30,000이라 입력한다.

## 12) 수식 입력하기

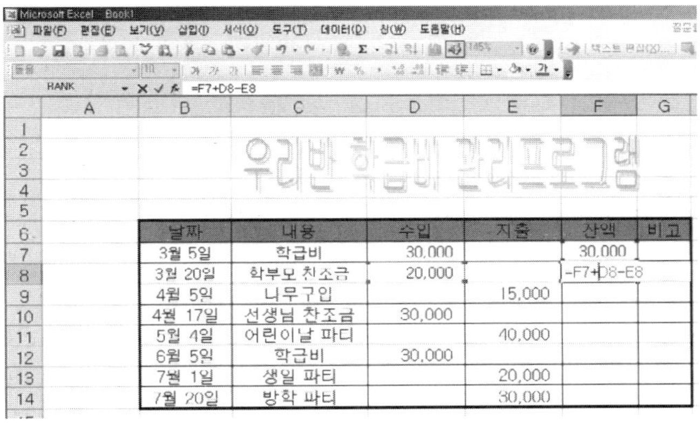


⑫ 두 번째 잔액은 F8 위치에서 수식 =F7+D8-E8을 입력한 후 확인 Enter를 친다. 잔액 50,000이 입력됨을 확인할 수 있다.

## 13) 수식 복사하기

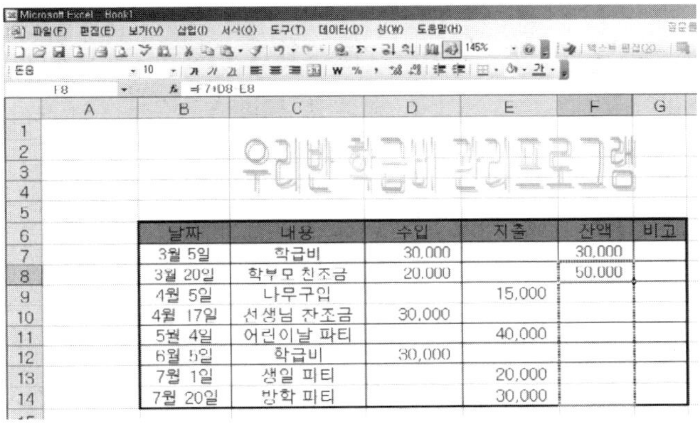


⑬ 이후의 잔액을 쉽게 구하기 위해 F8 셀에 마우스를 위치한 후 오른쪽 아래 모서리 지점을 클릭한 후 F14 셀까지 드래그 한다.

## 14) 시트 이름 바꾸기

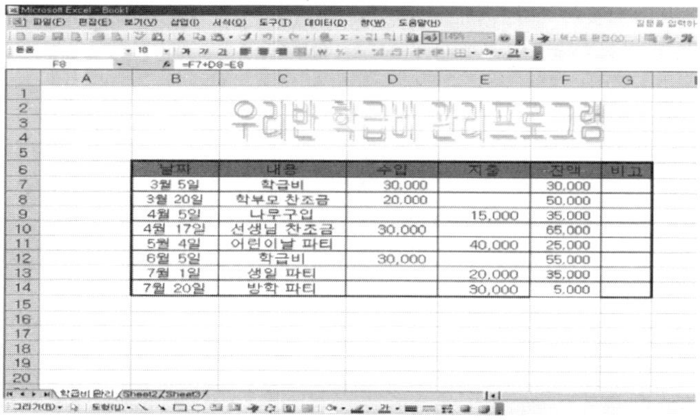


⑭ 왼쪽 아래 Sheet1을 더블 클릭 한 후 '학급비 관리' 라고 입력한 후 Enter를 친다.

## 15) 작업 시트 저장하기

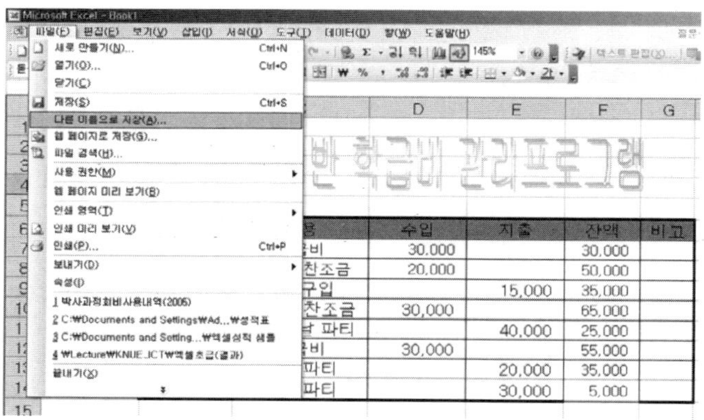


⑮ 파일 메뉴의 '다른 이름으로 저장'을 선택한다.

## 16) 소제목 입력하기

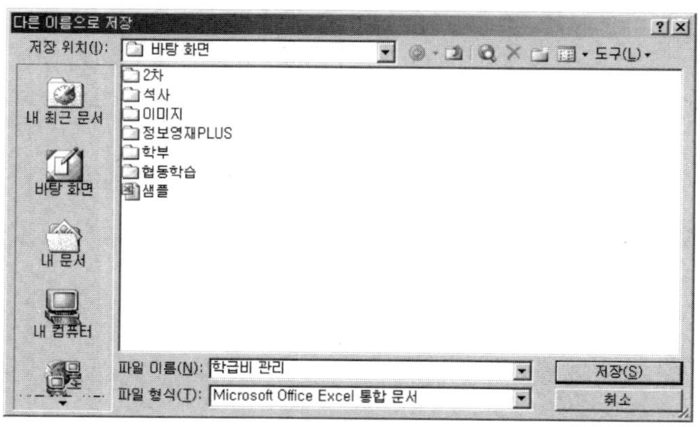


⑯ 파일이 저장될 위치와 파일 이름을 지정하고 「저장」단추를 누른다.

# 나를 소개합니다

**셀 병합 및 차트**

## 01 무슨 일인가요?

새 학년이 되어 새로운 선생님과 친구들을 만났다. 작년에 같은 반을 했던 친구들도 몇 명 있지만 대부분은 낯선 얼굴들이다. 모두가 처음 만나 어색했다. 선생님께서는 다른 친구들에게 자신을 소개하는 "자기소개서"를 작성해서 발표해 보자고 하셨다. 어떻게 '나'를 친구들에게 소개해야 할까?

## 02 이것만은 꼭!

- ⊙ 자기소개서의 필요성과 구성요소를 이해하고, 자신을 남들 앞에서 소개할 수 있다.
- ⊙ 엑셀2003을 이용하여 자기소개서를 작성할 수 있다.
- ⊙ 표의 선 그리기와 셀 서식을 이용해 문서를 작성할 수 있다.

# 03 미리 알아보아요

## 1) '자기소개서' 란?

자기소개서는 자기 자신을 남들에게 알리는 글로써 여러 가지 정보를 담고 있다. 회사에 입사지원을 할 때나 상급 학교 진학을 할 때와 같이 새로운 사회로 들어갈 때 '나는 이런 사람입니다' 라고 소개하는 글이다. 따라서 자신에 대한 객관적인 사실들을 기록해야 하며, 남들이 '나' 를 쉽게 알 수 있도록 자신만의 특징들을 간추려서 설명해야 한다.

## 2) 자기소개서에 들어가는 내용들

① 성장과정 : 나의 이름, 우리 가족

자신의 가족관계와 집안 환경 또는 지금까지 겪었던 크고 작은 사건 한두 가지 정도를 설명한다.

② 자신의 성격 및 특징 : 성격 및 특징을 단순하게 표현하기 보다는 예화를 들어 "내가 이런저런 일이 있었을 때 내가 이렇게 행동했기에 내 성격이나 특징이 이런 것 같다" 등의 형식으로 쓰는 것이 좋다. 취미나 특기, 좋아하는 것과 싫어하는 것들도 같이 설명한다.

③ 앞으로의 다짐 : 장래 희망, 올해의 목표

새로운 만남과 시작을 맞이하면서 앞으로 나는 무엇을 목표로 하여 어떻게 하겠다는 계획과 다짐을 소개한다.

④ 하고 싶은 말 : 선생님께, 친구들에게

'앞으로 사이좋게 잘 지내자.' 라든가 '공부를 열심히 할 것이다.' 라는 등의 선생님과 친구들에게 부탁하거나 하고 싶은 말을 적어본다.

# 04 무엇을 할까요?

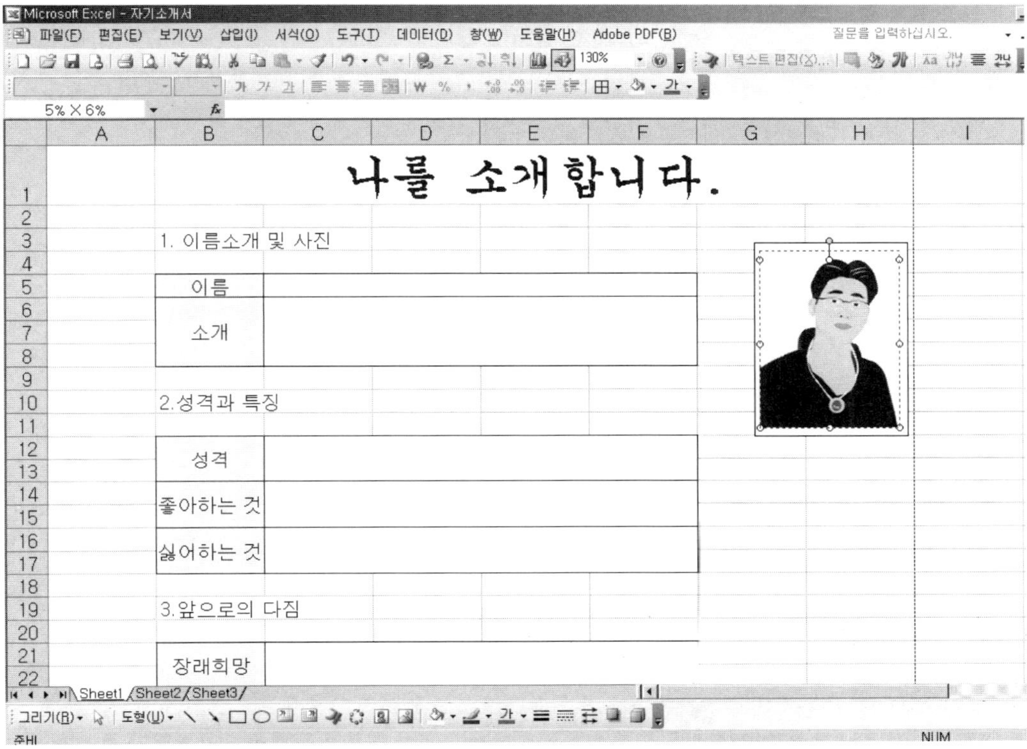
Microsoft Excel - 자기소개서
나를 소개합니다.
1. 이름소개 및 사진
이름
소개
2.성격과 특징
성격
좋아하는 것
싫어하는 것
3.앞으로의 다짐
장래희망
Sheet1
Sheet2
Sheet3

# 05 함께 만들어 보아요

## 1) 제목 셀 병합하기

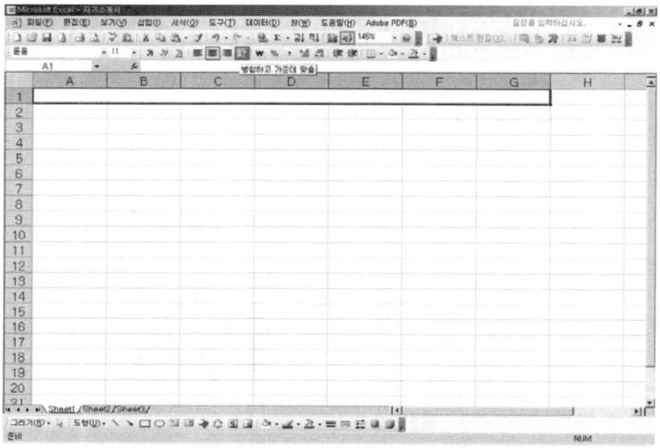

① A1부터 G1까지의 셀을 드래그 하여 블록을 잡은 후 병합한다.

## 2) 제목 입력

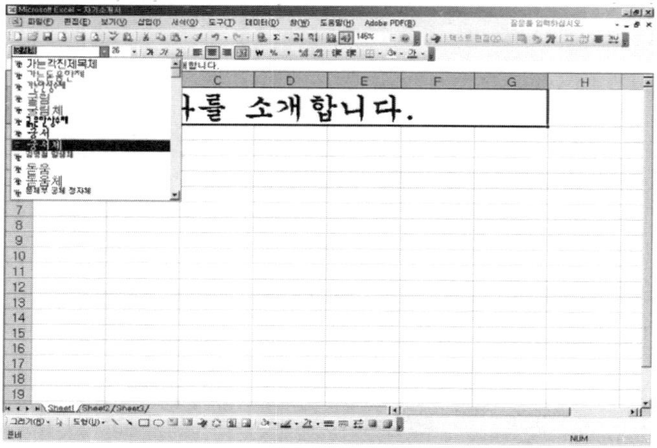

② '나를 소개합니다.'를 궁서체, 26pt, 진하게 설정한다.

### 3) 이름 및 사진

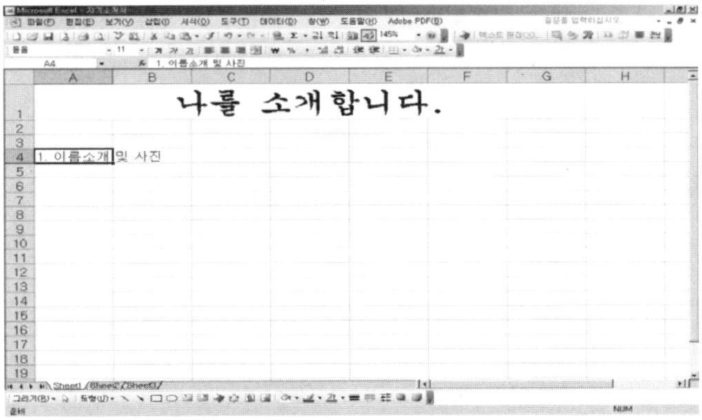


③ A4 셀에 이름 소개 및 사진을 입력한다.

### 4) 영역 선택하기

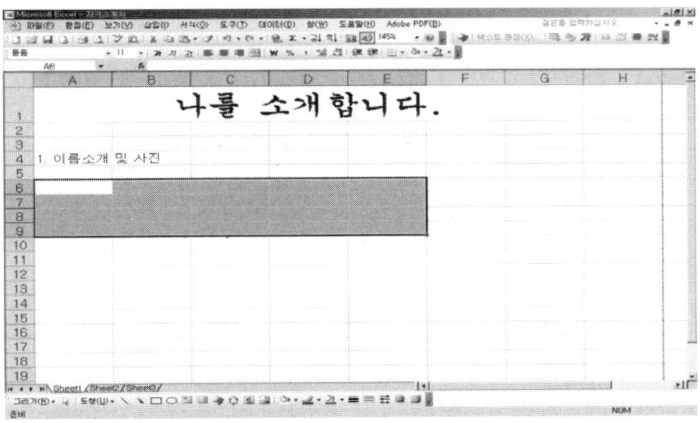


④ A6부터 E9까지 드래그 하여 선택한 후 [서식]–[셀 서식]을 선택한다.

### 5) 셀 서식

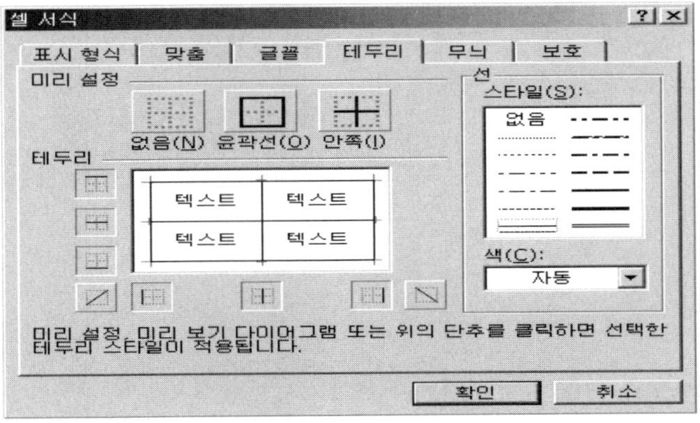


⑤ [셀 서식]–[태두리]탭에서 선 스타일과 테두리를 왼쪽과 같이 설정한다.

## 6) 셀 병합

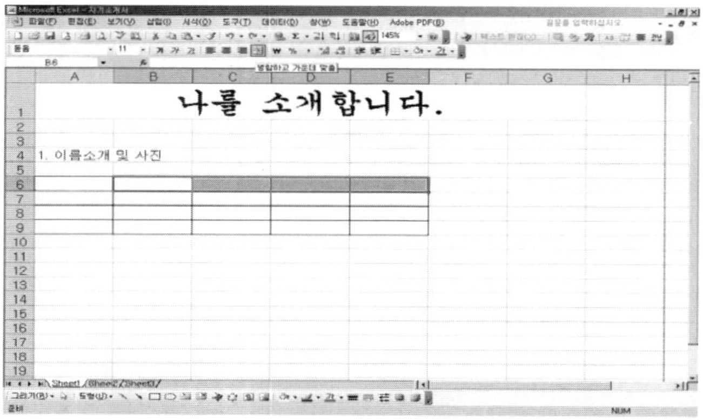

⑥ B6에서 E6까지 선택한 후 상단의 셀 병합 아이콘을 클릭한다.

## 7) 열 수치 입력하기

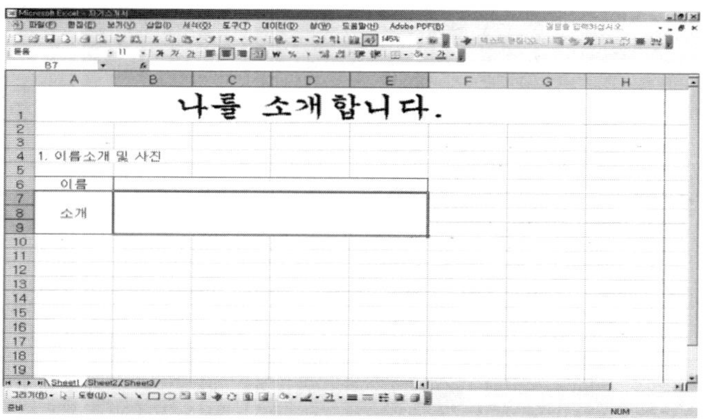

⑦ 왼쪽과 같이 나머지 셀도 병합한다.

## 8) 도형 입력하기

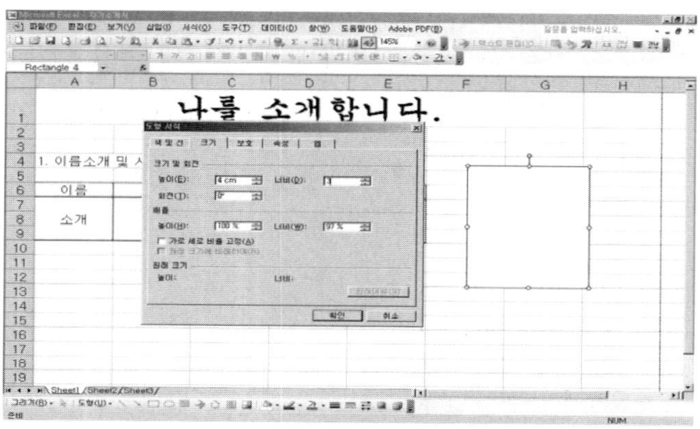

⑧ 사진을 입력하기 위해 아래쪽의 사각형 도형을 선택한 후 드래그 한다.(가로 : 3cm 세로 : 4cm)

### 9) 성격과 특징

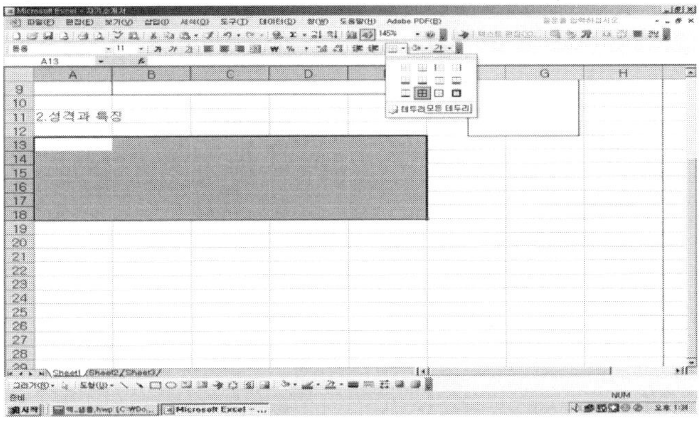


⑨ A13부터 E18까지 선택한 후 셀에 테두리를 입력한다.

### 10) 셀 병합

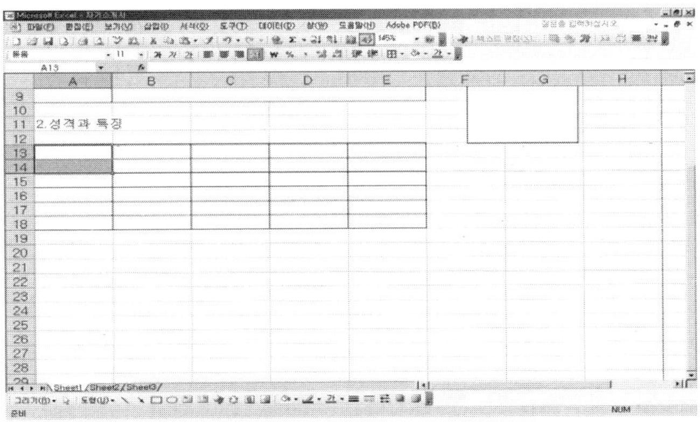


⑩ 셀을 병합하여 아래쪽 모양이 되도록 한다.

### 11) 글자 입력하기

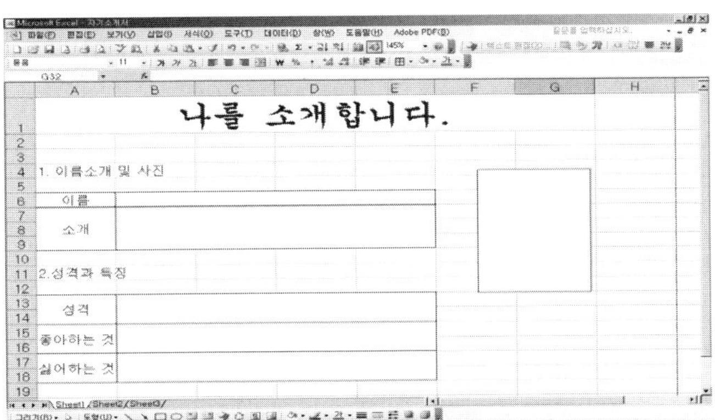


⑪ 성격, 좋아하는 것, 싫어하는 것을 입력한다.

## 12) 앞으로의 다짐

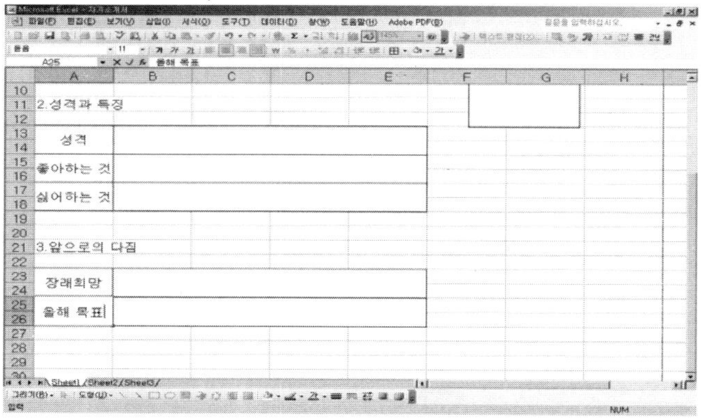

⑫ 왼쪽과 같이 셀을 병합하여 희망과 목표를 입력한다.

## 13) 셀 복사하기

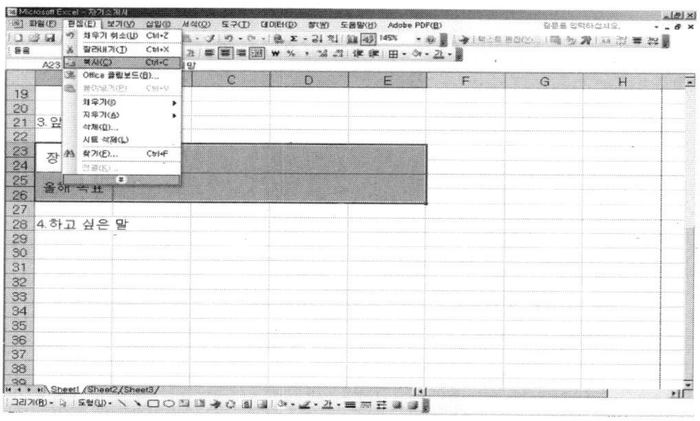

⑬ A23부터 E26까지 셀을 선택한 후 [편집]-[복사]를 선택한다.

## 14) 셀 붙여넣기

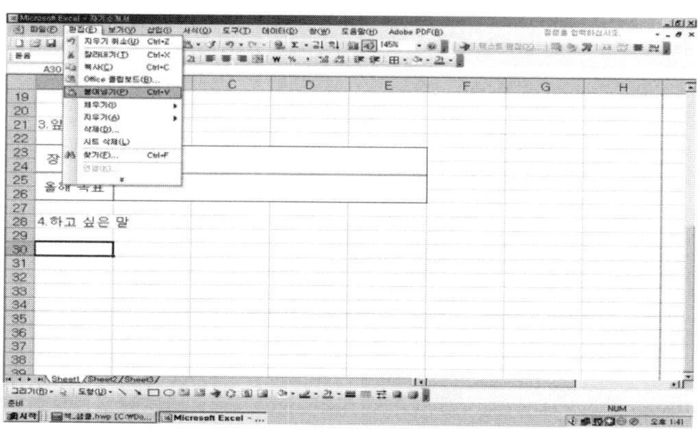

⑭ A23을 선택한 후 [편집]-[붙여넣기]를 선택한다.

## 15) 하고 싶은 말하기

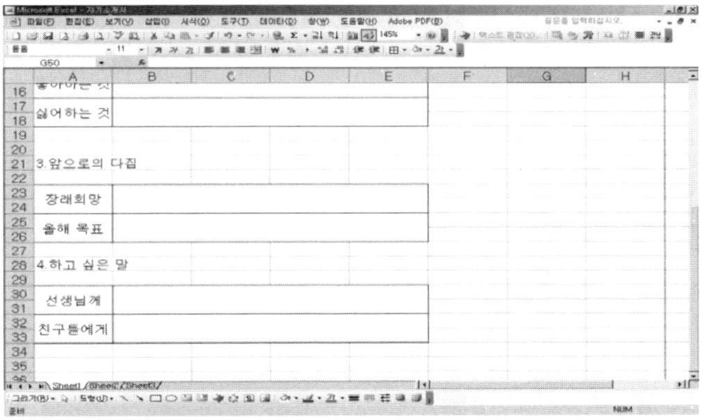


⑮ 왼쪽과 같이 선택하고, 상단의 (≣)을 클릭한다.

## 16) 표 만들기(키)

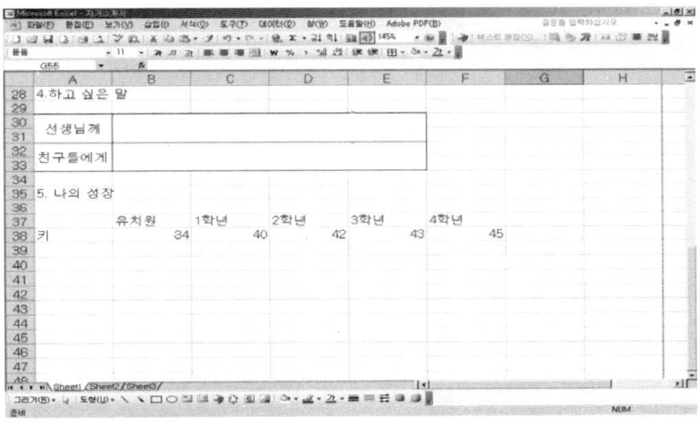


⑯ 왼쪽과 같이 학년에 따른 나의 키를 입력한다.

## 17) 테두리 입력하기

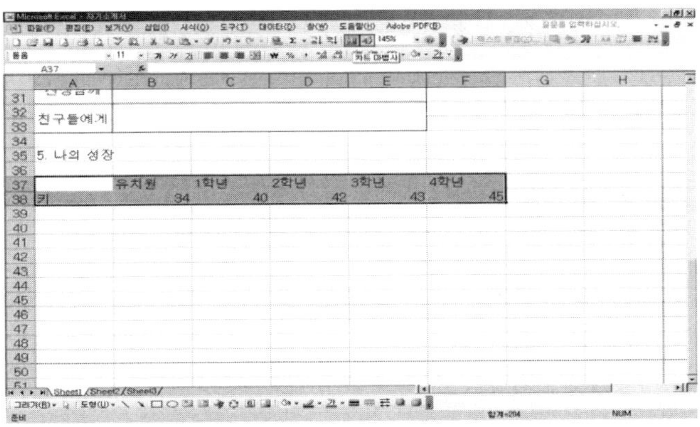


⑰ 영역을 선택한 후 차트 마법사를 클릭한다.

## 18) 차트 종류 선택

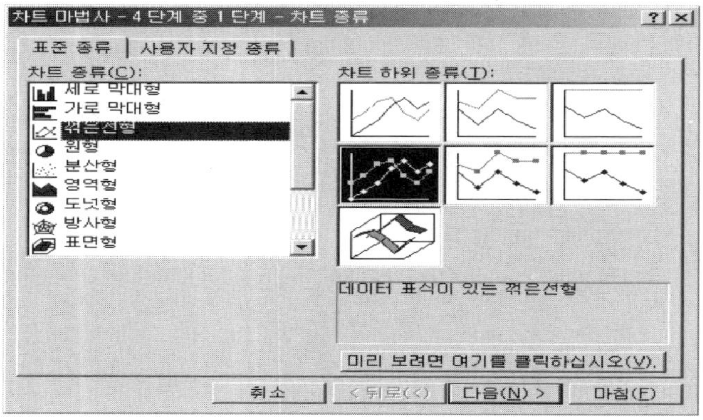


⑱「꺾은선형」차트를 선택하고 다음 버튼을 클릭한다.

## 19) 데이터 범위확인

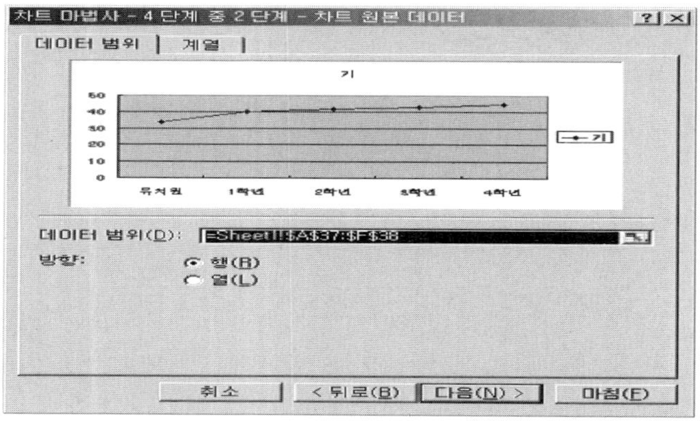


⑲ 차트의 계열과 데이터 범위를 확인한 후 다음 버튼을 클릭한다.

## 20) 차트 삽입

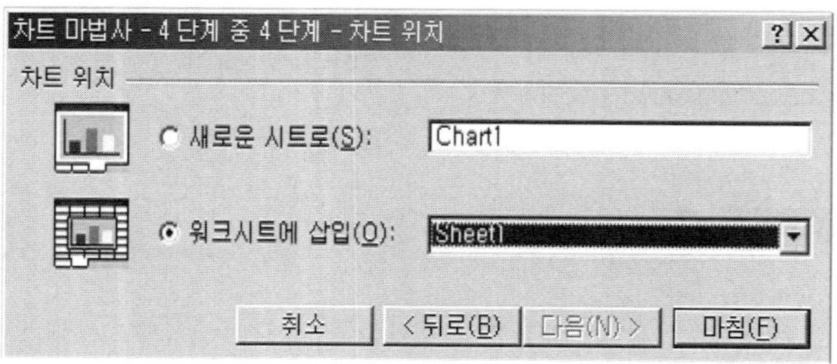


⑳「워크시트에 삽입」을 선택한 후 마침 버튼을 클릭한다.

## 21) 차트 배치하기

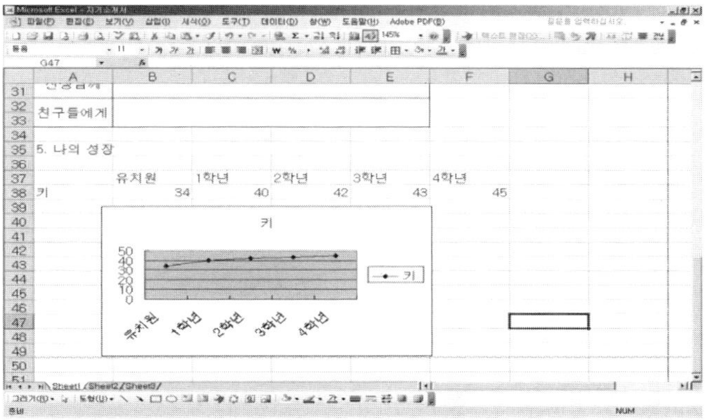


㉑ 생성된 차트를 문서의 적당한 위치에 배치시킨다.

## 22) 표 테두리 입히기

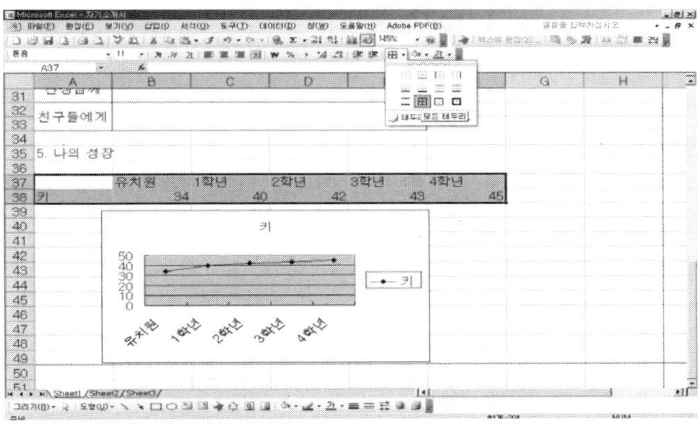


㉒ A37에서 F38까지 선택한 후 모든 테두리를 선택한다.

## 23) 대각선 그리기

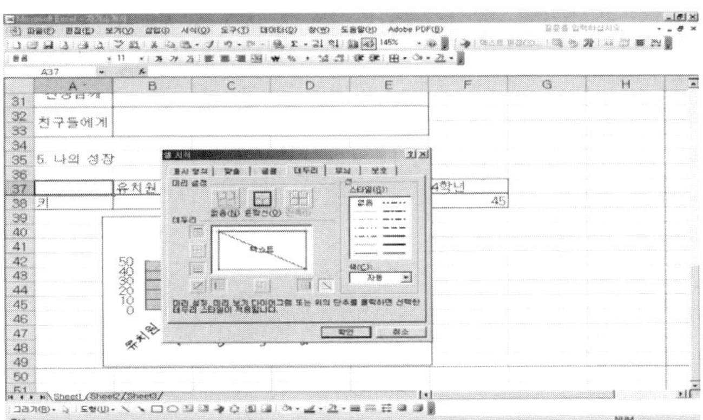


㉓ A37 셀을 선택한 후 「셀 서식」에서 대각선 테두리를 선택한다.

## 24) 대각선에 글자 입력

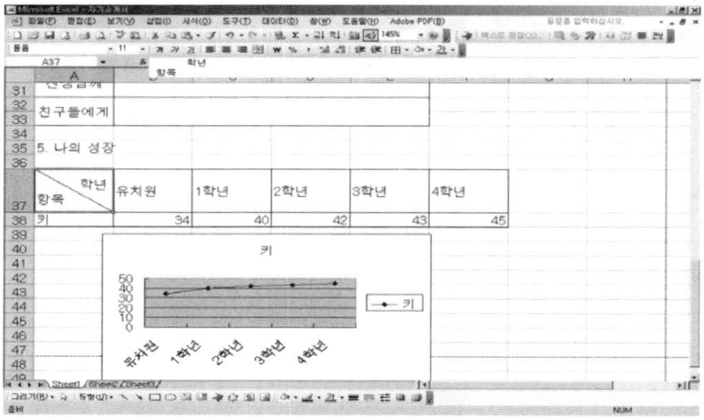

㉔ 학년을 입력한 후 Alt +Enter를 클릭하여 줄을 나눈 후 항목을 입력한다.(학년→오른쪽 정렬, 항목→왼쪽 정렬)

## 25) 열 삽입하기

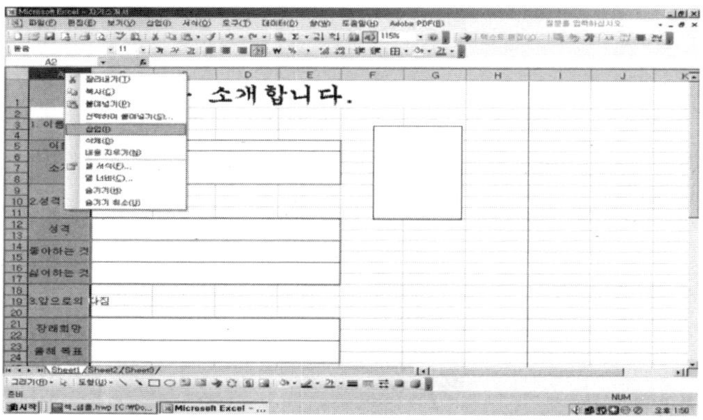

㉕ A열 전체를 선택한 후 [팝업 메뉴]–[삽입]을 선택한다.

## 26) 그림 삽입하기

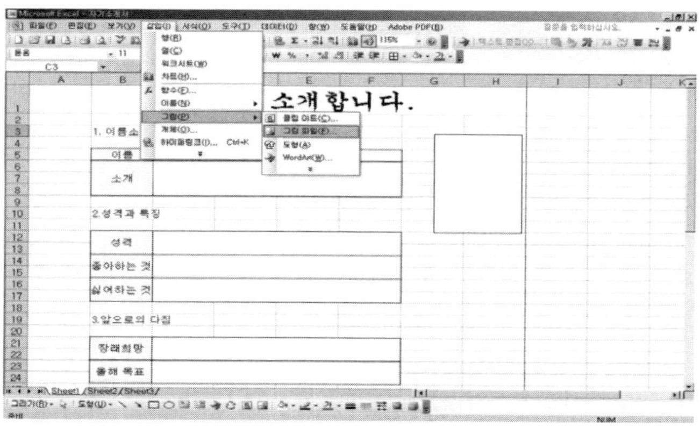

㉖ [삽입]–[그림]–[그림파일]을 클릭 한다.

## 27) 완성하기

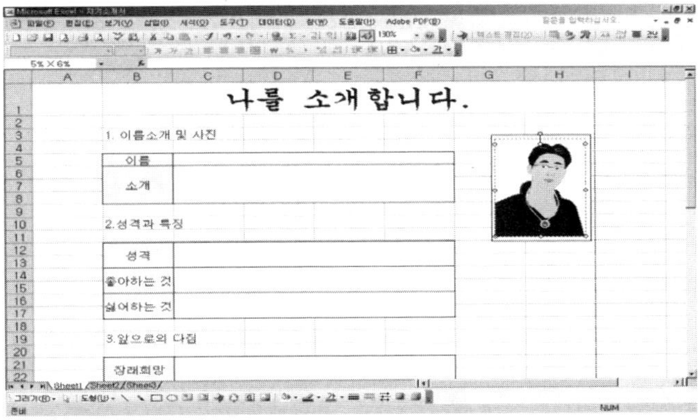


㉗ 왼쪽과 같은 완성된 화면이 나타난다.

메모

# 학급문고 관리하기

▪ 함수 및 자동 채우기 기능

## 01 무슨 일인가요?

나의 1인 1역할은 학급에 비치되어 있는 도서를 친구들에게 대출 및 반납을 하는 것이다. 도서의 대여료는 책의 종류에 관계없이 책 한권 당 1박 2일에 50원이다. 그런데 연체하는 아이들이 있어서 연체료도 함께 계산해야 되기 때문에 일일이 계산하기가 너무 힘들다. 연체료는 하루당 100원씩 받는다. 그래서 엑셀을 이용해서 계산하기 쉽게 하려고 한다.

## 02 이것만은 꼭!

⊙ 엑셀을 이용한 계산을 할 수 있다.

⊙ 엑셀을 이용한 날짜 계산을 할 수 있다.

⊙ 엑셀을 이용한 자동 채우기 기능을 할 수 있다.

# 03 미리 알아보아요

## 1) 대여료란?

대여료란 책이나 물건 등을 빌리는데 드는 비용을 말한다. 다양화 되는 시대에서 한 물건에 대한 종류가 많아지면서 사는 것보다는 빌려 쓰는 일이 많아졌다. 사람들은 책이나 비디오 같은 것을 많이 빌리는데 요즘 사람들은 귀찮음 때문에 물건 등을 빌리고도 제대로 갖다 주지 않는 일이 많이 일어난다. 그래서 빌려가는 날짜를 정해 놓고 그에 따른 연체 일수를 계산하여 돈을 받는 연체료가 있다. 빌린 물건을 연체 하게 되면 그냥 연체료만 주면 된다고 생각할 수도 있지만 내가 빌려가서 주지 않은 물건을 필요로 하는 사람도 있다. 그러므로 물건을 빌리고 난 뒤 대여 일을 잘 지켜서 다른 사람들도 생각하는 마음을 가져야 한다.

⊙ 삶을 살아가면서 기본적인 계산을 할 줄 아는 것은 매우 중요하다. 정보화 시대에 엑셀을 이용해서 날짜 계산을 하고 그에 따른 간단한 계산을 할 줄 아는 능력이 꼭 필요하다.

# 04 무엇을 할까요?

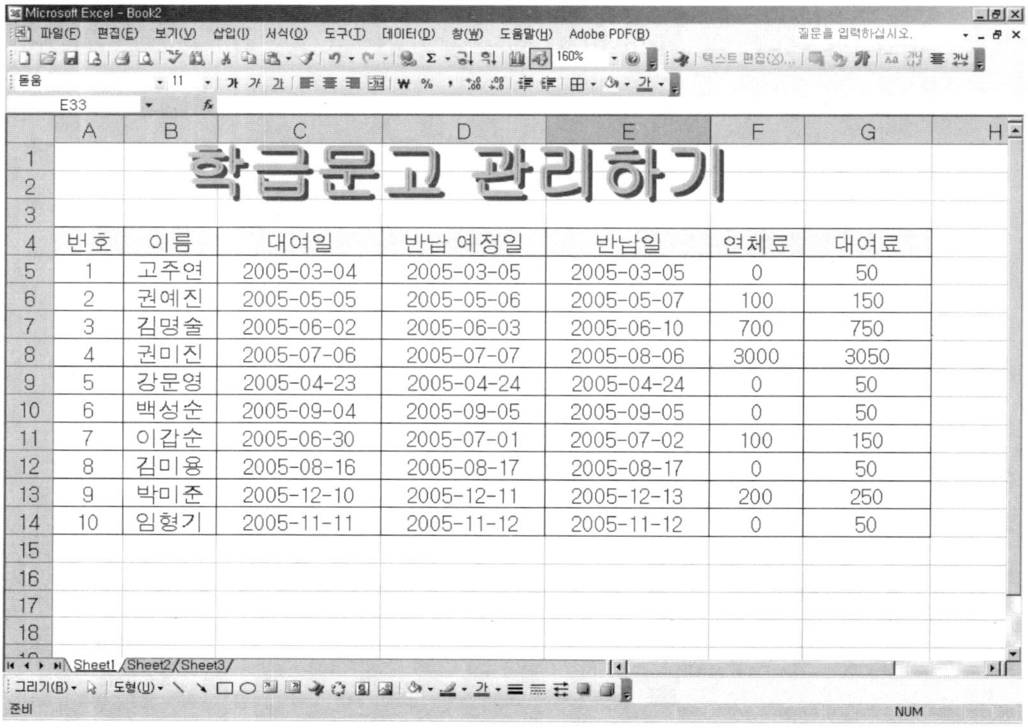

학급문고 관리하기

| 번호 | 이름 | 대여일 | 반납 예정일 | 반납일 | 연체료 | 대여료 |
|---|---|---|---|---|---|---|
| 1 | 고주연 | 2005-03-04 | 2005-03-05 | 2005-03-05 | 0 | 50 |
| 2 | 권예진 | 2005-05-05 | 2005-05-06 | 2005-05-07 | 100 | 150 |
| 3 | 김명술 | 2005-06-02 | 2005-06-03 | 2005-06-10 | 700 | 750 |
| 4 | 권미진 | 2005-07-06 | 2005-07-07 | 2005-08-06 | 3000 | 3050 |
| 5 | 강문영 | 2005-04-23 | 2005-04-24 | 2005-04-24 | 0 | 50 |
| 6 | 백성순 | 2005-09-04 | 2005-09-05 | 2005-09-05 | 0 | 50 |
| 7 | 이갑순 | 2005-06-30 | 2005-07-01 | 2005-07-02 | 100 | 150 |
| 8 | 김미용 | 2005-08-16 | 2005-08-17 | 2005-08-17 | 0 | 50 |
| 9 | 박미준 | 2005-12-10 | 2005-12-11 | 2005-12-13 | 200 | 250 |
| 10 | 임형기 | 2005-11-11 | 2005-11-12 | 2005-11-12 | 0 | 50 |

# 05 함께 만들어 보아요

## 1) 새 문서 열기

① 도구모음 중 새 문서열기 ( ) 아이콘을 클릭한다.

## 2) Word Art 삽입하기

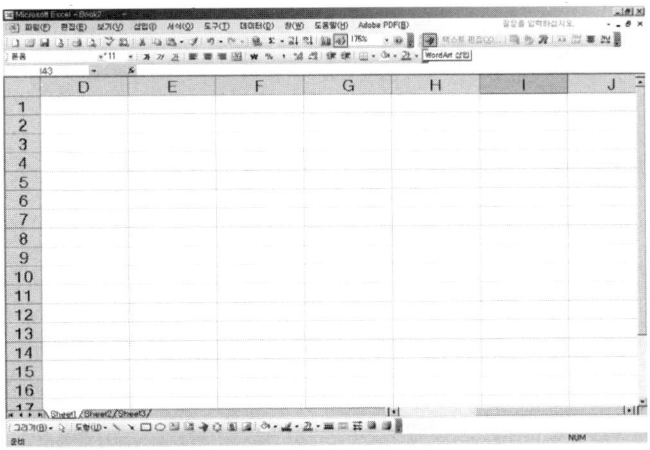


② 워드아트( )클릭한다.

### 3) 스타일 선택하기

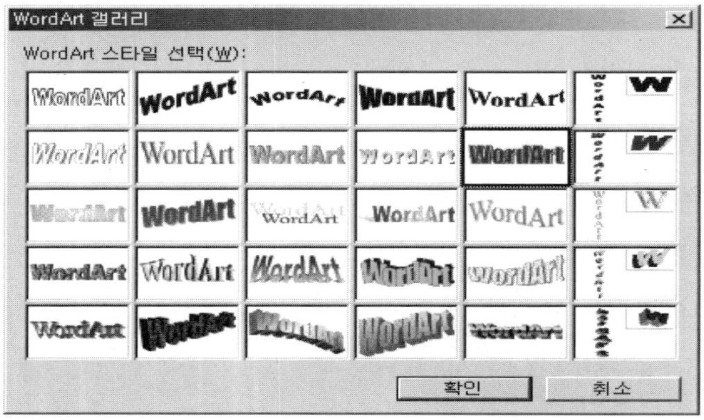


③ 제목에 적용될 워드아트를 선택하고 확인 버튼을 누른다.

### 4) 텍스트 편집

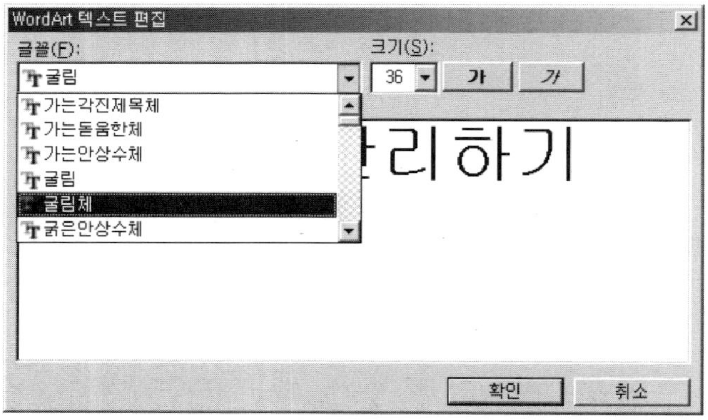


④「학급문고 관리하기」라고 텍스트를 입력한 후 글꼴은「굴림체」를 선택한 후 확인 버튼을 누른다.

### 5) 제목 배치

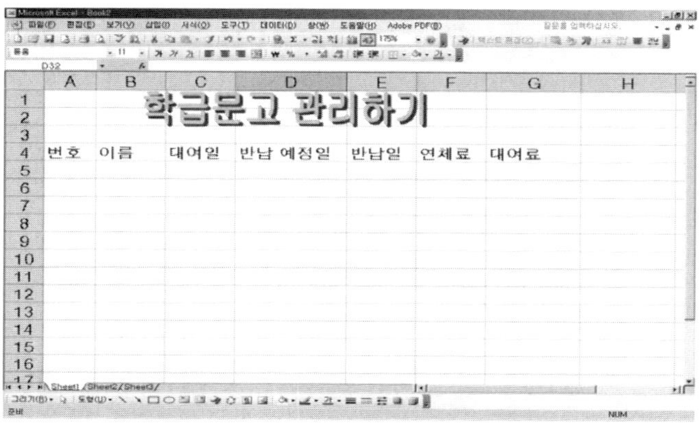


⑤ 제목을 왼쪽과 같이 배치한 후 열 제목을 입력한다.

## 6) 번호, 이름 입력하기

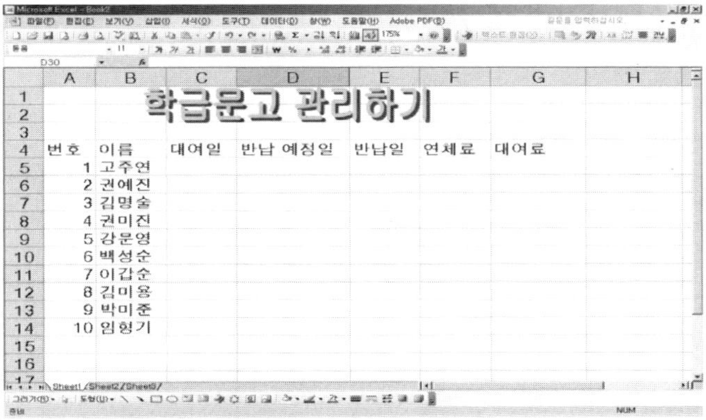


⑥ 번호와 이름을 입력한다.

## 7) 대여일 서식 지정하기

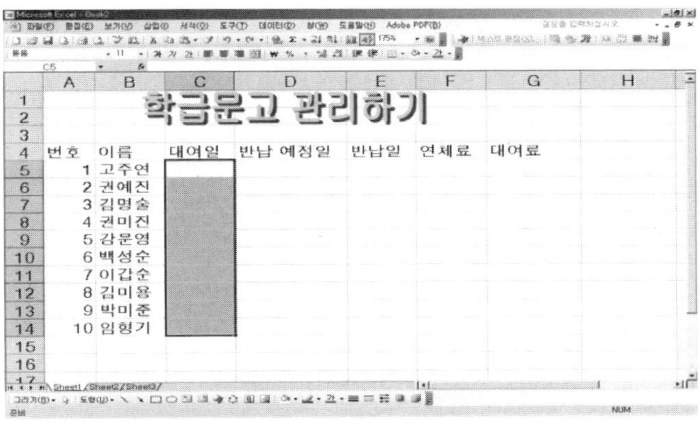


⑦ 대여일의 날짜 서식을 설정하기 위해 셀을 선택한다.

## 8) 셀 서식

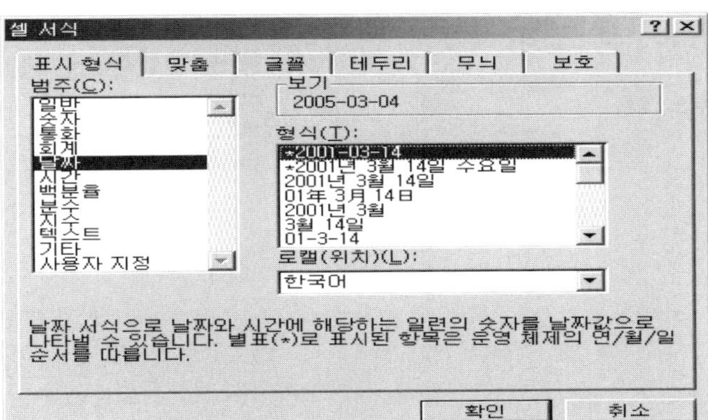


⑧ 범주는 「날짜」를, 형식은 왼쪽과 같이 「2001-03-14」를 선택한다.

## 9) 반납 예정일 입력

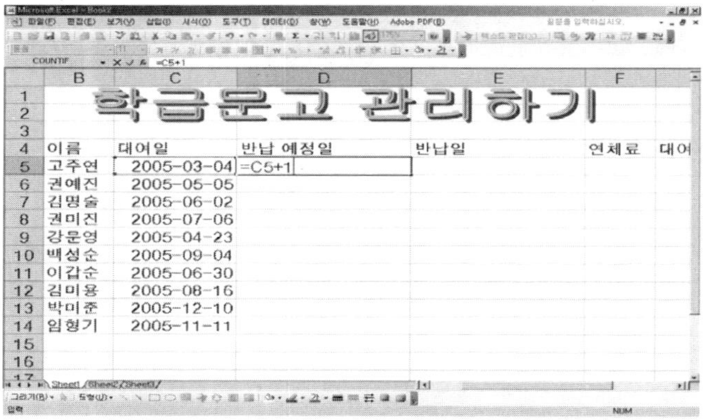


⑨ 대여기간이 1박2일이므로 반납예정일은 대여일에 하루를 더한 수식을 입력한다.

## 10) 자동 채우기

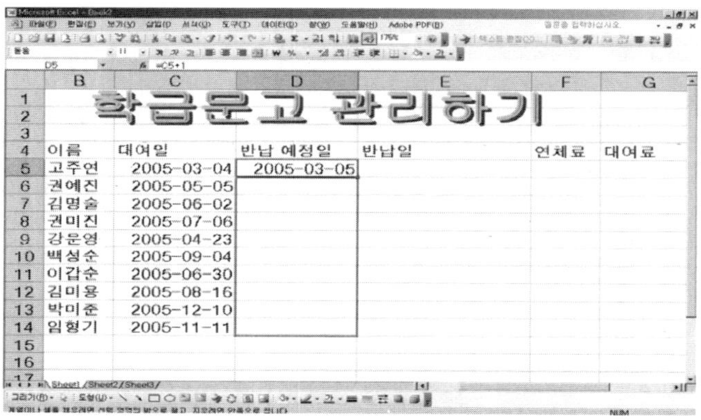


⑩ D4 셀의 오른쪽 아래 꼭지 점을 선택한 후 아래로 드래그 하여 수식을 복사한다.

## 11) 반납일

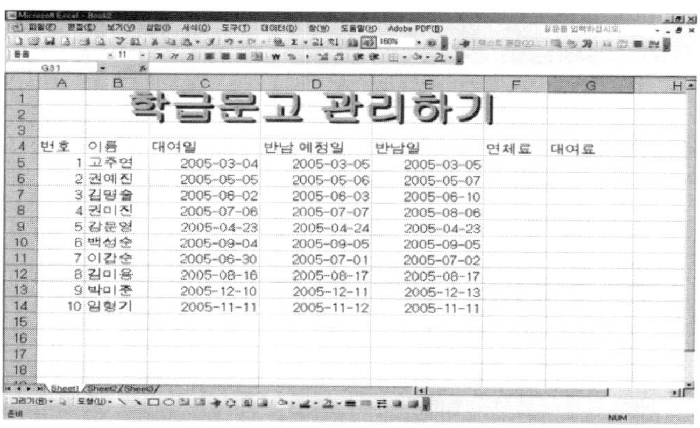


⑪ 실제 책을 반납한 날짜를 입력한다.

## 12) 연체료 계산하기

⑫ 연체료는 하루 연체할 때마다 100원이 추가되므로, (반납일-예정일)× 100으로 수식으로 구한다.

## 13) 연체료 자동 채우기

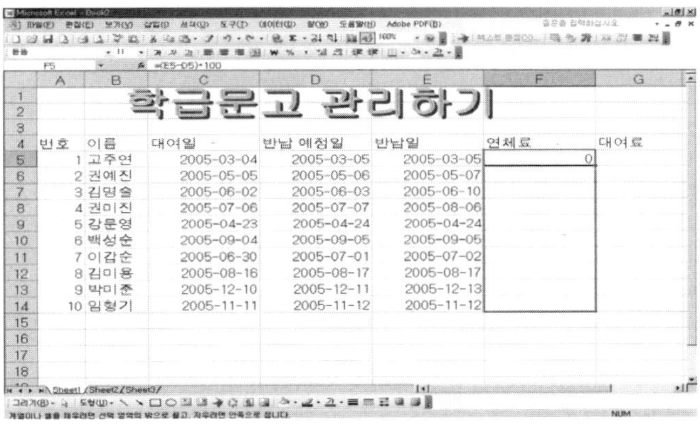


⑬ 연체료 수식을 복사한다.

## 14) 대여료 구하기

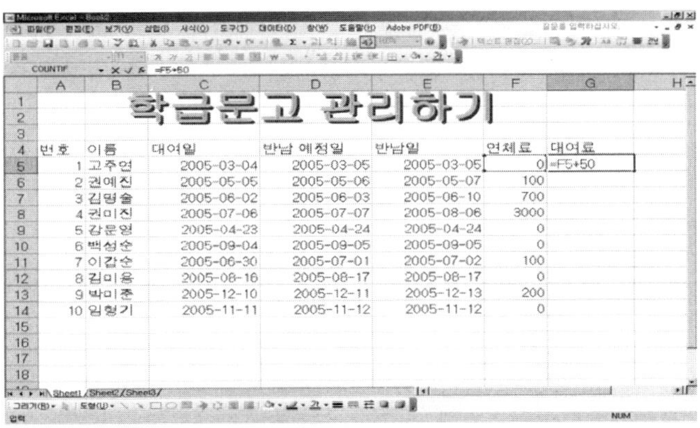


⑭ 총 대여금액은 기본 대여료(50원)+연체료(계산금액)이므로 왼쪽과 같이 수식을 입력한다.

## 15) 대여료 자동 채우기

⑮ 대여료 수식을 복사한다.

## 16) 가운데 정렬

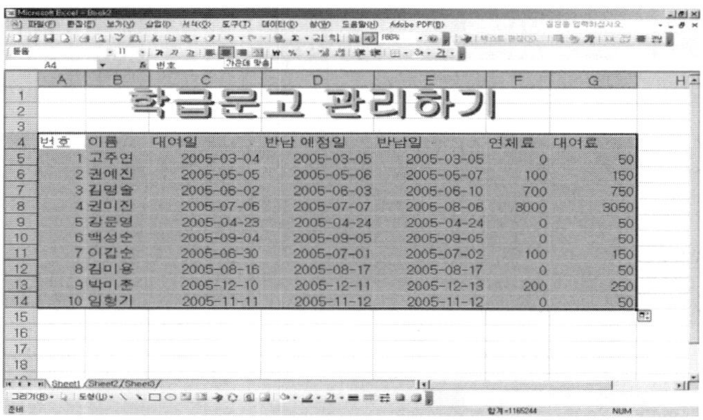


⑯ 전체 영역을 선택하고 가운데 정렬 아이콘을 클릭한다.

## 17) 테두리 입력하기

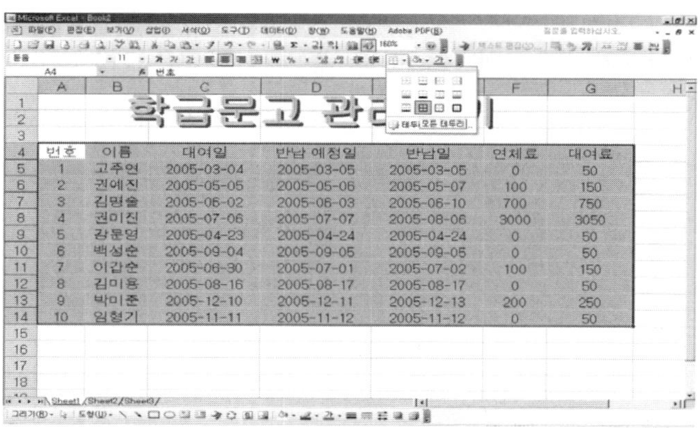


⑰ 테두리 아이콘을 선택하고 「모든 테두리」를 클릭한다.

## 18) 색 채우기

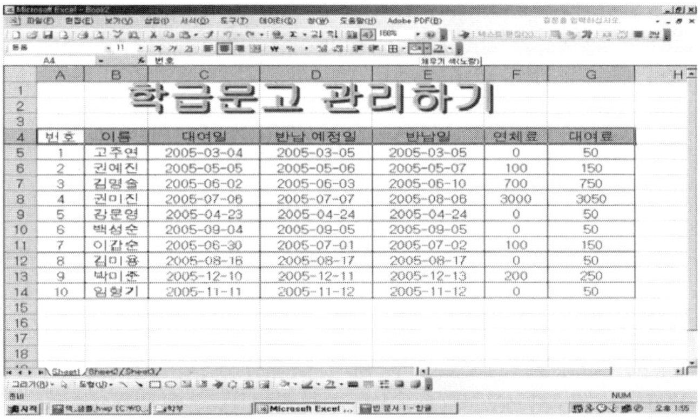


| 번호 | 이름 | 대여일 | 반납 예정일 | 반납일 | 연체료 | 대여료 |
|---|---|---|---|---|---|---|
| 1 | 고주연 | 2005-03-04 | 2005-03-05 | 2005-03-05 | 0 | 50 |
| 2 | 권예진 | 2005-05-05 | 2005-05-06 | 2005-05-07 | 100 | 150 |
| 3 | 김영숙 | 2005-06-02 | 2005-06-03 | 2005-06-10 | 700 | 750 |
| 4 | 권미진 | 2005-07-06 | 2005-07-07 | 2005-08-06 | 3000 | 3050 |
| 5 | 강문영 | 2005-04-23 | 2005-04-24 | 2005-04-24 | 0 | 50 |
| 6 | 백성순 | 2005-09-04 | 2005-09-05 | 2005-09-05 | 0 | 50 |
| 7 | 이갑순 | 2005-06-30 | 2005-07-01 | 2005-07-02 | 100 | 150 |
| 8 | 김미용 | 2005-08-16 | 2005-08-17 | 2005-08-17 | 0 | 50 |
| 9 | 박미존 | 2005-12-10 | 2005-12-11 | 2005-12-13 | 200 | 250 |
| 10 | 임형기 | 2005-11-11 | 2005-11-12 | 2005-11-12 | 0 | 50 |

⑱ 열 제목 셀을 선택한 후 셀 채우기 아이콘을 클릭한다.

## 19) 완성하기

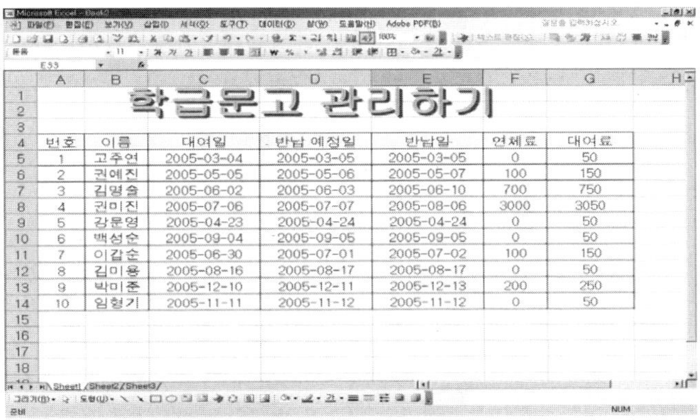


| 번호 | 이름 | 대여일 | 반납 예정일 | 반납일 | 연체료 | 대여료 |
|---|---|---|---|---|---|---|
| 1 | 고주연 | 2005-03-04 | 2005-03-05 | 2005-03-05 | 0 | 50 |
| 2 | 권예진 | 2005-05-05 | 2005-05-06 | 2005-05-07 | 100 | 150 |
| 3 | 김영숙 | 2005-06-02 | 2005-06-03 | 2005-06-10 | 700 | 750 |
| 4 | 권미진 | 2005-07-06 | 2005-07-07 | 2005-08-06 | 3000 | 3050 |
| 5 | 강문영 | 2005-04-23 | 2005-04-24 | 2005-04-24 | 0 | 50 |
| 6 | 백성순 | 2005-09-04 | 2005-09-05 | 2005-09-05 | 0 | 50 |
| 7 | 이갑순 | 2005-06-30 | 2005-07-01 | 2005-07-02 | 100 | 150 |
| 8 | 김미용 | 2005-08-16 | 2005-08-17 | 2005-08-17 | 0 | 50 |
| 9 | 박미존 | 2005-12-10 | 2005-12-11 | 2005-12-13 | 200 | 250 |
| 10 | 임형기 | 2005-11-11 | 2005-11-12 | 2005-11-12 | 0 | 50 |

⑲ 학급문고 관리 문서가 작성되었다.

메모

메모

# 4장 프리젠테이션

# 01 프리젠테이션이란 무엇인가?

프리젠테이션(Presentation)이란 '주어진 시간 안에 자신의 생각을 상대방에게 정확히 전달해서 청중에게 의사전달, 설득 및 만족을 얻는 방법' 이다. 쉽게 말해서 발표자가 어떤 목적을 가지고 전달하고자 하는 내용을 청중에게 짧은 시간 내에 효과적으로 전달하고자 하는 것이다.

프리젠테이션은 단순히 말, 글로 제시하기보다는 그림, 동영상, 음향 효과 등을 삽입하여 제시하는 것이 효과적이며 또한 자신이 전달하고자 하는 자료를 청중에게 일목요연하게 보여주기 위해서 표나 그래프로 정리하여 제시하기도 한다.

이러한 프리젠테이션 자료를 일반 사용자가 쉽게 제작하도록 도와주는 프로그램이 바로 마이크로소프트사(Microsoft)의 파워포인트(PowerPoint)이다.

프리젠테이션을 성공적으로 수행하기 위해서는 청중에 대한 정보(청중의 규모, 학력, 전공, 경력, 연령, 성별)를 파악하는 것이 중요하며 그 밖에도 프레젠테이션의 목적, 핵심 아이디어를 발표자가 이해하고 프레젠테이션 시 필요한 적절한 시청각 자료 및 동기유발 자료의 제시 등 체계적인 준비가 중요하다.

# 02 프리젠테이션 프로그램의 활용

- 게임판 만들기
- 곱셈판 만들기
- 동요 배우기
- 나는 얼마큼 자랐을까?
- 영상 편지 만들기
- 나를 소개합니다
- 학습 발표자료 꾸미기
- 하루동안의 기온변화
- 학급회의 진행 시나리오

# 게임판 만들기

셀 삽입과 병합 및 책갈피 기능

## 01 무슨 일인가요?

요즘 2학기 사회 시간에는 '세계의 여러 나라'를 학습하고 있다. 세계의 많은 나라들에 대한 정보와 자료를 쉽게 이해하고 흥미있게 학습하고자 파워포인트를 이용하여 '블루마블'과 같은 보드형 게임판을 만들어 보고자 한다.

## 02 이것만은 꼭!

⊙ 파워포인트를 이용하여 게임판을 만들 수 있다.

⊙ 파워포인트에 표를 만들어 삽입하고 셀 삽입과 병합의 기능 등을 활용하여 보드형 게임판을 만들 수 있다.

# 03 미리 알아보아요

## 1) 보드 게임이란?

블루마블과 같이 일정한 게임판(보드)을 두고 그 위에 몇 개의 말을 올려 정해진 규칙에 따라 진행하거나, 포커나 화투처럼 정해진 숫자의 카드를 통해 일정한 규칙에 따라 게임을 진행하는 종류의 게임을 모두 포괄한다.

세부적으로는 카드로 게임을 진행하는 카드게임과 주사위 및 병마를 특징으로 하는 보드게임으로 나누기도 하지만, 통상적으로 둘 모두를 포괄하여 보드게임이라고 칭한다.

보드게임은 플레이어가 직접 대면하여 즐기기 때문에 주로 혼자 즐기게 되는 컴퓨터 게임과 다른 색다른 맛을 지니게 된다. 최근의 보드게임은 그 종류가 매우 다양해져서 1만여 종에 이르고 있으며, 영토확장과 재산증식에서 환경보호, 남녀평등과 같은 친사회적 소재까지 그 포괄 범위가 매우 넓다.

## 2) 게임 설명 및 방법

- 초등학교 6학년 2학기 사회 2단원의 '변화 하는 세계의 여러 나라', '지구촌의 우리 나라' 단원의 이해를 돕고, 보드 게임을 통해 아이들에게 단원에 대한 흥미를 준다.
- 대륙별로 맨 윗줄 노랑색은 아시아와 오세아니아 국가들, 오른쪽 초록색은 아메리카국가, 아래 보라색은 아프리카와 중동국가, 왼쪽 주황색은 유럽을 배치, 각 대륙별로 어떤 나라가 위치해 있는지 게임을 통해 자연스럽게 습득하도록 도움을 준다.
- 주사위를 던져 나오는 숫자만큼 말을 이동하고 황금열쇠의 문제를 친구들이 읽어주고 그 문제를 맞추면 '자기영역'을 표시하게 된다.
- 모든 영역을 차지하게 될 때까지 게임을 진행하며 가장 많은 영역을 차지한 사람이 이긴 것으로 한다.
- 블랙홀은 한 회 쉬고 다음 회부터 다시 시작한다.

# 04 무엇을 할까요?

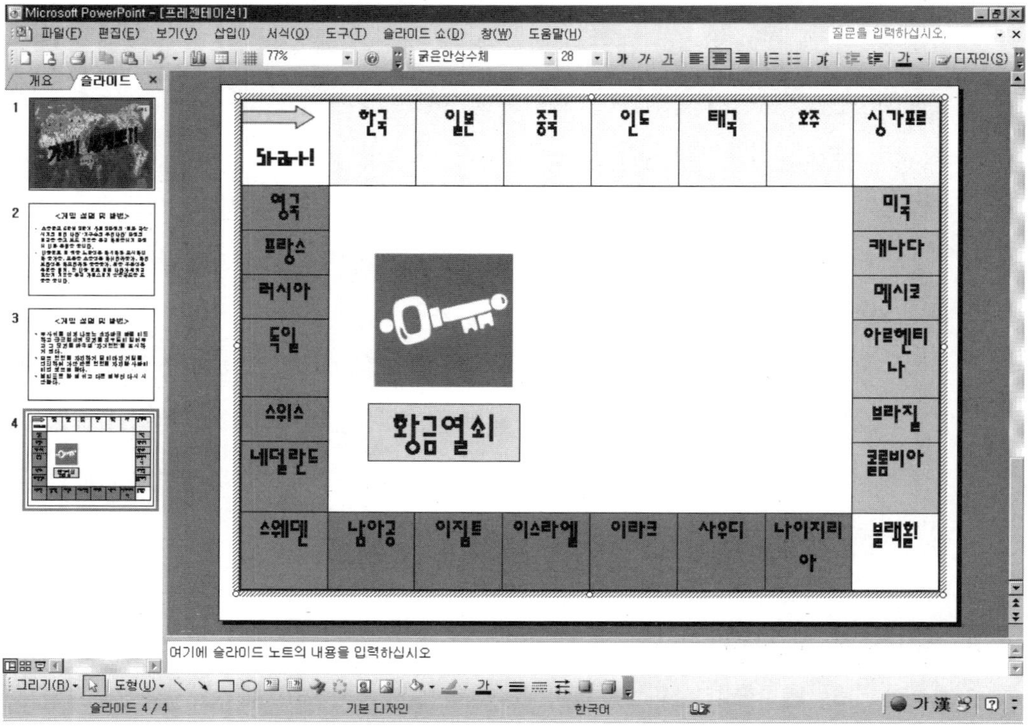
Microsoft PowerPoint - [프레젠테이션1]
Start!
한국
일본
중국
인도
태국
호주
싱가포르
영국
미국
프랑스
캐나다
러시아
멕시코
독일
아르헨티나
스위스
브라질
네덜란드
콜롬비아
황금열쇠
스웨덴
남아공
이집트
이스라엘
이라크
사우디
나이지리아
블랙홀
여기에 슬라이드 노트의 내용을 입력하십시오
슬라이드 4 / 4
기본 디자인
한국어

# 05 함께 만들어 보아요

## 1) 게임판 표지 만들기

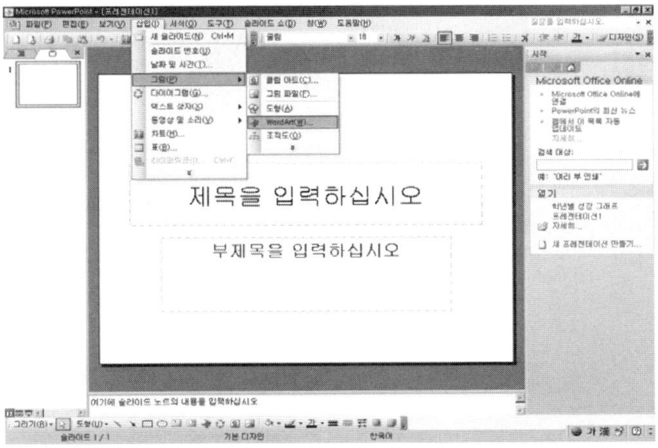


① [삽입]-[그림]-[워드아트]를 선택한다.

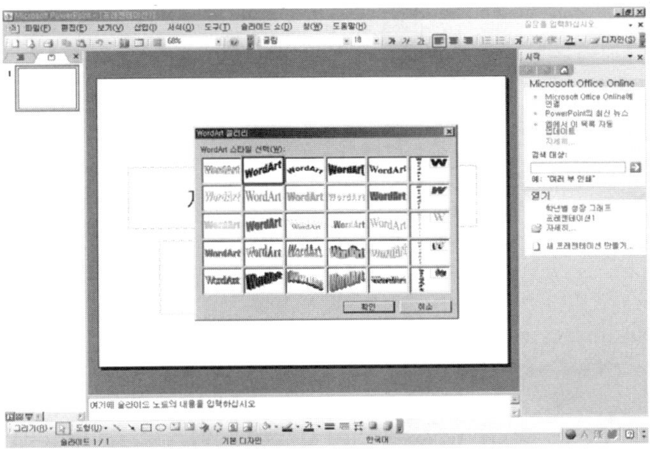

② [워드아트] 스타일을 선택한 후, 확인을 클릭한다.

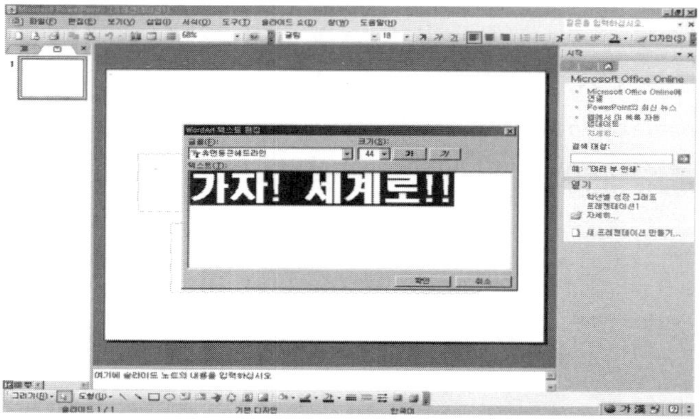


③ 텍스트 편집 창에 제목을 입력한 후, 글꼴과 크기 및 진하기 등을 선택한다.

④ 개체를 적당한 위치에 놓는다.

⑤ 슬라이드에 마우스를 놓고 오른쪽 버튼을 눌러 '배경'을 클릭한다.

⑥ '채우기 효과' 를 선택한다.

⑦ [그림]탭을 선택하고, '그림선택' 단추를 누른다.

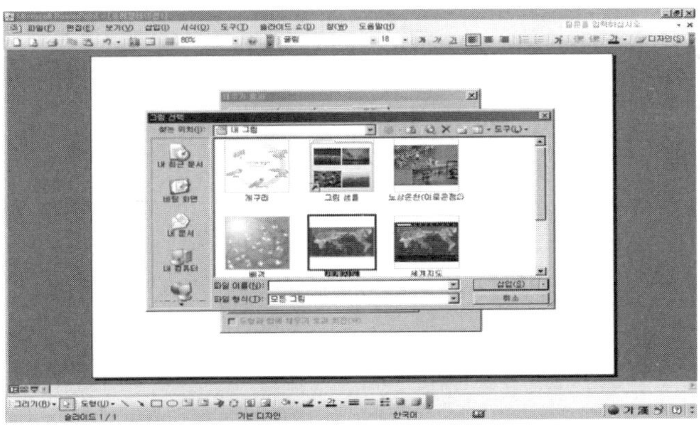

⑧ 그림선택 창에서 '세계지도' 그림 파일을 클릭한 후, '삽입' 을 누른다.

⑨ 그림이 선택되면 확인단추를 누른다.

⑩ 배경색 채우기 효과에서 '적용' 단추를 누른다.

⑪ 슬라이드 배경에 그림이 삽입된다.

## 2) 게임 설명 및 방법 슬라이드 만들기

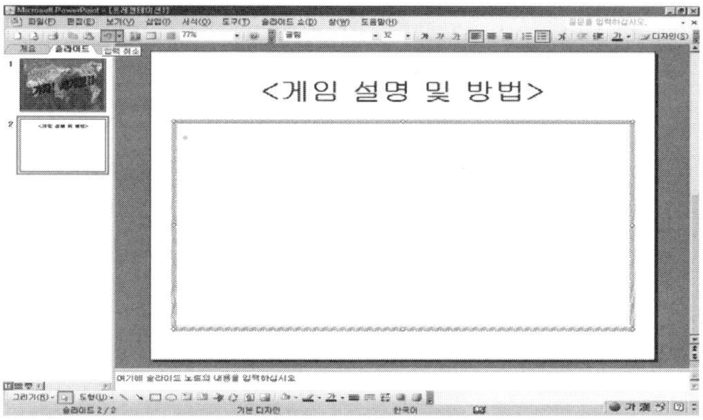


⑫ 새 슬라이드를 삽입하고 '게임 설명 및 방법' 이라고 제목을 입력한다.

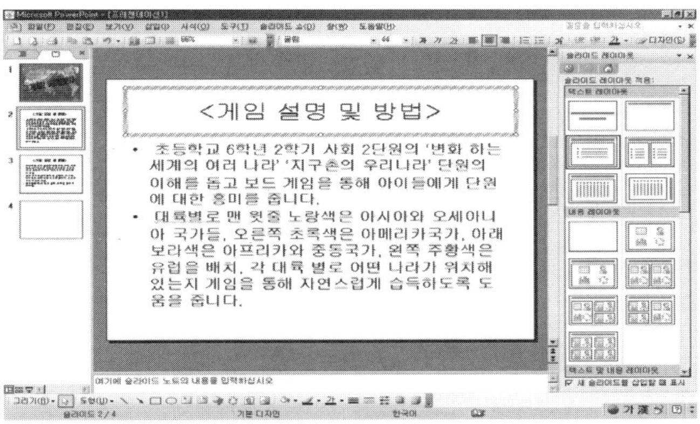


⑬ '게임 설명 및 방법'에 관한 텍스트를 입력한다.

## 3) 게임판 만들기

⑭ '빈 슬라이드'를 삽입한다.

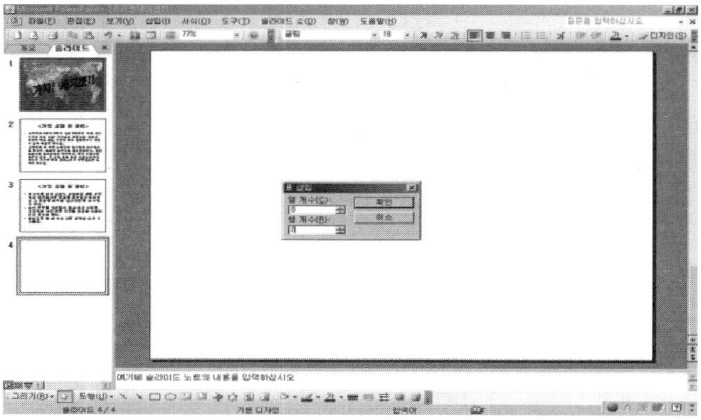

⑮ [삽입]-[표]를 선택하고, 열과 행의 개수를 입력한 후, 확인을 누른다.

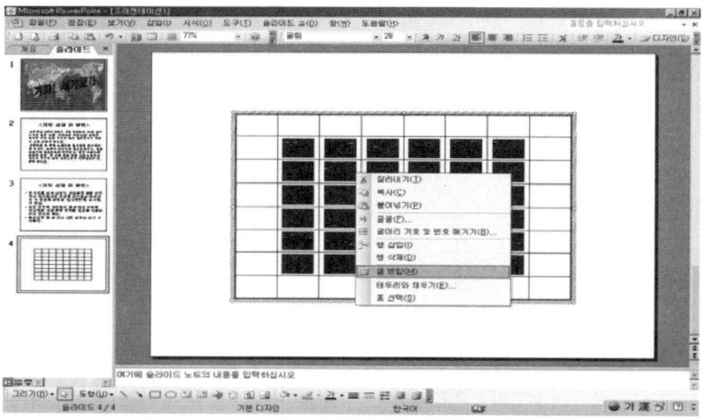

⑯ 안쪽의 셀들을 블록 지정한 후, 마우스 오른쪽 버튼을 눌러 '셀병합'을 클릭한다.

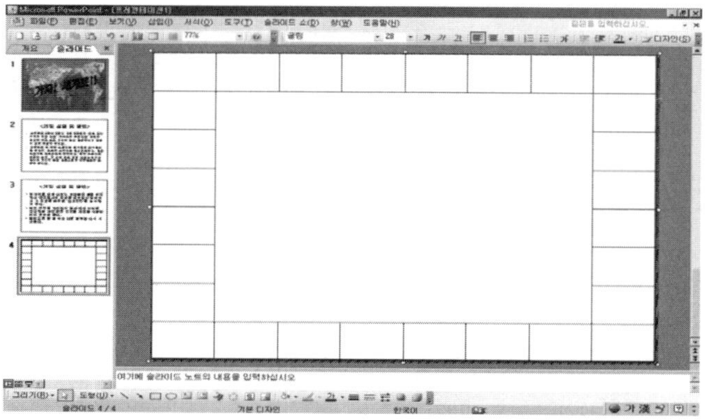

⑰ 마우스로 크기를 조절하여 슬라이드 크기에 맞춘다.

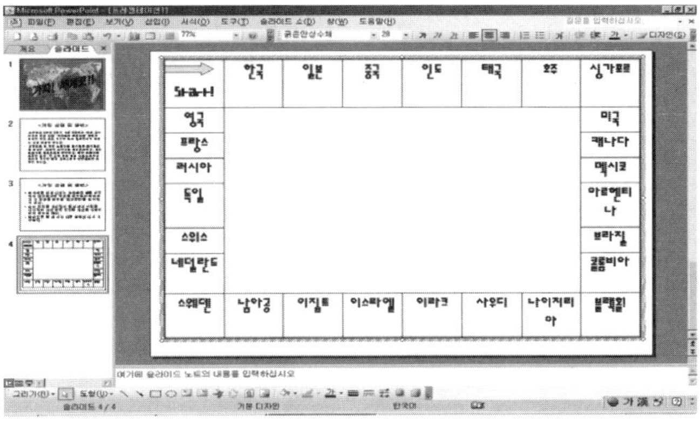

⑱ 셀에 대륙별 나라 이름을 입력한다.

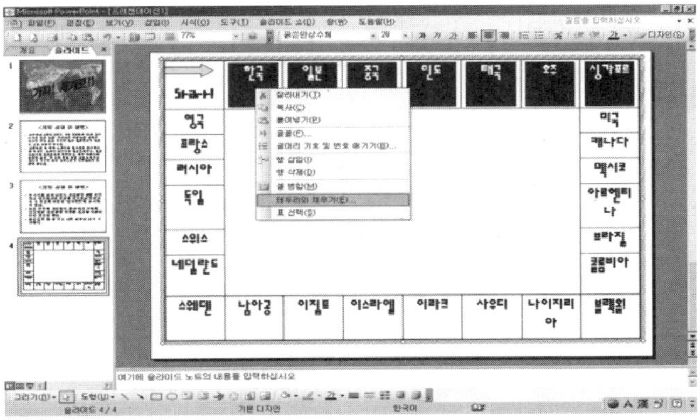

⑲ 대륙별로 나라 이름을 블록 지정한 후, 마우스 오른쪽 버튼을 눌러 ‘테두리와 채우기’를 클릭한다.

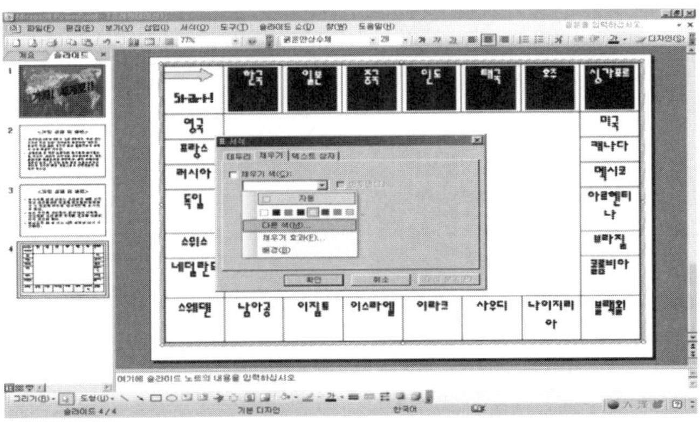

⑳ ‘채우기’ 탭에서 채우기 색을 ‘다른 색’으로 클릭한다.

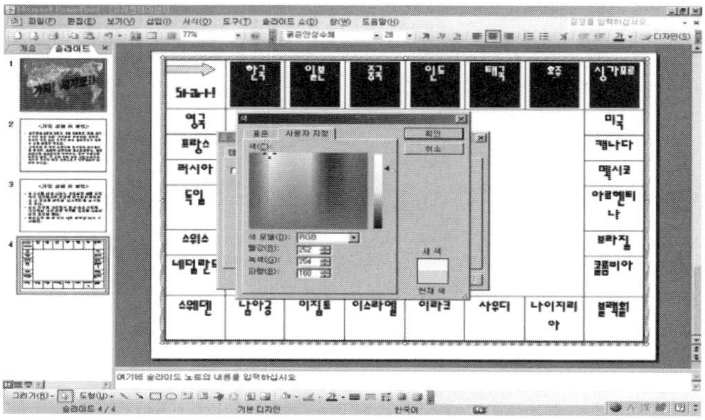


㉑ '노랑색' 을 선택한 후, 확인을 클릭한다.

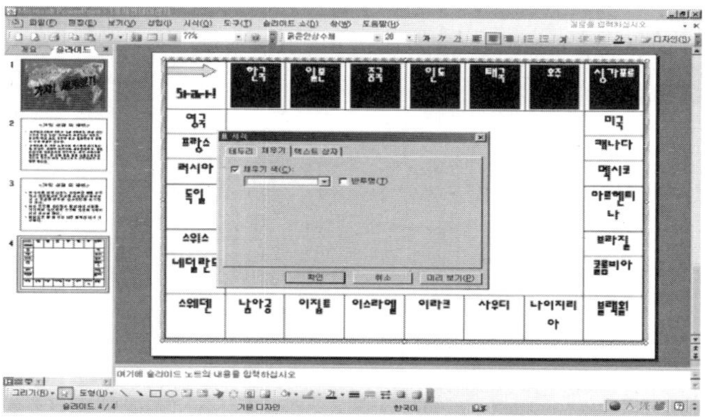


㉒ '표서식' 창에서 다시 한번 확인을 클릭한다.

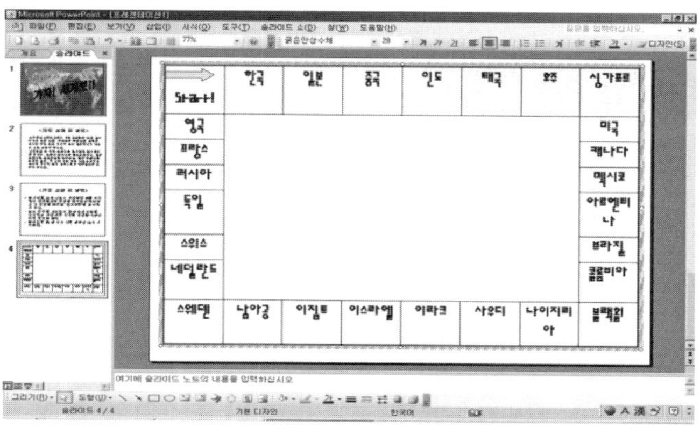


㉓ 노랑색 채우기 효과가 만들어진다.

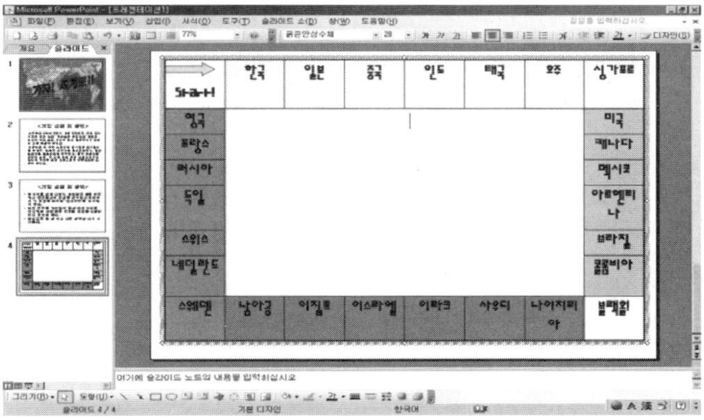


㉔ 다른 대륙별 나라들도 위와 같은 방법으로 '채우기 효과'를 넣는다.

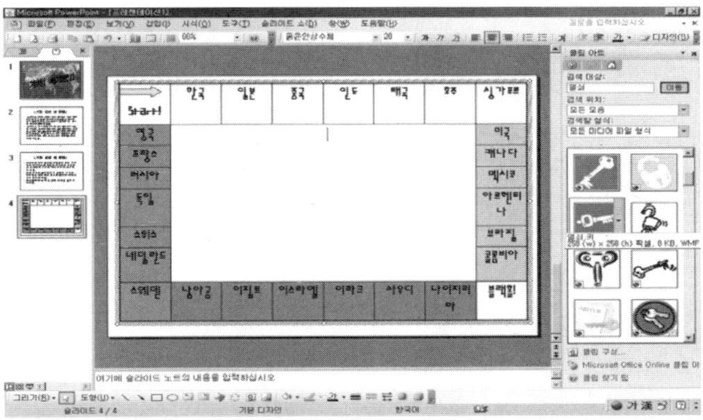

㉕ [삽입]–[그림]–[클립아트]를 선택한 후, 클릭아트 색인 목록에서 '열쇠'라고 입력한다.

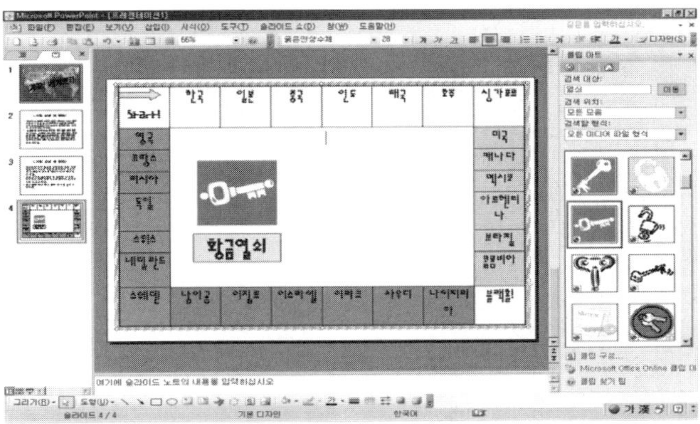


㉖ 적당한 모양의 열쇠를 클릭하여 마우스로 드래그하여 화면에 그려 넣고, 텍스트 상자를 이용하여 '황금열쇠'라고 써 넣는다.

## 4) 애니메이션 및 책갈피 기능 넣기

㉗ [슬라이드 쇼]–[사용자지정 애니메이션]를 통하여 화면전환 및 소리 등의 애니메이션 효과를 넣을 수 있다.

㉘ 텍스트 상자를 선택하여 화면 아래쪽에 게임설명, 게임방법, 참고자료, 게임판의 텍스트를 입력한다.

㉙ 연결할 텍스트를 선택하고 마우스의 오른쪽 버튼의 '하이퍼링크'를 클릭한다.

㉚ 하이퍼링크의 '책갈피'를 선택한다.

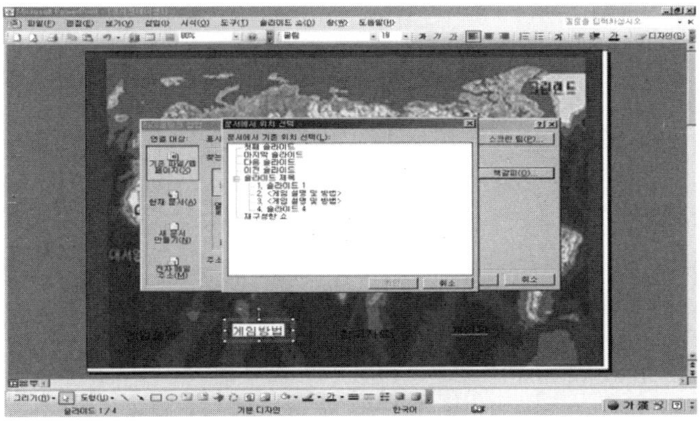

㉛ 연결하고자 하는 화면을 문서에서 찾아 위치 선택을 한다.

메 모

# 곱셈판 만들기

- 표 및 수식 입력하기

## 01 무슨 일인가요?

나에게는 초등학교 2학년인 동생이 있다. 얼마 전부터 동생은 구구단을 늘 외우면서 다니고 있다. 그러나 가끔 헷갈리는지 머뭇거리기 일쑤이다. 아마도 구구단 암기가 만만치 않은 것 같다. 동생을 도와줄 수 있는 방법이 없을까? 좀더 쉽게 구구단에 친숙해지면서 재미를 가지고 암기할 수 있도록 도와줄 수 있는 방법을 찾아 보기로 하였다.

## 02 이것만은 꼭!

⊙ 파워포인트를 이용하여 곱셈의 원리를 알고 답을 유추할 수 있다.

⊙ 파워포인트에 표를 만들어 삽입하고 적절한 수식 및 애니메이션 효과를 사용할 수 있다.

# 03 미리 알아보아요

### 1) 곱셈이란?

곱셈이란 같은 수 몇 개를 덧셈한 것과 같은 결과를 얻을 수 있는 연산법이다. 예를 들면 2를 3개 더한 값이 '6' 이라는 것은 2×3=6으로 나타낼 수 있다. 이 때 2×3을 2에 3을 곱하는 '곱셈' 이라 하고, 그 결과인 6을 '곱' 이라 한다.

### 2) 애니메이션

애니메이션이란 자유로운 과장법과 생략법을 써서 단순, 경묘 그리고 암시적인 특징을 나타낸다. 대상의 성격을 과장하고나 생략하여 익살스럽고 간명하게 인생이나 사회를 풍자, 비판하는 그림 형식으로 파워포인트의 애니메이션은 여러 가지 글씨나 그림이 나타날 때 시각적 효과를 부여하는 방법으로 사용된다.

# 04 무엇을 할까요?

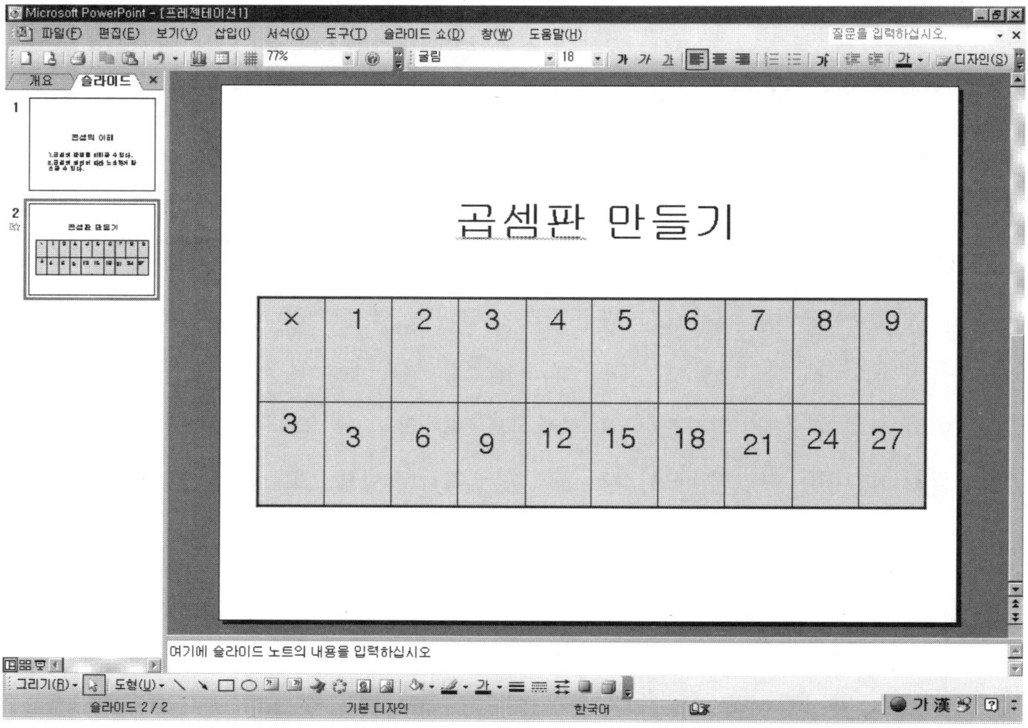
Microsoft PowerPoint - [프레젠테이션1]
파일(F) 편집(E) 보기(V) 삽입(I) 서식(O) 도구(T) 슬라이드 쇼(D) 창(W) 도움말(H)
질문을 입력하십시오.
77%
굴림
18
디자인(S)
개요 슬라이드
곱셈판 만들기
× 1 2 3 4 5 6 7 8 9
3 3 6 9 12 15 18 21 24 27
여기에 슬라이드 노트의 내용을 입력하십시오
그리기(R) 도형(U)
슬라이드 2 / 2
기본 디자인
한국어

# 05 함께 만들어 보아요

## 1) 제목 입력하기

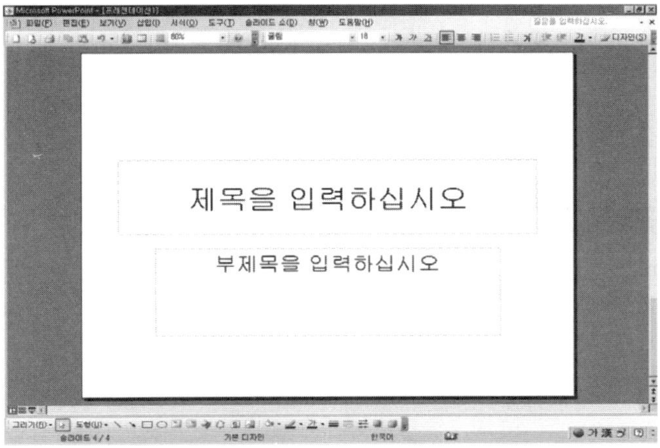


① 파워포인트를 실행시키고 제목과 부제목에 텍스트를 입력한다.

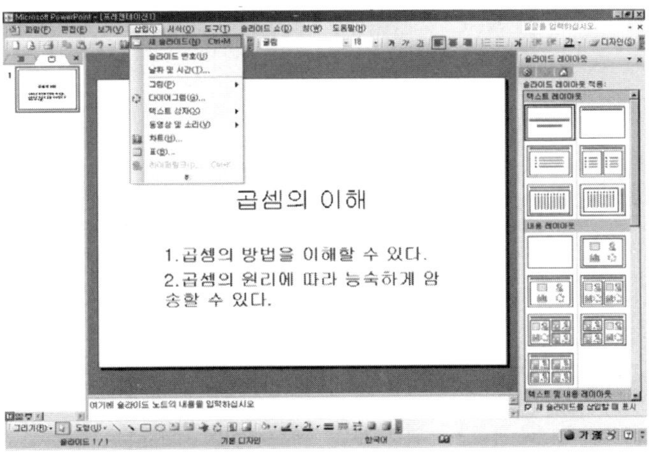


② 곱셈판을 만들기 위해 [삽입]-[새슬라이드]를 클릭한다.

## 2) 곱셈판 만들기

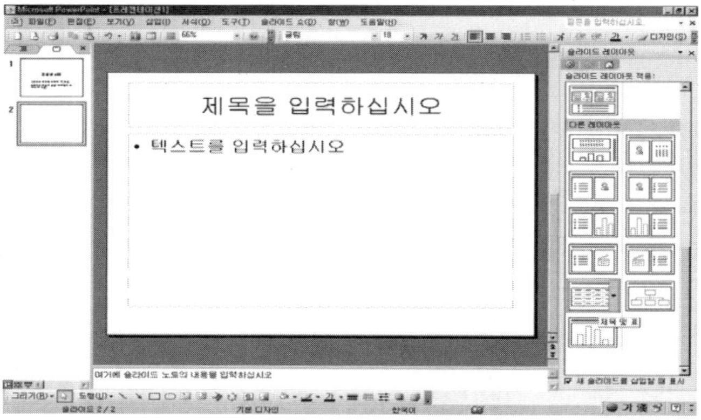


③ '슬라이드 레이아웃' 에서 '제목 및 표' 를 클릭한다.

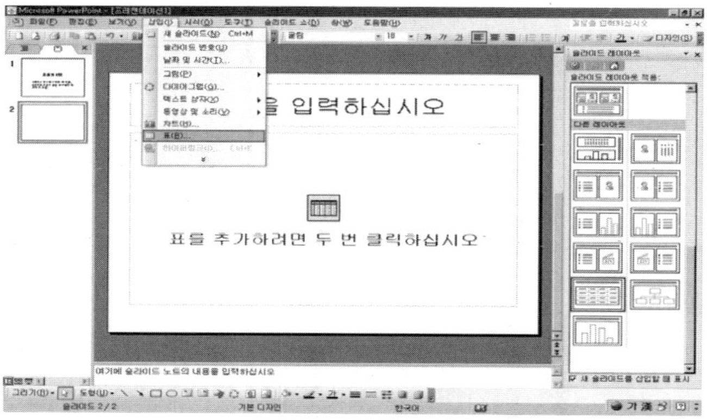


④ 화면 중앙에 아이콘이 생성되며 [삽입]–[표]를 클릭한다.

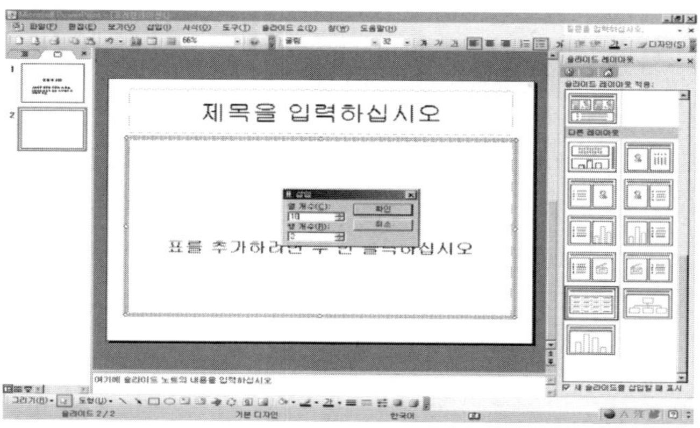


⑤ '표 삽입' 창에 열은 10, 행은 2를 입력한다.

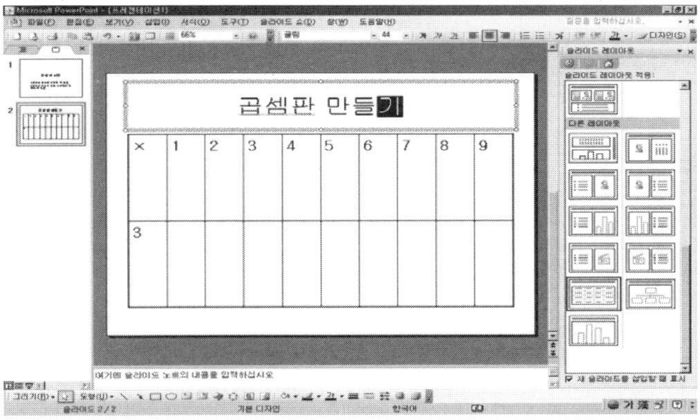


⑥ '곱셈판 만들기' 라는 텍스트를 입력하고 곱셈 3단의 수를 차례대로 입력한다.

⑦ [서식]-[표]를 클릭한다.

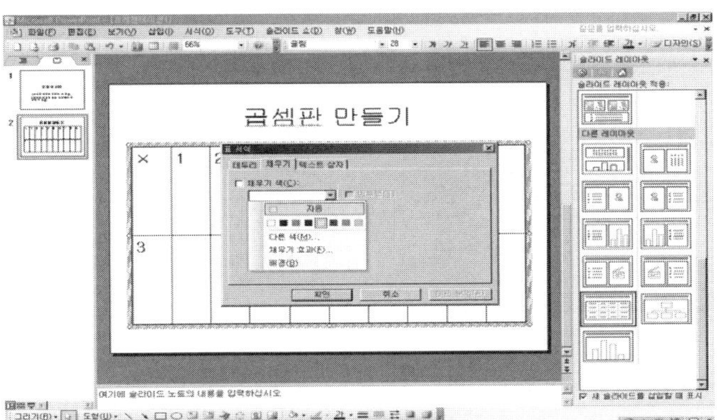


⑧ [서식]에서 '채우기 색' 을 클릭하여 적당한 색을 선택한다.

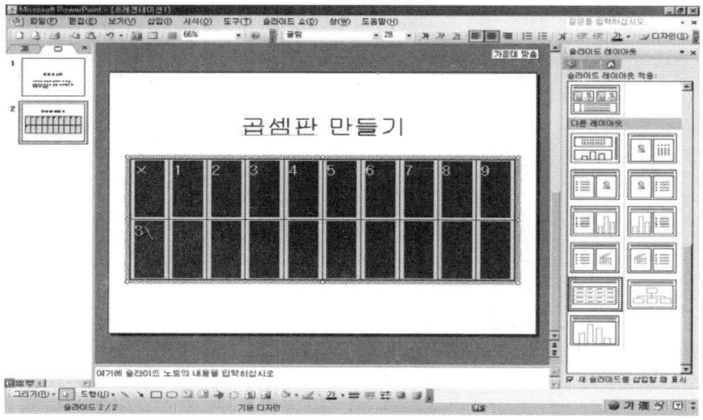


⑨ 표에 채우기 색이 채워진다.

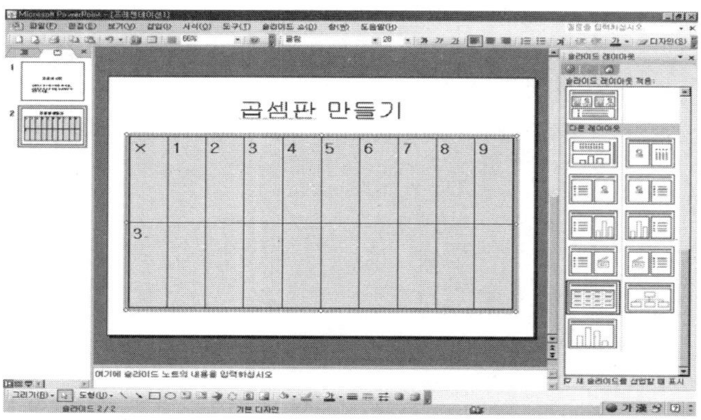


⑩ 표 안의 텍스트 정렬 및 크기, 선, 위치 등을 조절한다.

### 3) 곱셈 값 입력하기

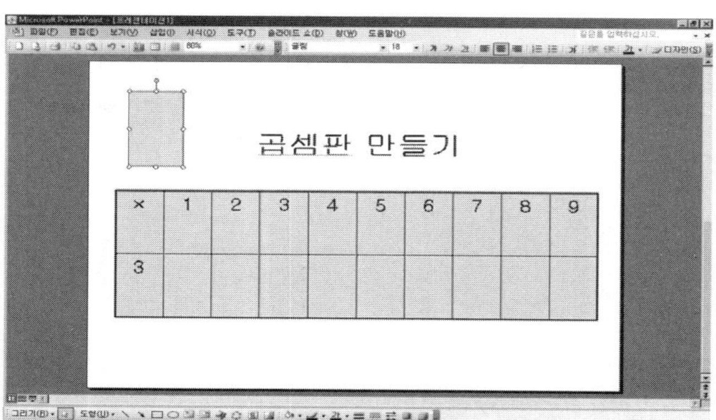


⑪ '도형' 에서 '직사각형' 을 슬라이드 빈 곳에 하나 만든다.

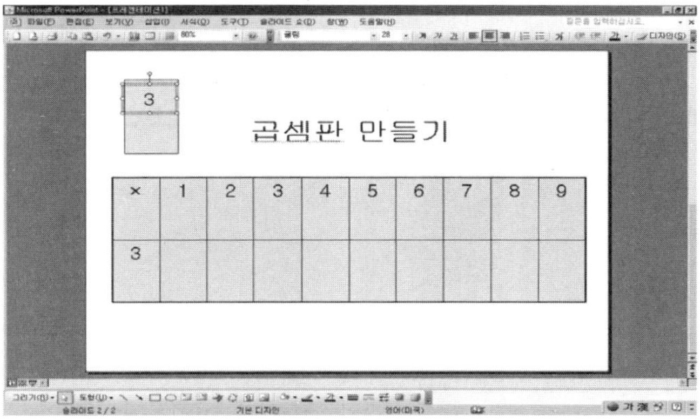


⑫ 직사각형 도형 안에 '텍스트상자'를 이용하여 곱의 값을 입력한다.

⑬ 직사각형 상자와 텍스트 상자를 Shift키를 이용하여 두 개체를 함께 선택한 후, 마우스 오른쪽 버튼을 눌러 [그룹화]–[그룹]을 선택한다.

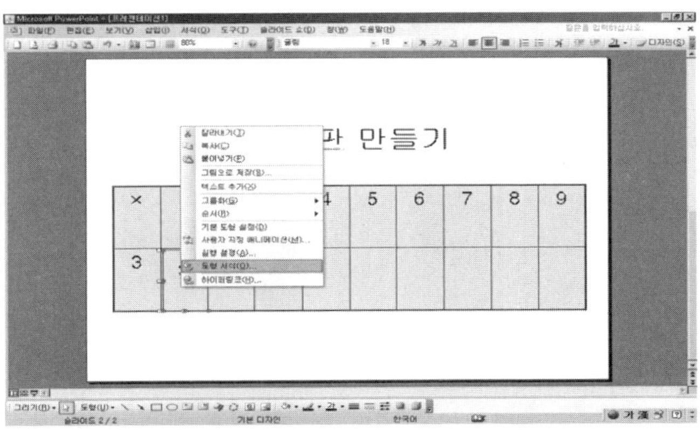


⑭ 그룹화된 도형을 적당한 위치에 놓은 후, 마우스 오른쪽 버튼을 눌러 '도형서식'을 선택한다.

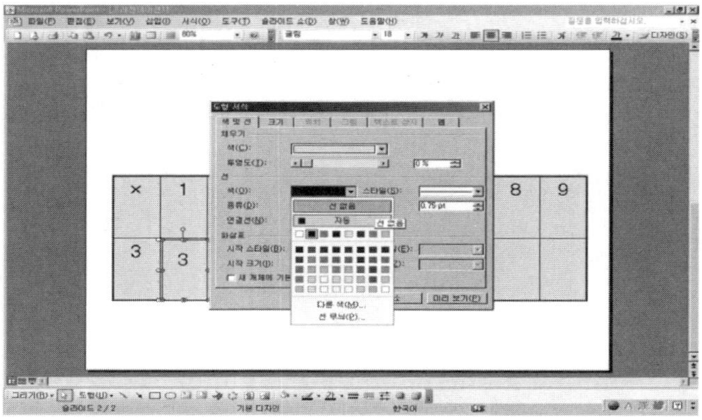

⑮ '색 및 선' 탭에서 선의 색을 '선없음'으로 선택한다.

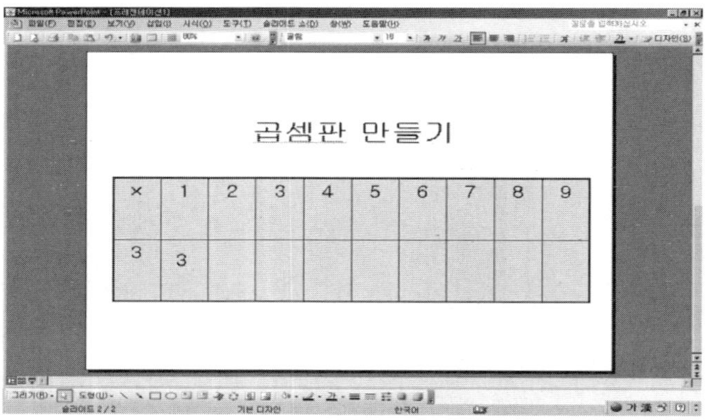


⑯ 그룹화된 도형의 바깥쪽 선이 보이지 않게 된다.

### 4) 애니메이션 효과 적용하기

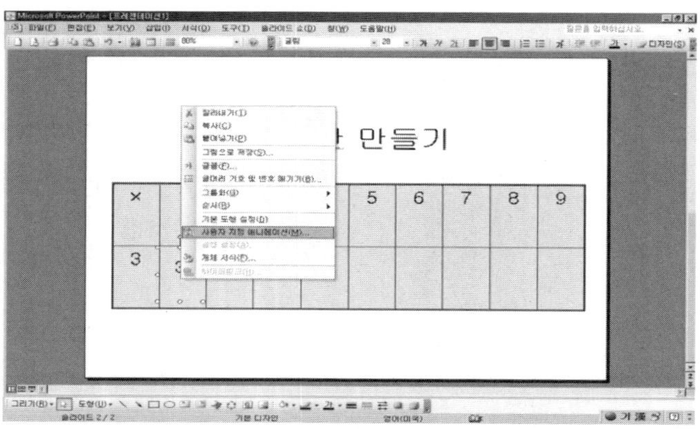


⑰ 그룹화된 도형을 클릭한 후, 마우스 오른쪽 버튼을 눌러 '사용자 지정 애니메이션'을 클릭한다.

⑱ '효과 적용' 에서 '나타내기-1.날아오기' 를 선택한다.

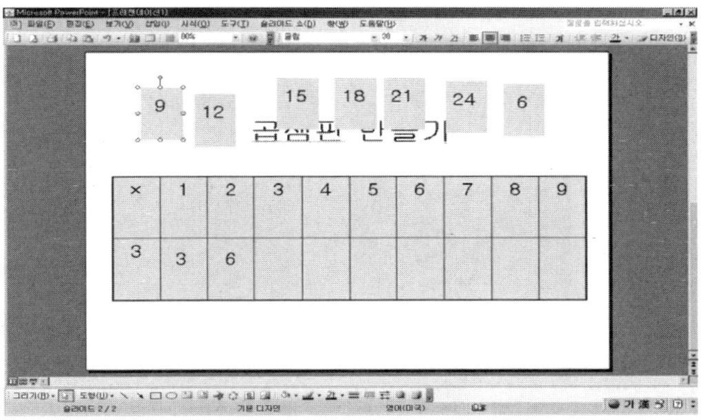


⑲ 나머지 곱의 값도 복사(Ctrl+마우스 드래그)를 통하여 여러 개 만든다.

⑳ 만들어진 곱의 값 도형을 적당한 위치에 끌어다 놓는다.

㉑ '사용자 지정 애니메이션'에서 '화면 전환'을 클릭한다.

㉒ 아래쪽 소리 탭에서 '요술봉'을 선택한다.

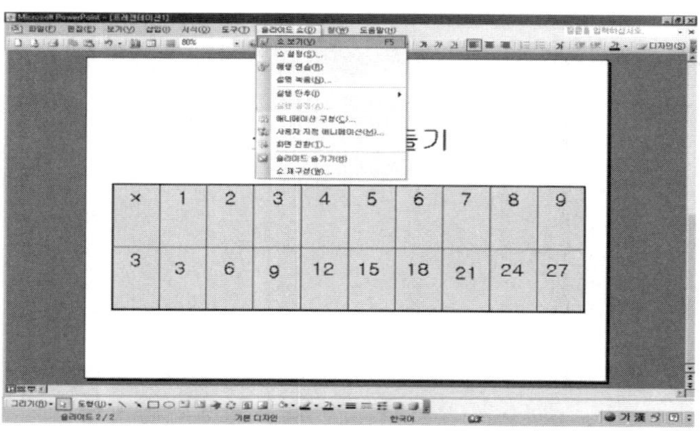

㉓ [슬라이드 쇼]-[쇼 보기]를 통하여 화면전환 및 소리 등의 애니메이션 효과를 확인할 수 있다.

# 동요 배우기

**프리젠테이션에 소리와 그림 삽입하기**

## 01 무슨 일인가요?

재희는 음악시간에 교과서를 미처 준비하지 못하여 가사를 몰라 쩔쩔매었다. 만약 음악시간에 가사가 나오는 화면이 있다면 편리하겠다는 생각을 하게 되었다. 학교에서 배운 파워포인트 응용프로그램을 사용하여 소리와 그림이 함께 나오는 프리젠테이션을 만들어 보기로 하였다. 5학년 음악 교과서의 첫 번째 동요인 '어린이 노래'를 소리와 그림을 삽입하여 프리젠테이션으로 만들어 동요를 배워 보기로 하였다.

## 02 이것만은 꼭!

- ⊙ 소리파일과 그림파일의 종류를 알면 프리젠테이션에 적용할 수 있다.
- ⊙ 사용자 지정 애니메이션 기능을 알면 프리젠테이션에 적용할 수 있다.
- ⊙ 타이밍 기능을 사용하여 시간에 따라 화면이 전환되는 프리젠테이션을 만들 수 있다.

# 03 미리 알아보아요

## 1) 소리파일

파워포인트에서 음악을 재생하기 위해서는 소리파일이 필요하다. 녹음기능을 이용하여 녹음한 WAV파일을 만들던지 응용소프트웨어 등을 이용하여 동요 CD로부터 WAV 또는 MP3 파일로 변환하여 삽입할 수 있다.

## 2) 그림파일

파워포인트에 그림을 삽입하기 위해서는 사진을 찍어 컴퓨터로 저장한다던지, 인터넷을 통하여 노래에 어울리는 배경 그림을 복사하여 붙일 수 있다.

## 3) 화면전환

지정 애니메이션 기능을 사용하여 나타내기, 강조, 끝내기, 이동경로 등의 효과를 적용하여 화면에 동적인 효과를 낼 수 있다. 이 때 동영상이나 소리파일 등의 재생에 맞추어 시간이 흐를 때 마다 애니메이션 기능을 사용할 수 있는 타이밍 기능을 사용할 수 있다.

# 04 무엇을 할까요?

Microsoft PowerPoint - [프레젠테이션2]
파일(F) 편집(E) 보기(V) 삽입(I) 서식(O) 도구(T) 슬라이드 쇼(D) 창(W) 도움말(H)
디자인(S) 새 슬라이드(N)
어린이 노래
작사 강소천
작곡 나운영
조금빠르게
슬라이드 레이아웃
슬라이드 레이아웃 적용:
텍스트 레이아웃
내용 레이아웃
새 슬라이드를 삽입할 때 표시
여기에 슬라이드 노트의 내용을 입력하십시오
슬라이드 2 / 2
기본 디자인
한국어

# 05 함께 만들어 보아요

## 1) 프로그램 시작하기

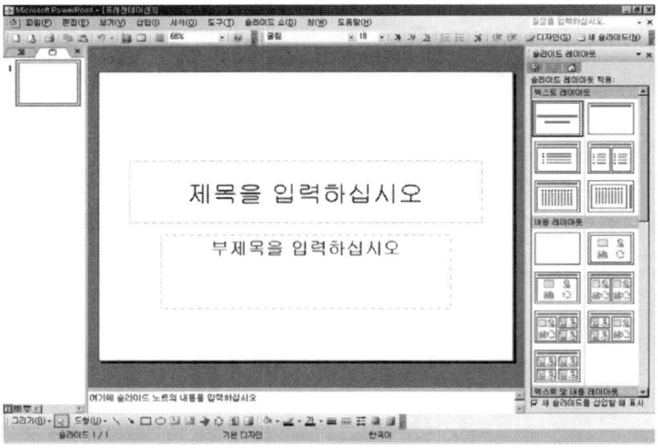


① [파일]-[새로만들기]또는 Ctrl+n을 실행한다.

## 2) 화면 선택하기

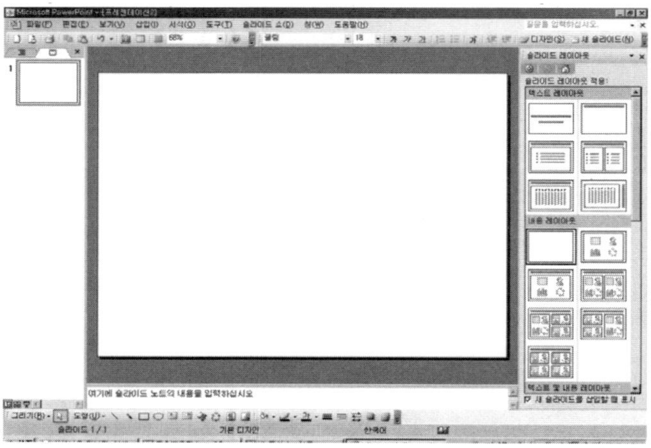

② 오른쪽 [슬라이드 레이아웃]작업창에서 [내용 레이아웃]-[빈 화면]을 클릭한다.

### 3) 노래 검색하기

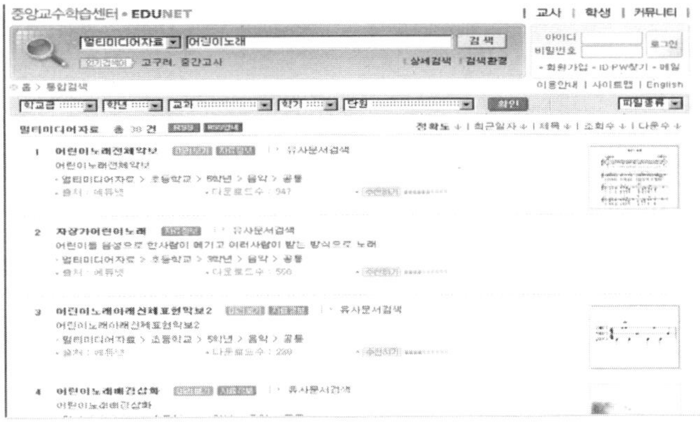


③ www.edunet4u.net에 들어가 〔멀티미디어자료〕 카테고리에서 '어린이노래'를 검색한다. 어린이노래 배경삽화의 미리보기를 클릭한다.

### 4) 그림 저장하기

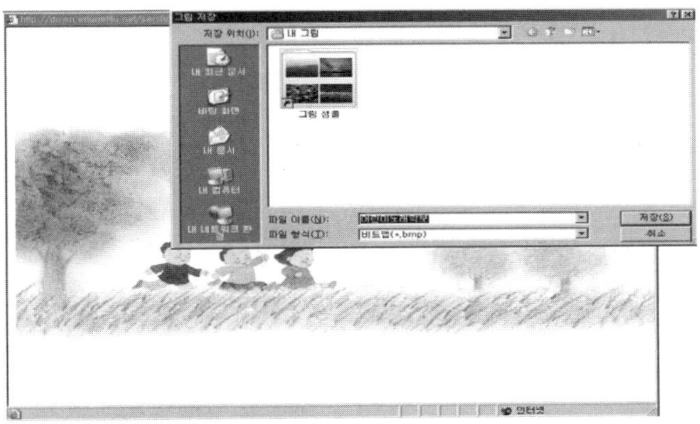


④ 관련 이미지를 내 그림에 저장한다.

### 5) 그림 파일 삽입하기

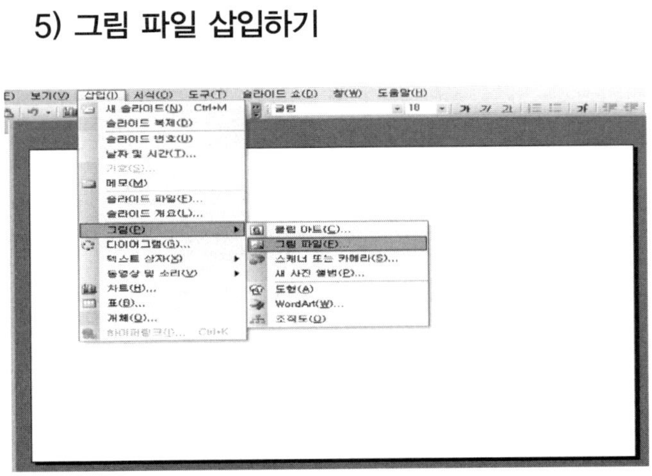


⑤ [삽입]-[그림]-[그림파일]로 그림을 슬라이드에 삽입한다.

## 6) 화면 전체로 확대하기

⑥ 삽입된 그림 파일을 슬라이드 화면 전체로 확대한다.

## 7) 텍스트 입력하기

⑦ 텍스트 상자를 사용하여 '어린이 노래' 및 작사자, 작곡자, 조금빠르게 등을 입력한다.

## 8) 실행 설정하기

⑧ 첫 번째 슬라이드에서 두 번째 슬라이드로 이동하기 위해 〔그리기 도구상자〕에 있는 텍스트 상자를 만들고 '여기를 클릭해 주세요'라고 입력한다.

## 9) 슬라이드 이동 지정하기

⑨ 텍스트상자 외곽선을 오른쪽 버튼 클릭하여 [실행설정]을 선택한 후, [마우스를 클릭할 때 실행]에서 하이퍼링크를 다음 슬라이드로 이동으로 선택한다.

## 10) 슬라이드 복사하기

⑩ [여러 슬라이드 보기]를 선택한 후, 첫 번째 슬라이드를 복사하여 두 번째 슬라이드를 만들어 보자.

## 11) 소리 파일 불러오기

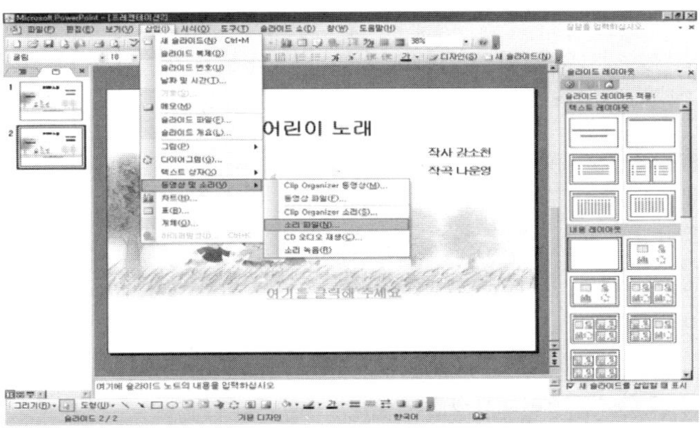


⑪ 소리파일을 불러오기 위해 미리 저장해 놓은 [삽입]-[동영상 및 소리]-[소리파일]을 선택한다.

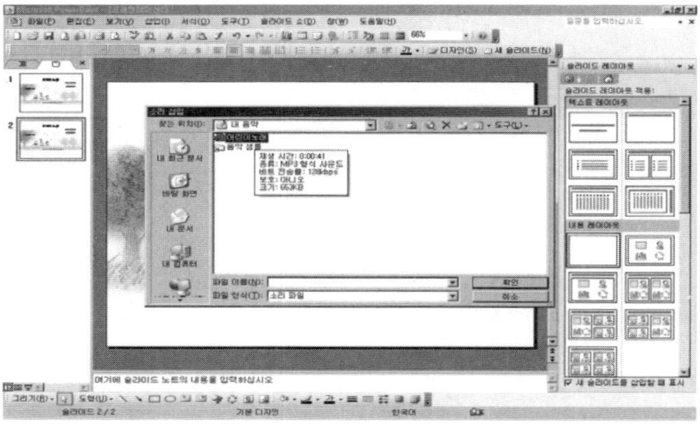

⑫ 대화상자에서 경로를 설정한 후 확인 버튼을 클릭한다.

⑬ 이 후, [자동실행]을 선택하면 두 번째 슬라이드에 스피커 모양의 아이콘이 🔈 생성된다.

## 12) 사용자 지정 애니메이션 설정하기

⑭ '어린이 노래' 악보를 찾아, 단별로 구분하여 4개의 그림파일로 저장한다.

⑮ 두 번째 슬라이드의 하단 부분에 '어린이 노래'의 첫 번째 줄에 해당하는 그림을 삽입한다.

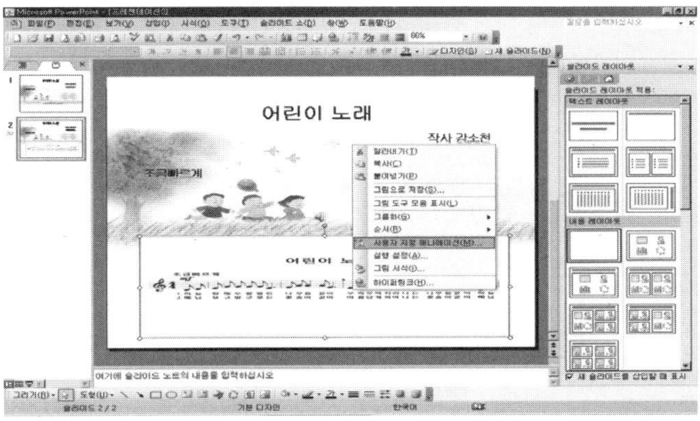


⑯ 그림의 오른쪽 버튼을 클릭한 후 [사용자 지정 애니메이션]을 클릭한다.

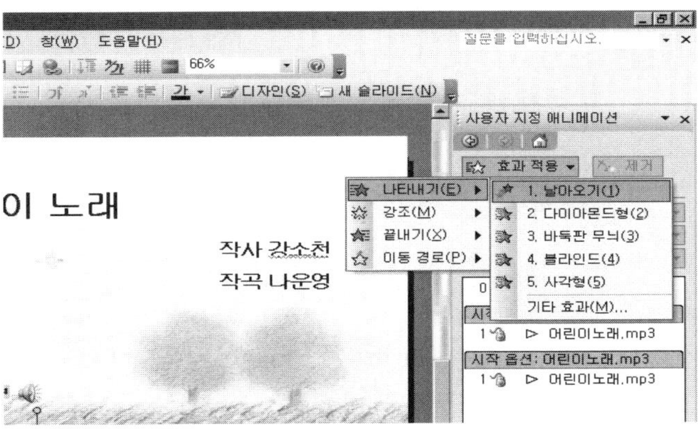


⑰ 화면 오른쪽 작업창에 [효과적용]-[나타내기]-[날아오기]를 클릭한다.

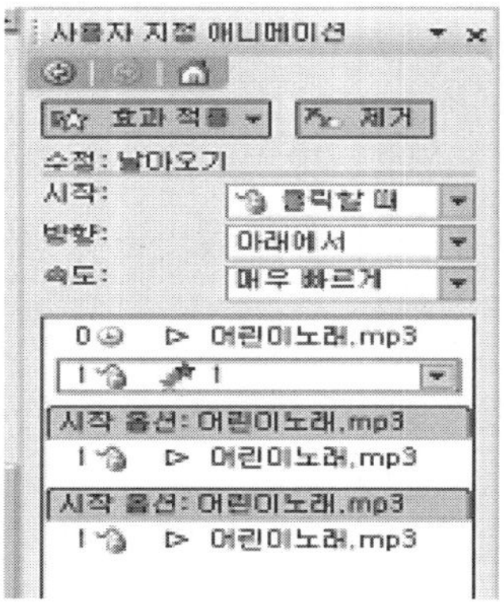


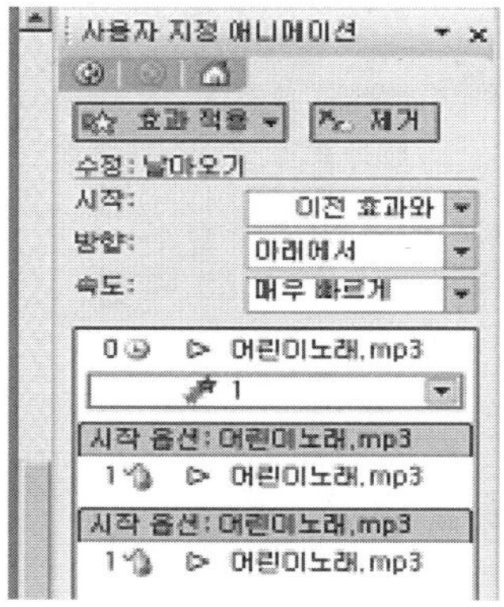


⑱ 이후 시작을 [클릭할 때]에서 [이전효과와 같이]로 바꾸어 설정한다. 화면전환과 동시에 소리와 악보의 첫 째단이 동시에 나타나게 된다.

## 13) 타이밍 설정하기

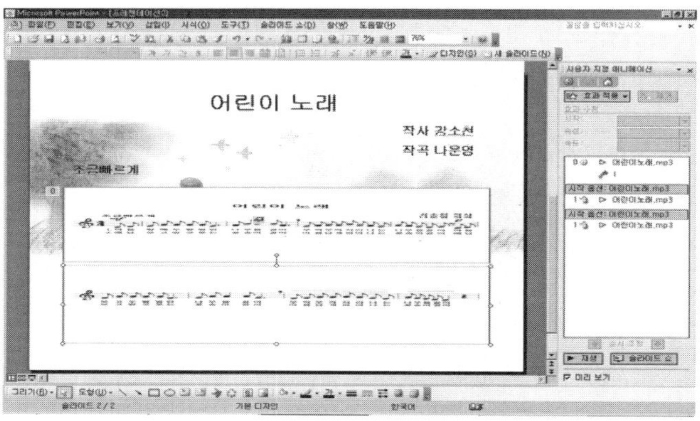


⑲ 시간의 흐름에 따라 악보가 적절히 나타날 수 있도록 1절 2번째 줄로 되어 있는 그림파일을 불러와서 겹치도록 위치를 설정한다.

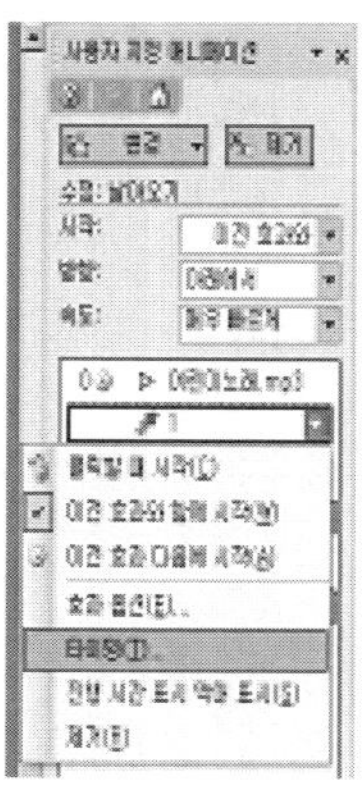

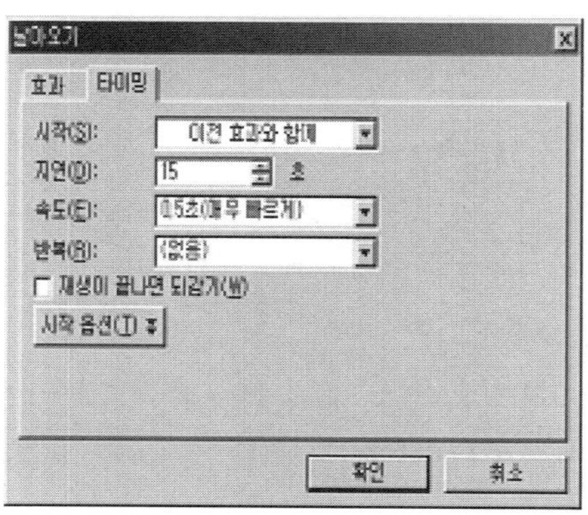


⑳ 위 그림의 [사용자 지정 애니메이션]기능에서 [효과]는 [나타내기]-[닦아내기]로 시작은 [이전 효과와 함께]로 설정한 후,[타이밍]기능을 설정한다.

㉑ 위와 같은 방식으로 2절의 마지막 그림파일까지 지정하면 시간의 흐름에 따라 악보가 바뀌는 프리젠테이션을 만들 수 있다.
이 때 타이밍을 적절히 맞추기 위해서는 화면 하단의 재생을 클릭하여 시간을 재보며 구성하는 것이 좋다.

메모

# 나는 얼마큼 자랐을까?

■ 차트 만들기와 꾸미기

## 01 무슨 일인가요?

내일은 체격검사를 하는 날이다. 작년에 비해 키가 얼마나 컸는지 몸무게는 얼마나 늘었는지 정말 궁금하다. 매년 체격 검사를 하고 있지만 따로 기록을 해 놓지 못하니 내 키가 어떻게 커가고 있는지 잘 모르겠다. 내년에는 얼만큼 커 있을까? 한눈에 알아보기 쉽게 미리 예측해 볼 수는 없을까?

## 02 이것만은 꼭!

⊙ 파워포인트를 이용하여 학년별 성장 그래프를 만들 수 있다.

⊙ 차트를 만들어 슬라이드에 삽입하고 차트옵션 변경하기 등의 기능을 활용하여 차트를 꾸밀 수 있다.

# 03 미리 알아보아요

## 1) 체격 검사 요인

학년별 체격 검사 요인으로는 신장, 체중, 가슴둘레, 앉은 키, 시각 및 청각 등을 측정한다.

## 2) 차트 만들기

Microsoft 파워포인트에서 차트를 새로 만들거나 Microsoft 엑셀 워크시트 또는 차트를 가져올 수 있습니다. 파워포인트의 기본 차트 프로그램은 Microsoft Graph이며 이 프로그램은 파워포인트를 설치할 때 자동으로 설치된다.

파워포인트에서 새 차트를 만들면 Microsoft Graph가 열리며 데이터시트 (데이터시트: 차트에 포함된 표이며 행 및 열 레이블과 데이터의 입력 위치를 표시하는 예제 정보를 제공한다.)라는 테이블에 있는 연관된 데이터로 구성된 차트가 표시된다. 데이터시트에 데이터를 입력하거나, 텍스트 파일 또는 Lotus 1-2-3 파일에서 데이터를 가져오거나, Microsoft 엑셀 워크시트나 차트를 가져오거나 삽입하거나, 다른 프로그램으로부터 데이터를 붙여 넣을 수 있다.

# 04 무엇을 할까요?

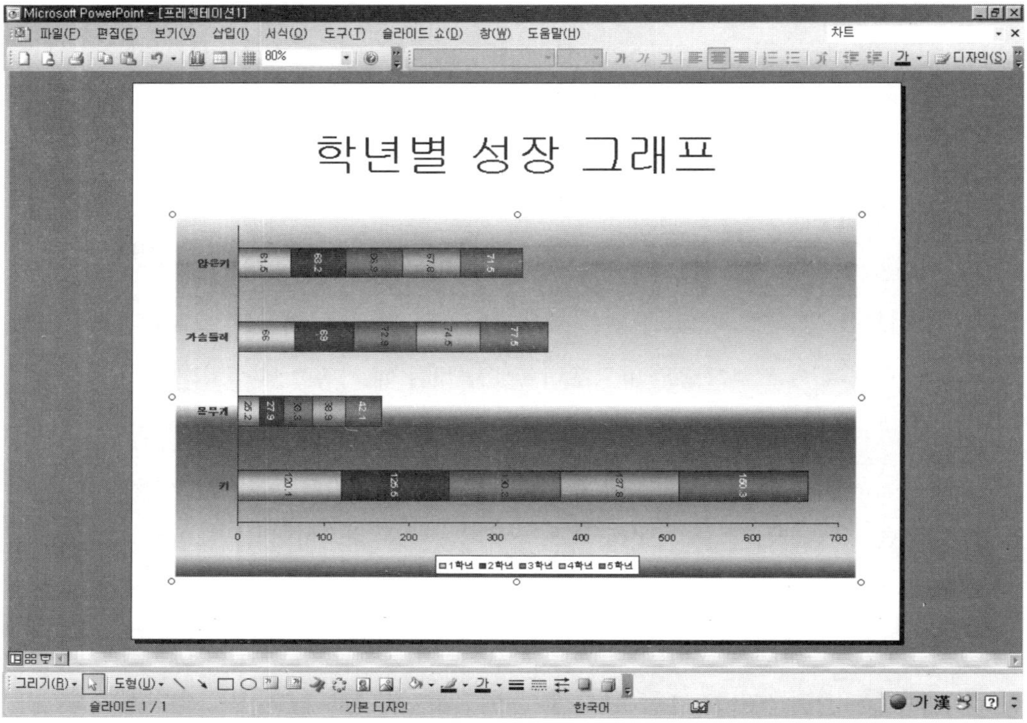
Microsoft PowerPoint - [프레젠테이션1]
학년별 성장 그래프
앉은키
가슴둘레
몸무게
키
□1학년 ■2학년 ■3학년 □4학년 ■5학년
슬라이드 1 / 1
기본 디자인
한국어

# 05 함께 만들어 보아요

## 1) 차트 만들기

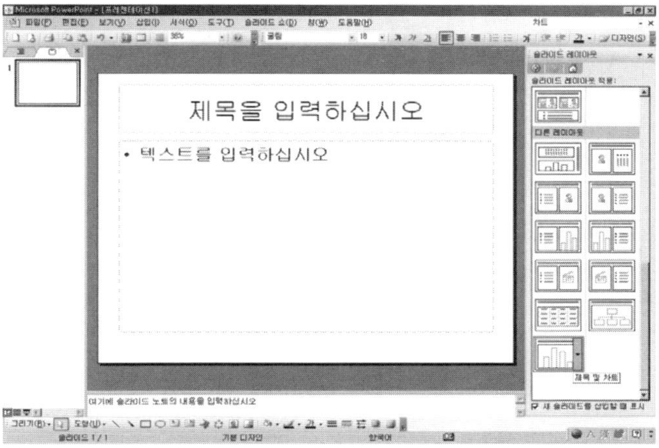


① [삽입]-[새슬라이드]에서 '제목 및 차트 슬라이드'를 선택한 후 클릭한다.

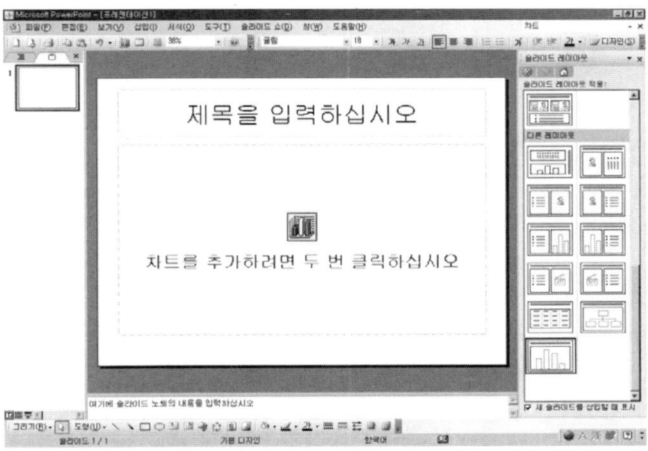


② 화면 중앙에 아이콘이 생성된다.

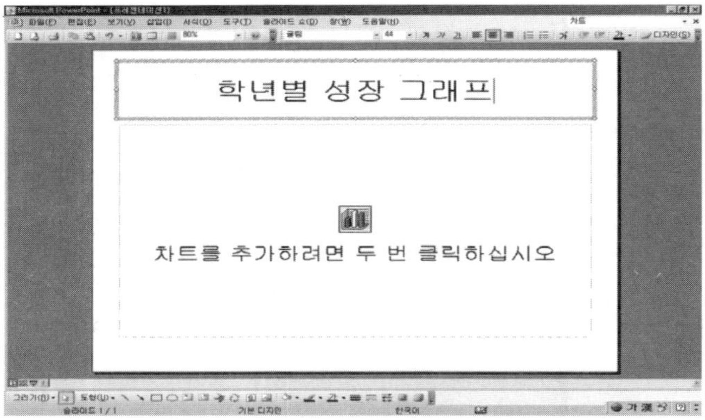


③ '학년별 성장 그래프' 라는 제목을 입력한 후, 슬라이드 중앙의 그래프 아이콘을 더블 클릭한다.

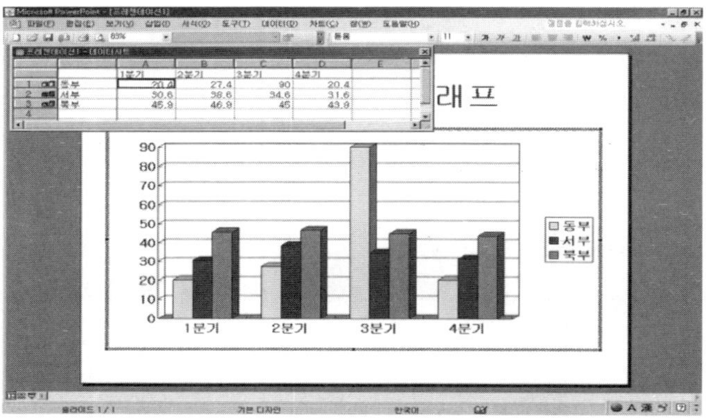


④ 왼쪽과 같은 차트와 데이터시트 창이 나타난다.

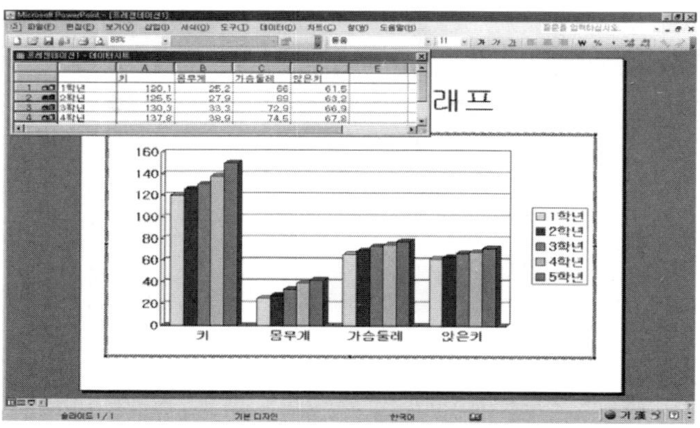


⑤ 데이터 시트 창에 차례대로 학년별 키, 몸무게, 가슴둘레, 앉은키 등의 데이터를 입력한다.

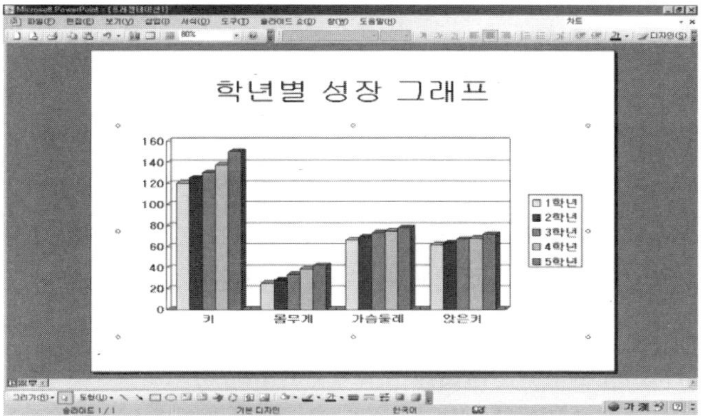


⑥ 데이터를 모두 입력한 후 슬라이드를 클릭하면 차트가 슬라이드에 삽입된다.

### 2) 차트 모양 바꾸기

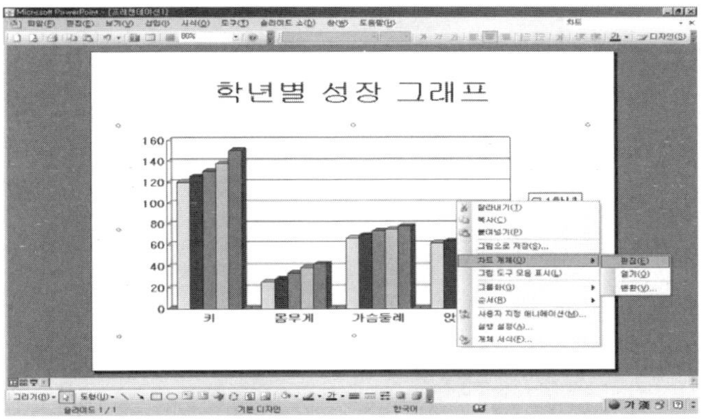


⑦ 차트를 왼쪽 마우스로 한 번 클릭한 후, 마우스 오른쪽 버튼을 눌러 [차트개체]-[편집]을 클릭하면 차트가 선택된다.

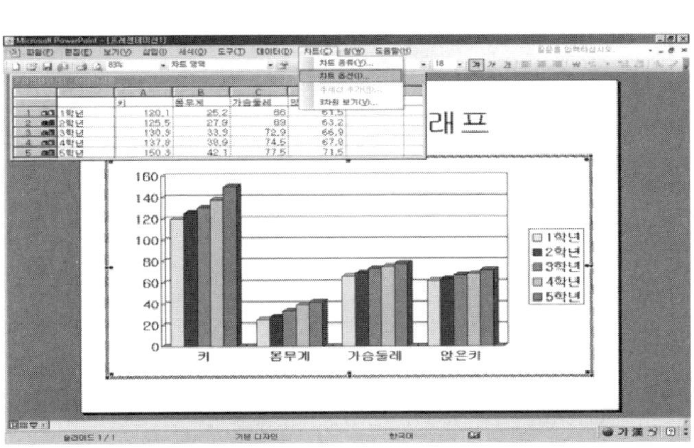


⑧ [차트]-[차트 옵션]을 클릭한다.

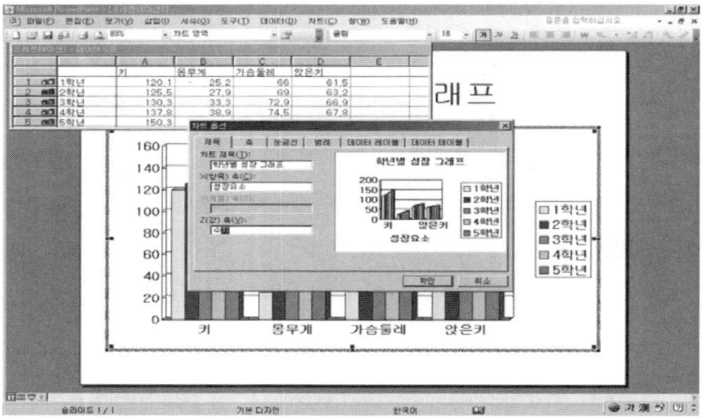

⑨ 여러 개의 탭 중 [제목]을 클릭한 후, 차트 제목(학년별 성장그래프)에서 X축(성장 요소)과 Z축(수치)을 각각 입력한다.

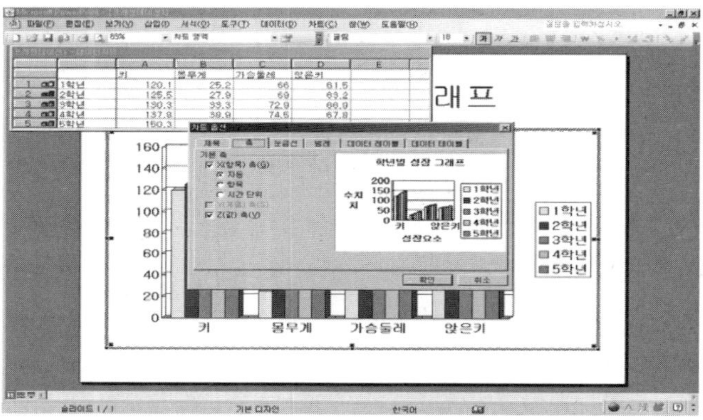

⑩ [축]탭에서는 X축에는 '자동' 을 Z축 값에도 체크 표시를 한다.

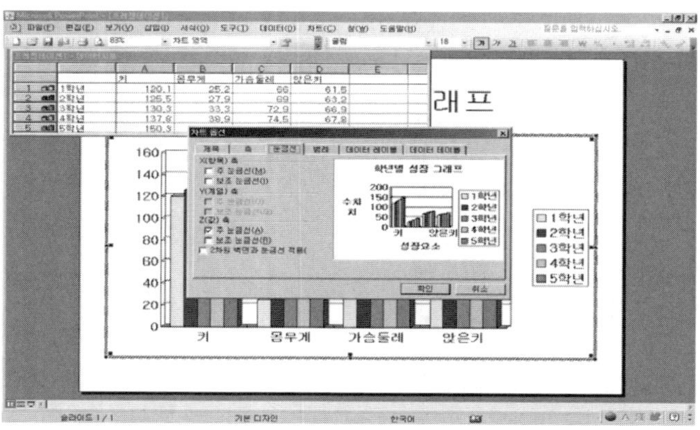

⑪ [눈금선]탭에서는 여러 주 눈금선과 보조 눈금선을 표시해 줄 수 있지만 너무 복잡해 보이기 때문에 Z축의 주 눈금선만을 표시하기로 한다.

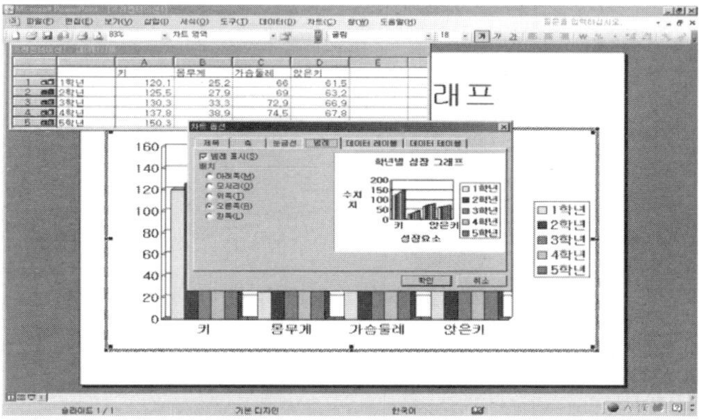

⑫ [범례]탭에서는 데이터 시트의 세로축에 해당하는 내용들의 표시를 결정한다. 여기서는 우측의 1학년, 2학년, 3학년, 4학년, 5학년 항목을 의미한다.

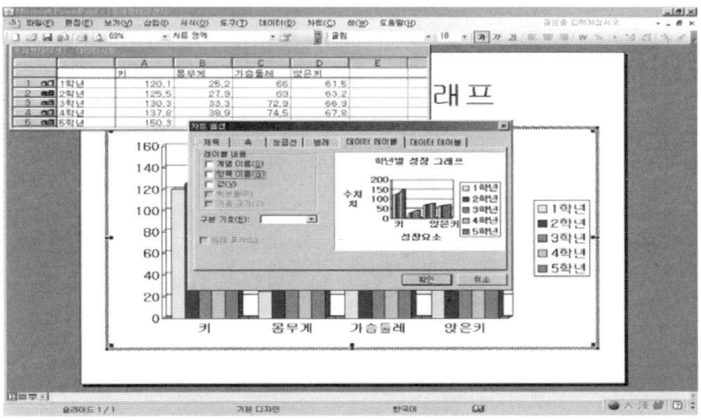

⑬ [데이터 레이블]탭에서는 레이블 내용을 결정한다. 너무 복잡해 보여 생략하기로 한다.

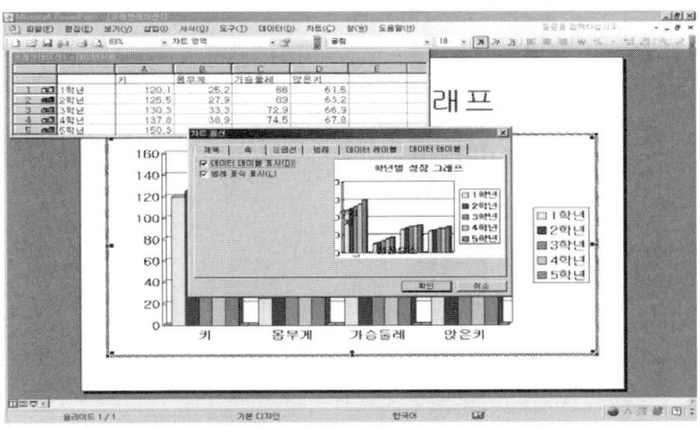

⑭ [데이터 테이블]탭에서는 데이터 테이블을 표시할지를 결정한다. '데이터 테이블' 표시를 결정하면 차트의 아래쪽에 X축 항목에 대한 '데이터 시트'가 함께 나온다.

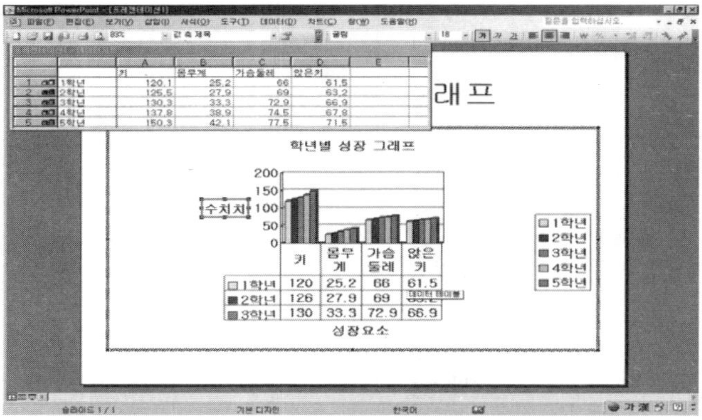


⑮ 차트가 완성된다.

### 3) 차트 종류 바꾸기

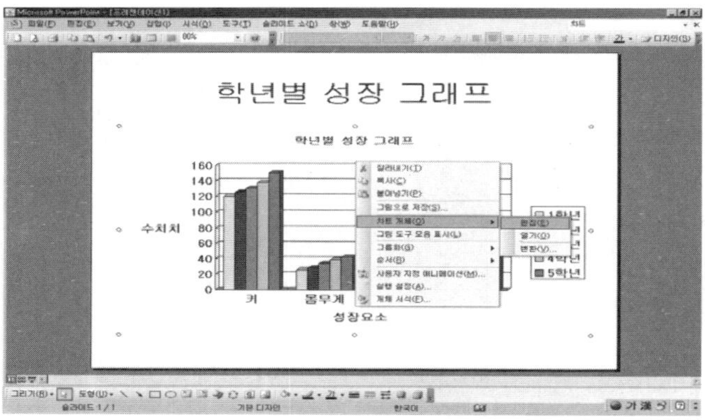


⑯ 차트를 왼쪽 마우스로 한 번 클릭한 후, 마우스 오른쪽 버튼을 눌러 [차트개체]-[편집]을 클릭하면 차트가 선택된다.

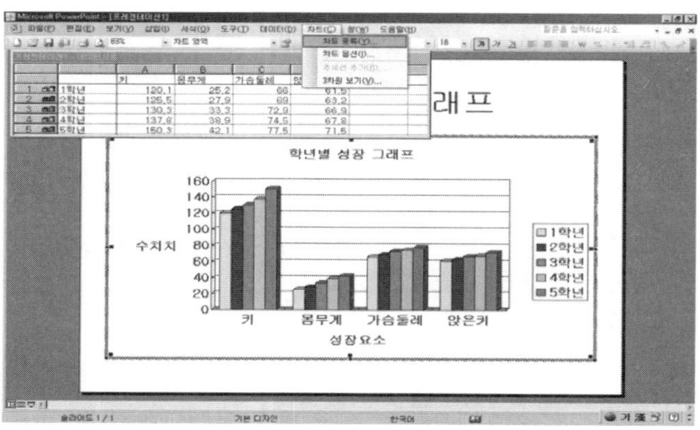


⑰ [차트]-[차트 종류]를 클릭한다.

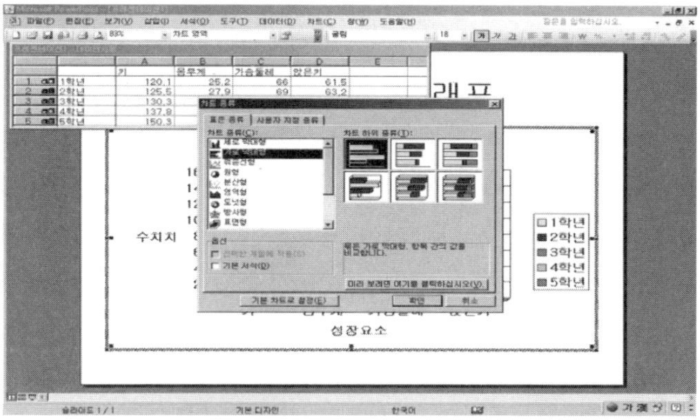


⑱ [표준 종류]탭에서 차트의 모양을 '가로 막대형' 으로 [차트하위 종류]탭에서는 맨 처음 것을 선택해 보자.

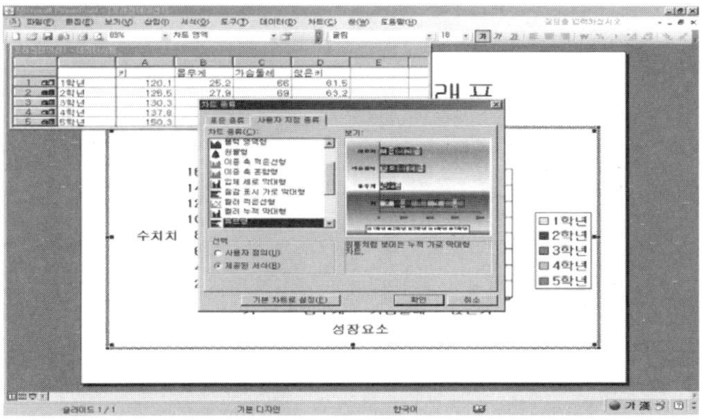


⑲ [사용자 지정 종류]탭에서는 '튜브형' 을 선택하여 클릭하여 보자.

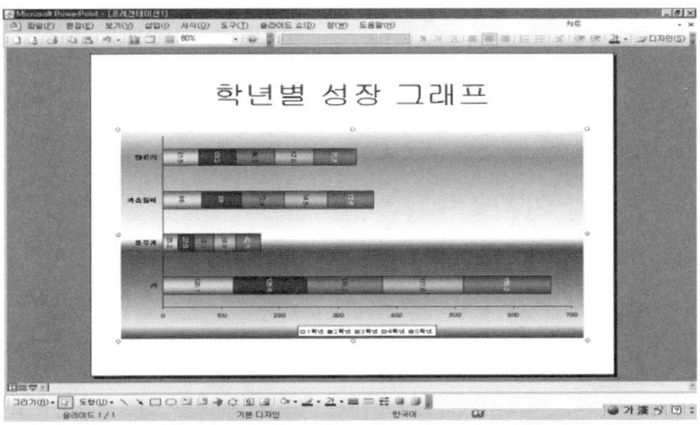


⑳ 왼쪽과 같은 '학년별 성장 그래프' 라는 변경된 차트가 완성된다. [타이밍]기능을 설정한다

# 영상 편지 만들기

▪ 녹음 및 소리 삽입하기

## 01 무슨 일인가요?

가장 친한 친구인 유미가 내가 살고 있는 서울에서 멀리 떨어진 부산으로 이사를 가게 되었다. 너무나 아쉽고 슬프다. 더욱이 다음주에는 유미의 12번째 생일이다. 우리 함께 생일 축하파티를 하기로 하였는데 이렇게 갑자기 이사를 가다니......

그래서 우리는 유미에게 깜짝 놀랄만한 생일카드를 보내기로 하였다. 좀더 멋지고 색다른 생일 카드를 만들기 위해 머리를 짜고 있다. 좋은 방법이 없을까?

## 02 이것만은 꼭!

⊙ 영상으로 메시지를 전달 할 수 있다.

⊙ 배경에 음악을 삽입할 수 있다.

⊙ 소리를 녹음하여 삽입할 수 있다.

⊙ 사용자 지정 애니메이션 효과를 넣을 수 있다.

# 03 미리 알아보아요

## 1) 슬라이드에 음악 또는 소리 효과 추가

① 음악이나 소리 효과를 추가할 슬라이드를 표시한다.

② 삽입 메뉴에서 동영상 및 소리를 가리키고 다음 중 하나를 실행한다.

- 소리 파일 삽입 : 소리 파일을 클릭하고 소리 파일이 들어 있는 폴더로 가서 원하는 파일을 두 번 클릭한다.
- Clip Organizer로부터 소리 클립 삽입 : Clip Organizer 소리를 클릭하고 원하는 클립을 찾아서 클릭하여 슬라이드에 추가한다.

※ 참고. Clip Organizer에서 클립을 검색하려면 검색 대상 : 상자에 검색할 클립을 입력하고 이동을 클릭한다. 원하는 클립을 찾기 위한 자세한 내용을 보려면 작업창 아래쪽의 클립 찾기 팁을 클릭한다. 여기에서 와일드카드를 사용하여 파일 찾기 및 Clip Organizer에 클립 추가에 대한 자세한 내용을 볼 수 있다.

③ 메시지가 표시되면 다음 중 하나를 실행한다.

- 슬라이드로 이동할 때 음악이나 소리를 자동으로 재생하려면 자동을 클릭한다.
- 소리 아이콘 을 클릭할 때만 음악이나 소리를 재생하려면 클릭하여 실행을 클릭한다.

④ 소리 파일 중지 시기에 대한 설정을 조정하려면 소리 아이콘을 클릭하고 마우스 오른쪽 단추를 클릭한 다음 바로 가기 메뉴에서 사용자 지정 애니메이션을 클릭한다.

⑤ 사용자 지정 애니메이션 작업창에서 사용자 지정 애니메이션 목록에서 선택한 항목의 화살표를 클릭하고 효과 옵션을 클릭한다.

⑥ 효과 탭의 재생 중지에서 다음 중 하나를 실행한다.

- 슬라이드를 클릭할 때 소리 파일을 중지하려면 기본값인 클릭할 때를 선택한다.
- 현재 슬라이드 다음에 소리 파일을 중지하려면 현재 슬라이드 다음을 선택한다.
- 여러 슬라이드에 걸쳐 소리 파일을 재생하려면 지금부터를 클릭하고 소리 파일을 재생할 전체 슬라이드 수를 설정한다.

# 04 무엇을 할까요?

Microsoft PowerPoint - [프레젠테이션1]
Happy Birthday
받는 사람 : 김 ○ 미
보내는 사람 : 강 초 롱
2005. 4. 19 22th Birthday Party
슬라이드 1 / 2
기본 디자인
한국어

# 05 함께 만들어 보아요

## 1) 슬라이드에 배경색 넣기

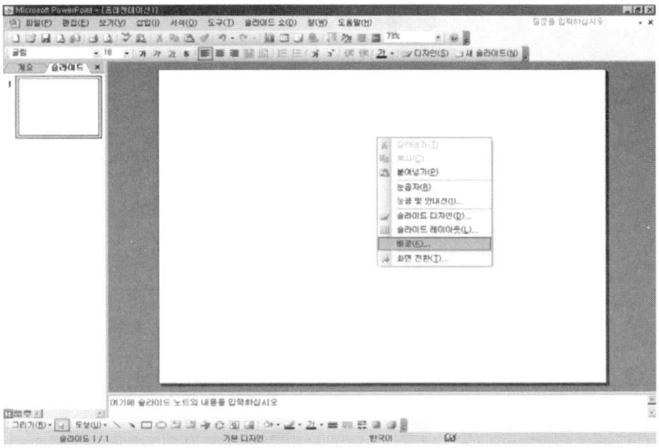

① 슬라이드 위에서 마우스 오른쪽을 누르고 '배경'을 클릭한다.

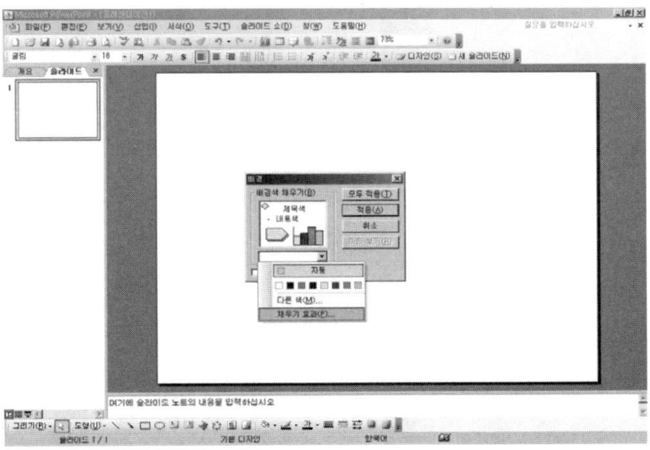

② 배경색 채우기 아래쪽의 '채우기 효과'를 클릭한다.

③ 색1, 색2에서 2가지 색을 선택한 후 마음에 드는 스타일로 지정하고, 확인을 클릭한다.

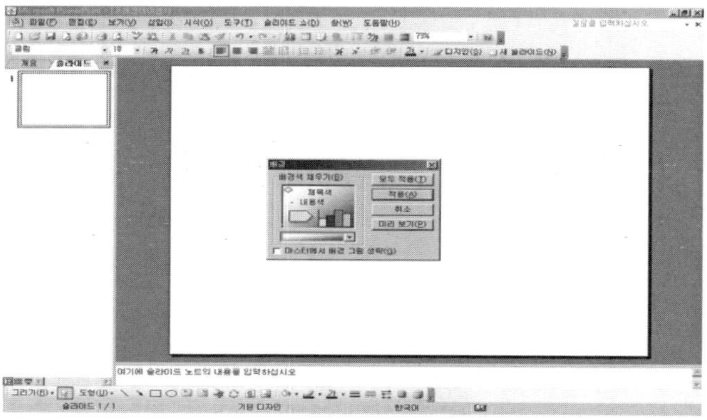

④ '배경'의 '적용'을 클릭한다.

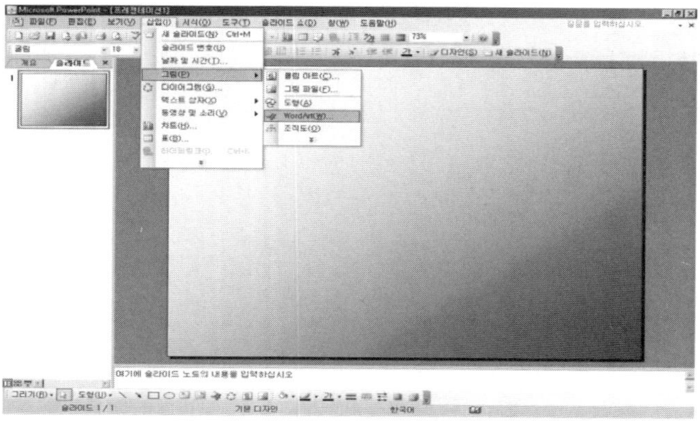

⑤ [삽입]-[그림]-[워드아트]를 선택한다.

## 2) 워드아트를 이용한 메시지 넣기

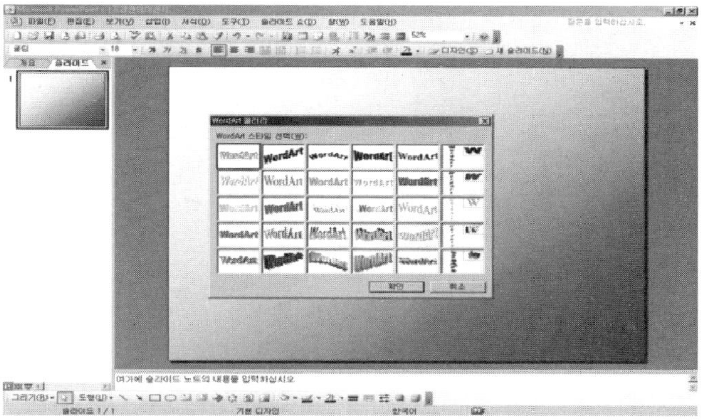

⑥ 원하는 글자 모양의 스타일을 선택한다.

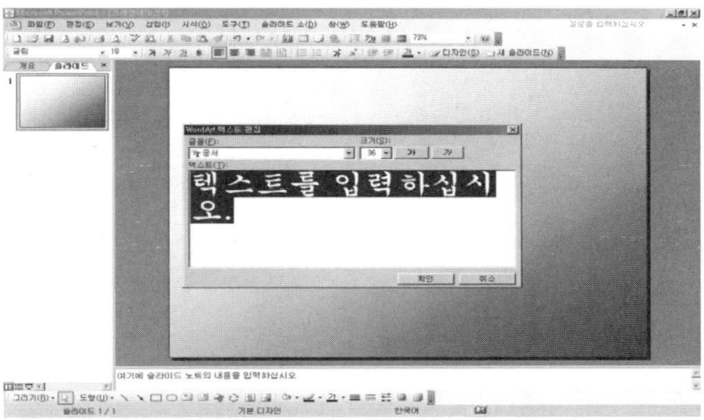


⑦ '텍스트 입력창' 이 나오면 글자를 입력한다.

⑧ 마우스로 크기와 위치를 조절하여 원하는 위치에 드래그 한다.

### 3) 그림 넣기

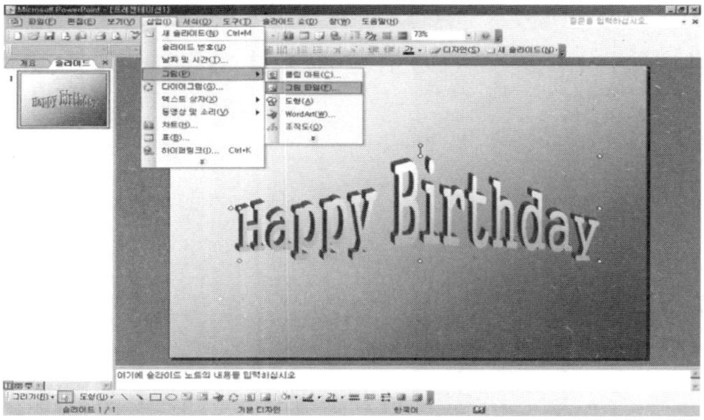


⑨ [삽입]-[그림]-[그림파일]을 선택한다.

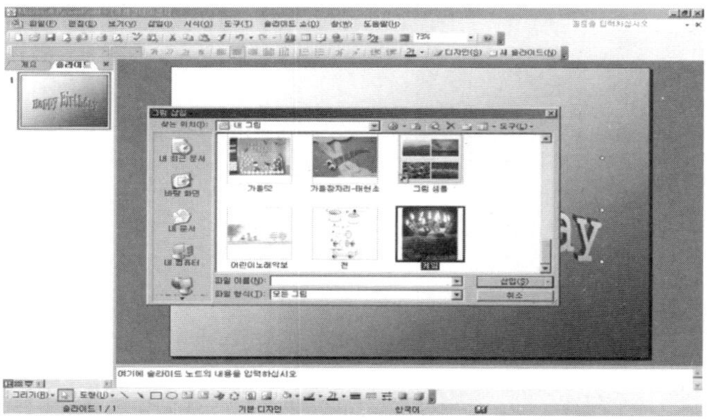

⑩ '그림파일' 창이 뜨면 컴퓨터에 저장되어 있는 그림을 불러온다.

⑪ '그림'을 선택하고 마우스 오른쪽 버튼을 눌러 '순서'에서 '맨 뒤로 보내기'를 클릭한다.

### 4) 이름 입력하기

⑫ [삽입]-[텍스트상자]-[가로]를 클릭한다.

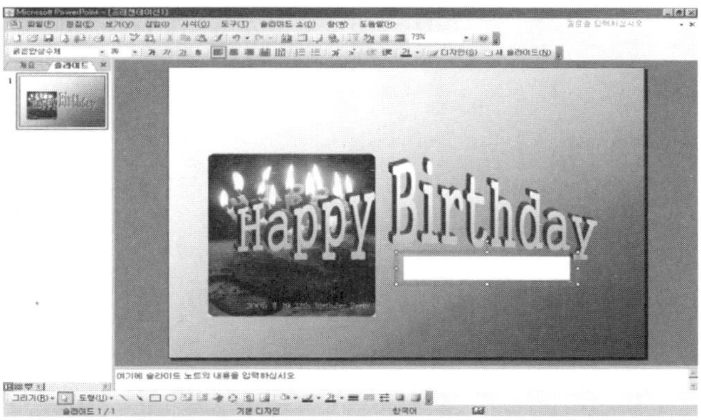


⑬ 텍스트 상자를 원하는 위치에 드래그 한 후, 텍스트를 입력한다.

### 5) 애니메이션 효과 적용하기

⑭ [슬라이드 쇼]-[사용자 지정 애니메이션]을 클릭한다.

⑮ 케익 그림 개체를 선택하고, [효과적용]-[강조]-[크게/작게]를 선택하면, 그림이 커졌다 작아졌다 하는 애니메이션 효과가 나타난다.

⑯ 워드아트 문자를 선택하고, [효과적용]-[나타내기]-[날아오기]를 선택하면, 글자가 날아오는 애니메이션 효과가 나타난다.

⑰ 텍스트 상자를 선택하고, [효과적용]-[강조]-[회전]를 선택하면, 글자가 회전하는 애니메이션 효과가 나타난다.

## 6) 새 슬라이드 삽입하기

⑱ [삽입]-[새 슬라이드]를 클릭한 후, 빈 슬라이드를 삽입한다.

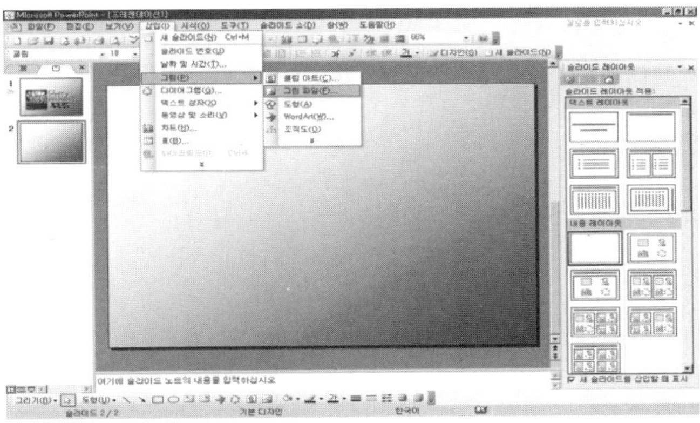

⑲ [삽입]-[그림]-[그림 파일]를 클릭한다.

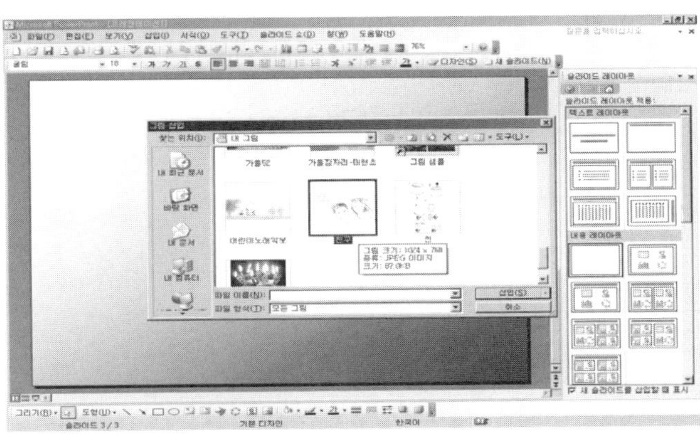

⑳ 그림 파일 중에서 저장한 그림을 불러온다.

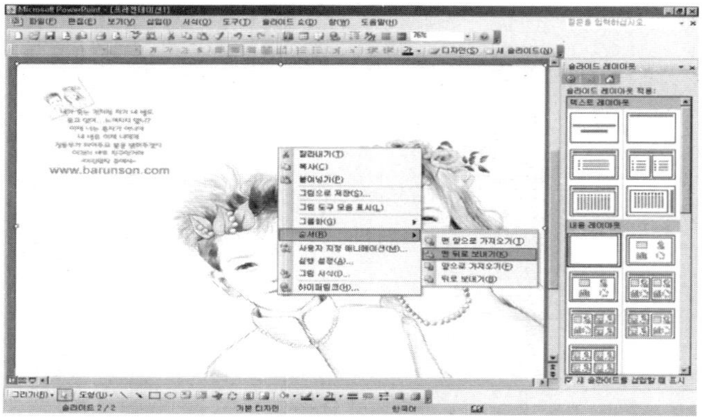


㉑ 슬라이드에 삽인 한 후, 마우스 오른쪽 버튼을 눌러 [순서]-[맨 뒤로 보내기]를 클릭한다.

㉒ [삽입]-[텍스트 상자]-[가로]를 클릭한다.

㉓ 생일 축하 메시지를 입력한다.

㉔ [삽입]-[동영상 및 소리]-[소리 녹음]을 클릭한다.

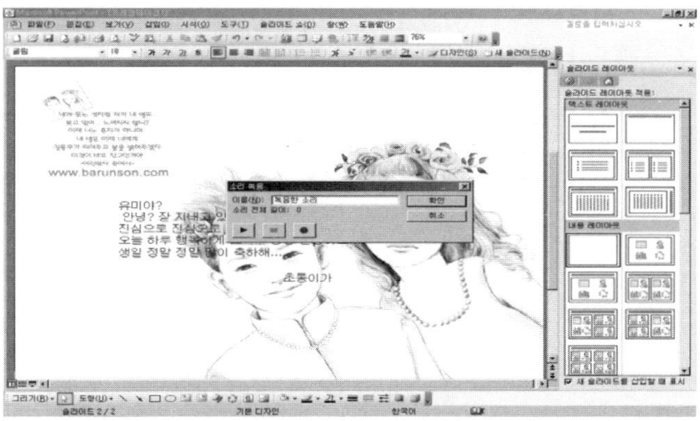

㉕ '소리 녹음' 창이 뜨면 '재생' 단추를 눌러 원하는 음악 및 소리를 녹음한다.

⊙ 케이크 이미지 사진 출처:

http://imagesearch.naver.com/search.naver?where=dt_iphoto&query=%C4%C9%C0%CD&c=3&qt=df&sort=0&fr_res=0&to_res=0

⊙ 그림파일 이미지 사진 출처:

http://imagesearch.naver.com/search.naver?where=dt_iphoto&query=%C4%A3%B1%B8c=8&qt=df&sort=0&fr_res=0&to_res=0

# 나를 소개합니다

▪ 텍스트상자 및 클리보드 기능

## 01 무슨 일인가요?

상현이는 새 학년이 된지 며칠 지나지 않았다. 며칠 전 선생님께서 새로운 학급을 이끌어갈 반장을 선출한다고 말씀하셨다. 그래서 친구들 앞에서 자신을 멋지게 알릴 좋은 방법을 생각한 끝에 파워포인트 프로그램을 이용하여 나만의 멋진 '자기소개서'를 만들기로 하였다. 상현이는 자신도 모르게 친구들 앞에서 멋지게 발표할 자신의 모습에 스스로 흐뭇하였다.

## 02 이것만은 꼭!

⊙ 파워포인트를 이용하여 자기 소개서를 작성한다.

⊙ 텍스트 상자와 클립보드를 효과적으로 활용한다.

# 03 미리 알아보아요

## 1) 클립보드 기능이란?

파워포인트에는 클립보드 기능이 있어 저장된 이미지 등을 첨부할 수도 있고 기존에 존재하던 그림 등을 추가할 수도 있다.

## 2) 클립아트 그림 모음

컴퓨터 사용자가 그림이 들어가는 문서를 작성할 때 편리하게 이용할 수 있도록 각종 조각 그림들을 만들어 하나의 프로그램으로 저장해 놓은 것을 말한다. 컴퓨터에서 제공하는 각종 문서 프로그램에는 대부분 클립 아트가 있어 웹 문서를 만드는데 필요한 여러 가지 조각 그림을 제공한다.

# 04 무엇을 할까요?

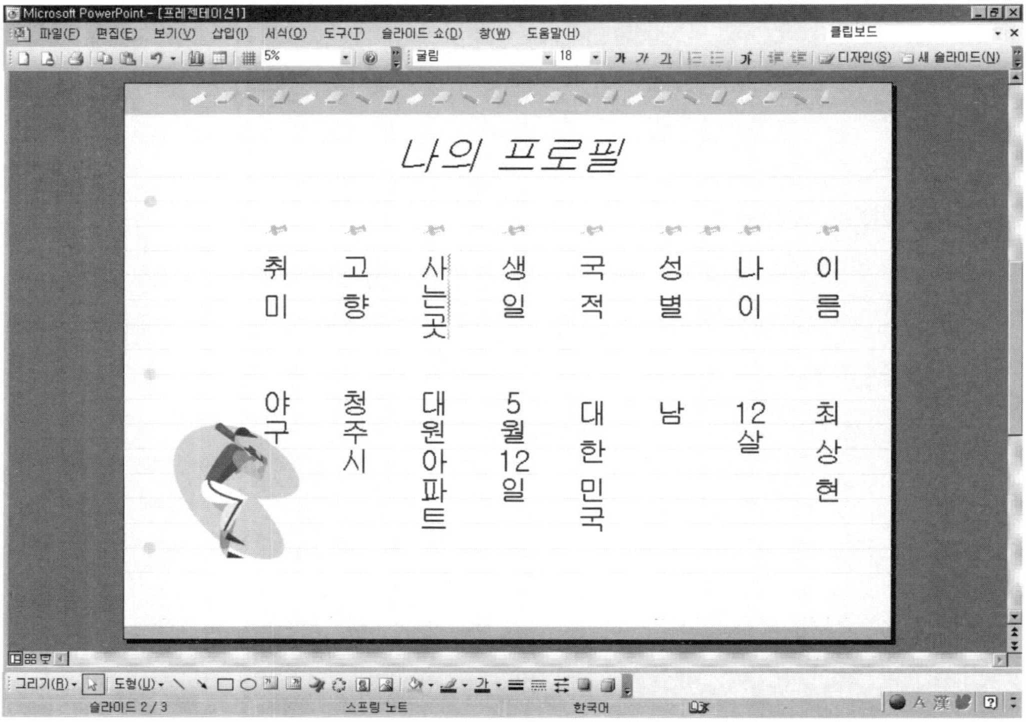
Microsoft PowerPoint - [프레젠테이션1]
나의 프로필
취미
고향
사는곳
생일
국적
성별
나이
이름
야구
청주시
대원아파트
5월12일
대한민국
남
12살
최상현
슬라이드 2 / 3
스프링 노트
한국어

# 05 함께 만들어 보아요

## 1) 디자인 서식 활용하기

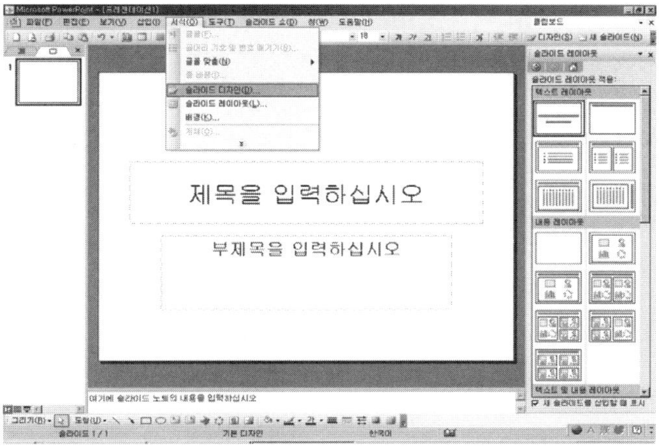


① [서식]-[슬라이드 디자인]을 클릭한다.

② 오른쪽 '슬라이드 디자인' 서식 파일 중 '스프링 노트'를 선택한다.

## 2) 소개서 표지 만들기

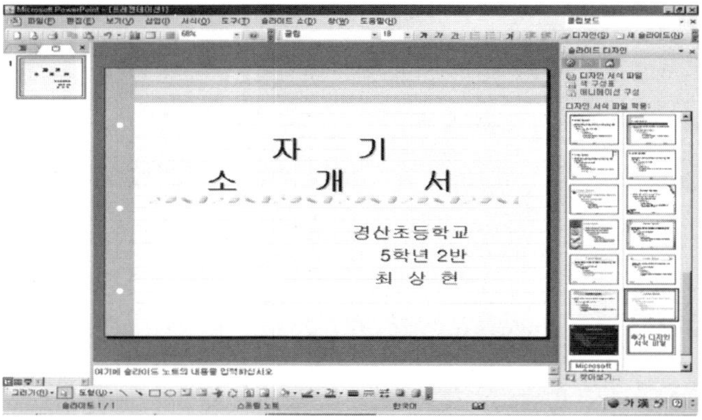


③ 자신의 소속과 이름을 쓴 '자기 소개서' 표지에 내용을 입력한다.

## 3) 클립아트 삽입하기

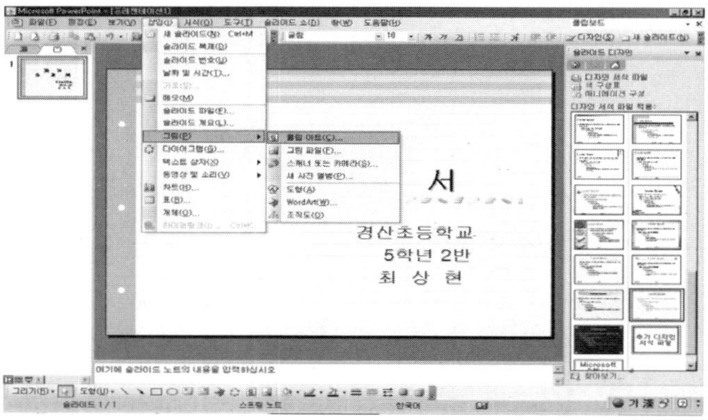


④ [삽입]-[그림]-[클립아트]를 클릭한다.

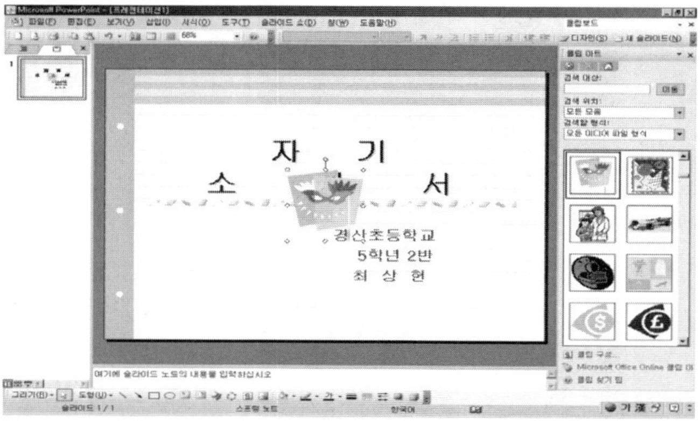


⑤ 오른쪽 '클립 아트' 레이아웃에서 적당한 그림을 클릭하면 중앙에 그림이 생긴다.

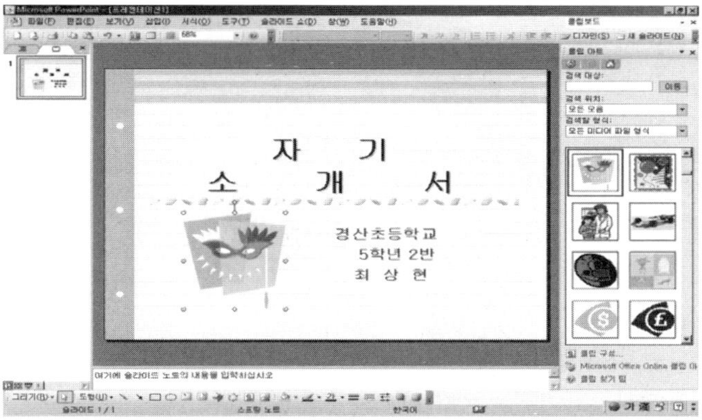


⑥ 마우스로 그림을 적절한 위치와 크기로 배치한다.

## 4) 프로필 작성하기

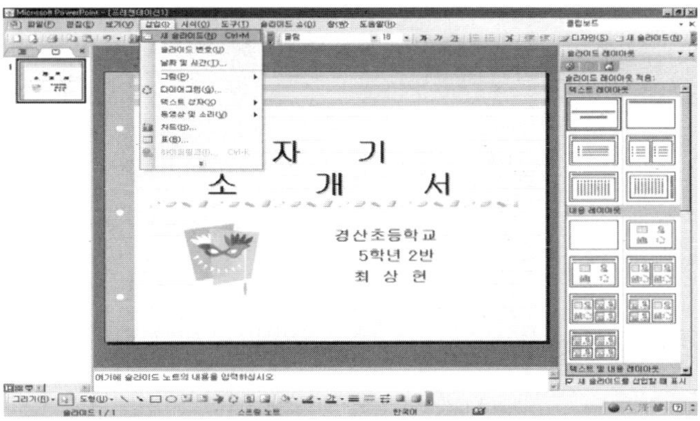


⑦ [삽입]–[새 슬라이드]를 클릭한다.

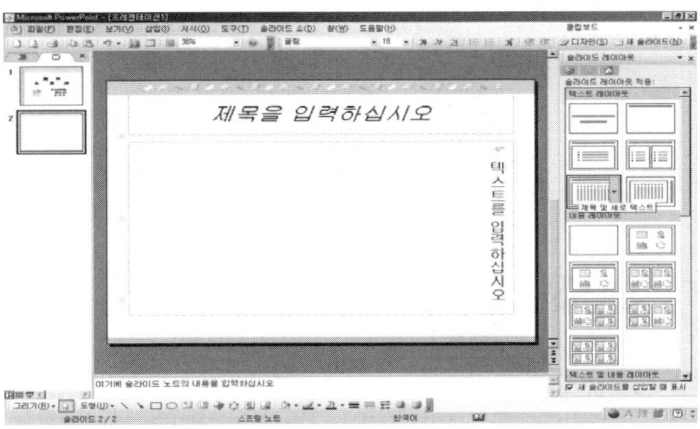


⑧ 오른쪽 '슬라이드 레이아웃' 중 '제목 및 세로 텍스트'를 클릭한다.

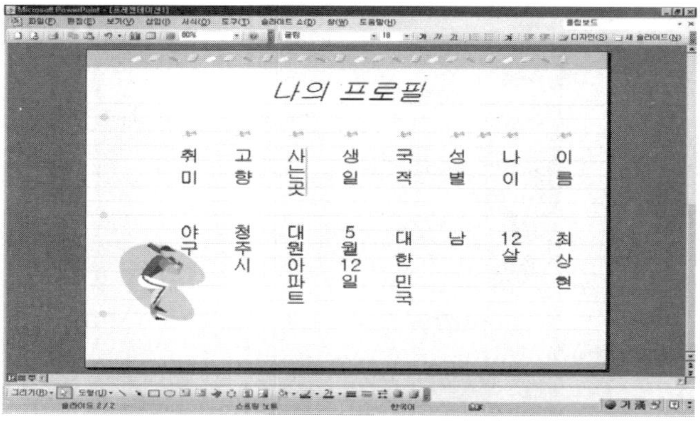


⑨ 자기 자신을 객관적으로 나타낼 수 있는 내용을 선정하여 세로텍스트 박스에 입력한다.

## 5) 나를 알리기

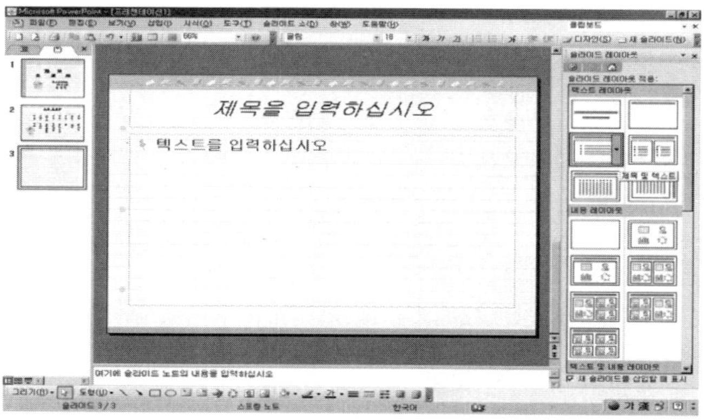


⑩ 세 번째 슬라이드부터는 자신의 성격 및 취미, 꿈 등을 기재할 수 있도록 '제목 및 텍스트' 슬라이드를 선택한다.

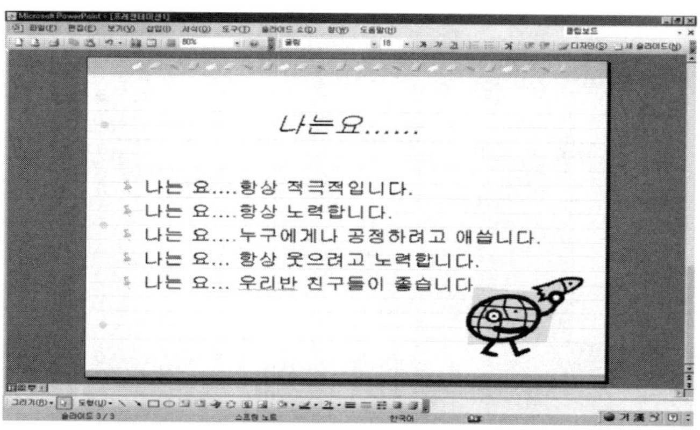


⑪ 자신의 성격 및 자신을 알릴 수 있는 내용에 대하여 자유롭게 기재 해 본다.

# 학습 발표자료 꾸미기

- 워드아트 및 애니메이션 만들기

## 01 무슨 일인가요?

지희는 학교에서 주최하는 '자기 주도적 학습 발표회' 에 학급 대표로 선출되어 어떤 것을 발표 할까 고민하다 『개구리의 한 살이』에 대한 것을 발표하기로 하였다. 학급에서 뽑혀 기쁘긴 하지만 대회인지라 긴장도 되고, 더 세심하게 발표 자료를 준비해야 할 것 같아 많이 걱정이다. 어떻게 하면 멋진 발표 자료를 만들 수 있을까?

## 02 이것만은 꼭!

⊙ 개구리의 일생에 대해 이해할 수 있다.

⊙ 워드아트로 글자를 꾸미고 간단한 애니메이션을 만들 수 있다.

⊙ 하이퍼 링크 기능을 사용해 문서에 적용할 수 있다.

# 03 미리 알아보아요

### 1) 자기 주도적 학습이란?

한 가지의 학습 과제를 이수함에 있어서 학습자가 그 과제의 선택으로부터 학습 계획의 수립과 시행 및 그 과정과 결과의 평가에 이르기까지 주도적인 입장에 서서 교사나 다른 사람의 도움을 구하면서 학습 활동을 수행해 나가는 학습 활동을 의미한다.

### 2) 워드아트 기능

문자에 입체 · 질감 · 형태 등 여러 가지 특수효과를 지정해 다양한 형태의 글씨를 만들 수 있는 기능을 말한다. 주로 표지 제목이나 헤드라인처럼 그래픽 효과를 주고자 하는 문자열에 사용한다.

### 3) 하이퍼링크 기능

인터넷상에서 텍스트, 이미지에 대한 다양한 정보를 연결해 주는 기능을 말한다.

# 04 무엇을 할까요?

Microsoft PowerPoint - [프레젠테이션1]
파일(F) 편집(E) 보기(V) 삽입(I) 서식(O) 도구(T) 슬라이드 쇼(D) 창(W) 도움말(H)
질문을 입력하십시오.
80%
굴림
18
새 슬라이드(N)
개구리의 한살이
그리기(R) 도형(U)
슬라이드 1 / 1
기본 디자인
한국어

# 05 함께 만들어 보아요

## 1) 제목 입력하기

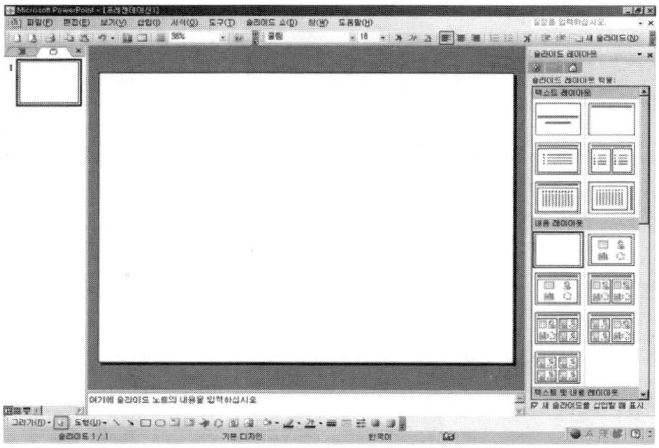

① 새 슬라이드에서 [빈 화면]를 클릭한다.

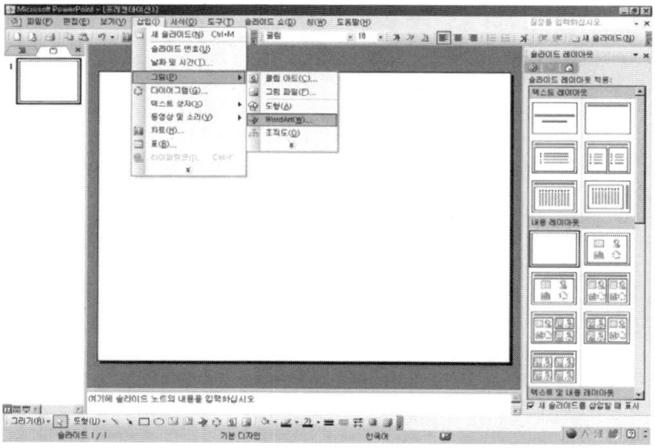

② [삽입]-[그림]-[WordArt]를 클릭한다.

③ 오른쪽과 같은 '워드아트 갤러리' 창이 나오면 원하는 모양을 클릭하고 확인을 클릭한다.

④ 글자크기를 '40'으로 글자체는 '궁서'로 설정하고, 그 다음에 제목을 입력한다.

## 2) 배경화면 바꾸기

⑤ 배경화면에서 마우스의 오른쪽 버튼을 클릭한 후, '배경'이라는 목록을 선택한다.

⑥ 화면 아래쪽에서 '채우기 효과' 를 클릭한다.

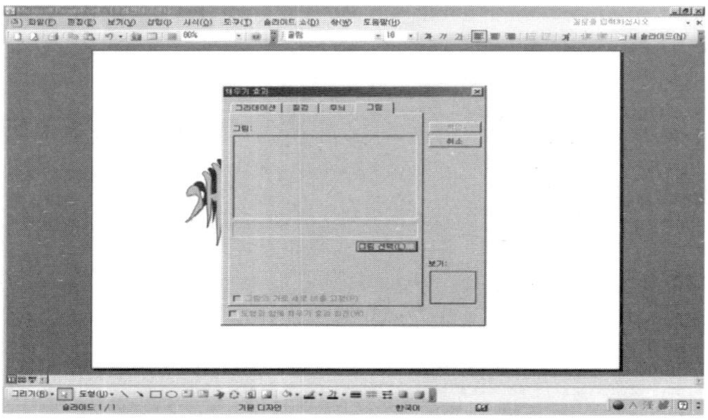

⑦ [그림]탭으로 가서 [그림파일]을 누른다.

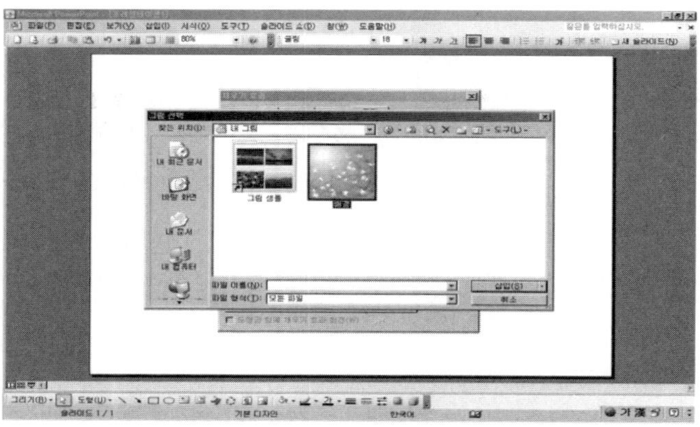

⑧ 원하는 배경 그림파일을 선택해 '삽입' 을 누르고 확인을 클릭한다.

⑨ 오른쪽과 같은 창에서 '적용'을 클릭한다.

⑩ 다음과 같은 슬라이드가 만들어 진다.

## 3) 그림자료 만들기

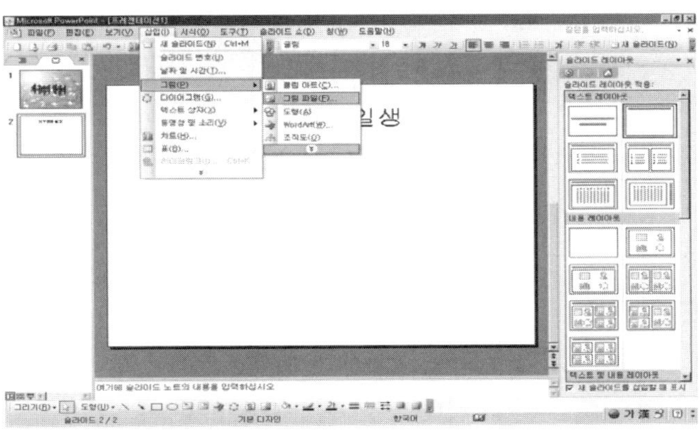

⑪ 개구리의 일생에 관한 그림자료를 [삽입]-[그림]-[그림 파일]를 클릭한다.

⑫ 원하는 그림을 선택하고 '삽입' 을 클릭한다.

⑬ 마우스로 크기를 적당히 조절하여 제목 아래에 배치한다.

### 4) 소리자료 삽입하기

⑭ 개구리의 소리에 관한 소리파일를 [삽입]-[동영상 및 소리]-[소리 파일]을 클릭한다.

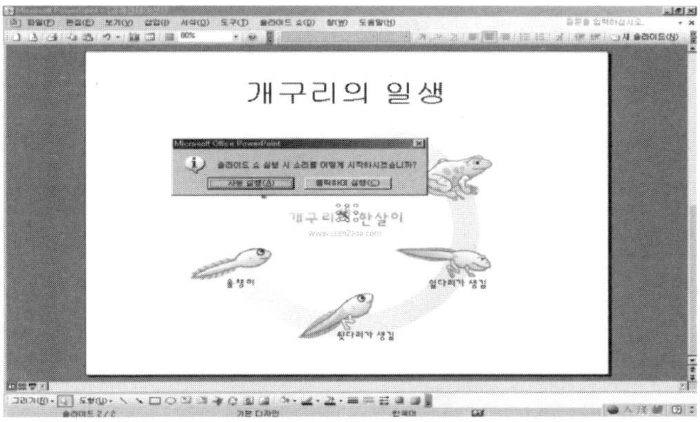


⑮ 소리파일을 선택하면 중앙에 스피커 모양의( )아이콘이 생성되고 오른쪽과 같은 '자동실행'과 '클릭하여 실행' 중 선택하라는 화면이 나온다.

## 5) 애니메이션 만들기

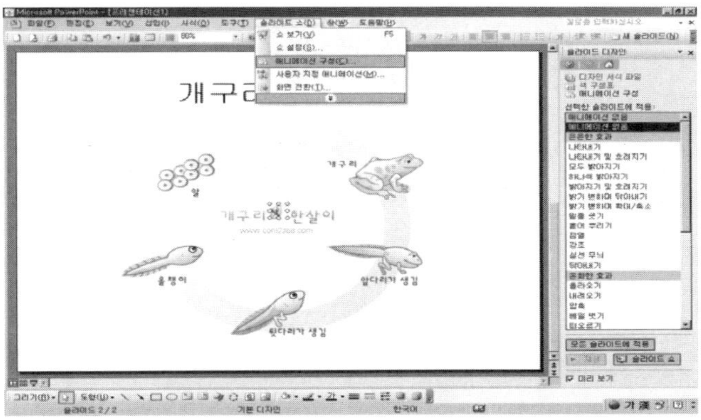


⑯ 메뉴의 [슬라이드 쇼]-[애니메이션 구성]을 클릭하면 오른쪽과 같은 화면의 창이 나타난다.

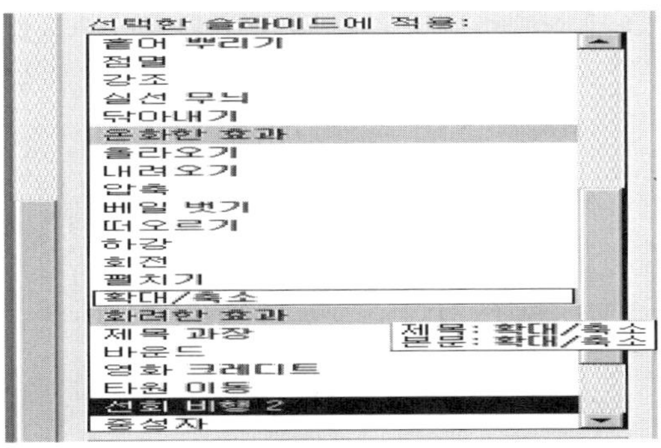


⑰ 알맞은 것을 고르면 재미있는 화면이 연출된다.

## 6) 하이퍼링크 연결하기

⑱ 아래쪽 도구모음 중 [도형]-[블록 화살표]중 한가지를 클릭한다.

⑲ 적당한 위치에 화살표를 만든다.

⑳ 화살표 모양을 클릭하고 마우스 오른쪽 버튼을 누른 후, '하이퍼링크'를 클릭한다.

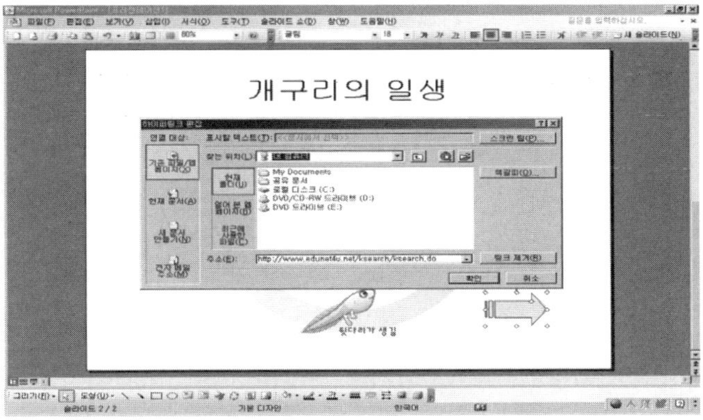


㉑ '개구리의 일생' 에 관한 인터넷 사이트를 연결한 후, '확인' 을 클릭한다.

◉ 참고 사이트

: http://www.edunet4u.net/ksearch/ksearch.do

◉ 개구리의 일생에 관한 이미지 출처

: http://blog.naver.com/arom2zoa/60002905241

메모

# 하룻동안의 기온변화

- 표 및 차트 기능

## 01 무슨 일인가요?

과학 시간에 선생님께서 하룻동안의 기온을 측정하여 표로 완성해 보라고 하셨다. 우선 시간대별로 기온을 측정하여 표에 기록은 하였으나 왠지 밋밋하고 눈에 잘 띄지가 않았다. 그래서 수학 시간에 배운 그래프 기능을 이용하여 좀더 한눈에 알아볼 수 있는 그래프를 만들어 보고자 한다.

## 02 이것만은 꼭!

⊙ 파워포인트를 이용하여 하룻동안의 기온을 표와 그래프로 작성할 수 있다.

⊙ 차트를 만들어 슬라이드에 삽입하고 차트의 종류를 다양하게 바꿀 수 있다.

## 03 미리 알아보아요

### 1) 차트 만들기

파워포인트로 차트를 만들 때에는 데이터 시트에 데이터를 입력하는 방식으로 차트를 완성해야 한다.

# 04 무엇을 할까요?

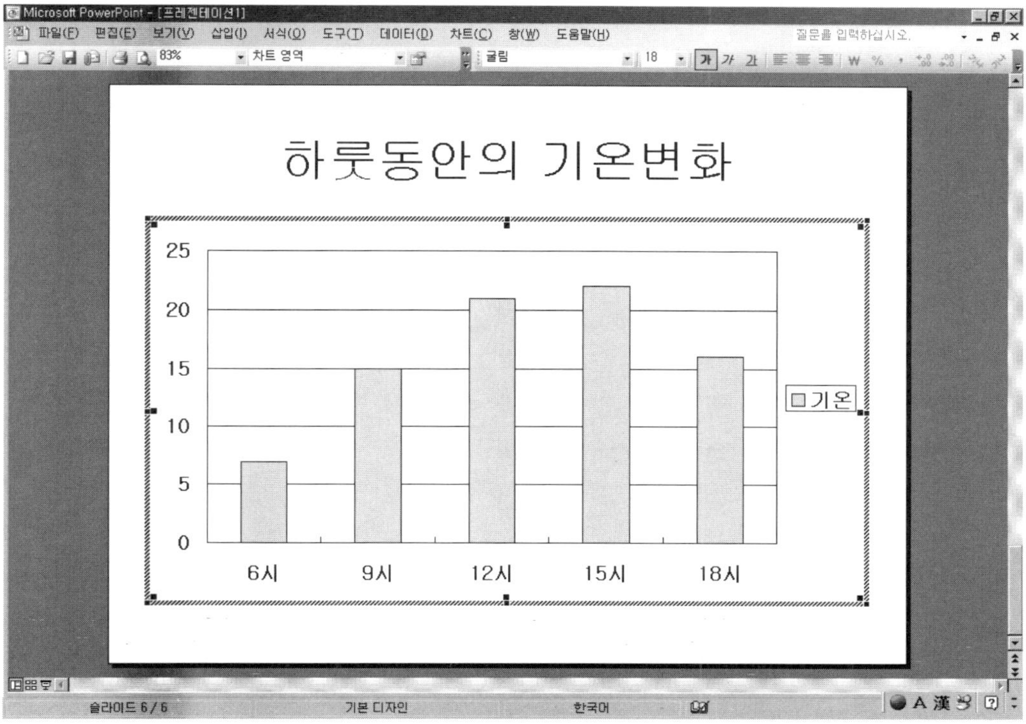
Microsoft PowerPoint - [프레젠테이션1]
파일(F) 편집(E) 보기(V) 삽입(I) 서식(O) 도구(T) 데이터(D) 차트(C) 창(W) 도움말(H)
질문을 입력하십시오.
차트 영역
굴림
하룻동안의 기온변화
25
20
15
10
5
0
6시
9시
12시
15시
18시
기온
슬라이드 6 / 6
기본 디자인
한국어

# 05 함께 만들어 보아요

## 1) 제목 입력하기

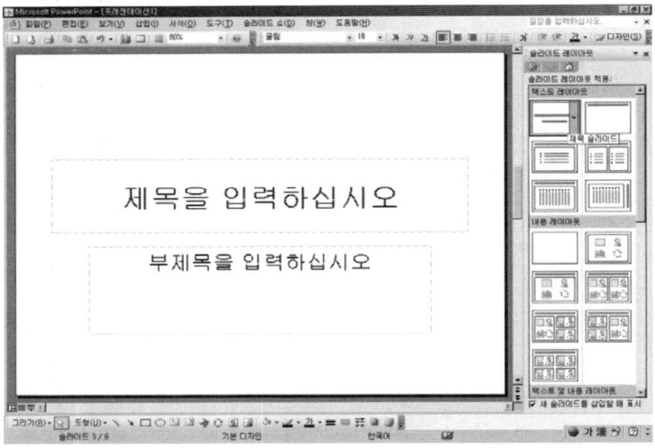


① '슬라이드 레이아웃 적용'에서 '제목 슬라이드'를 클릭한다.

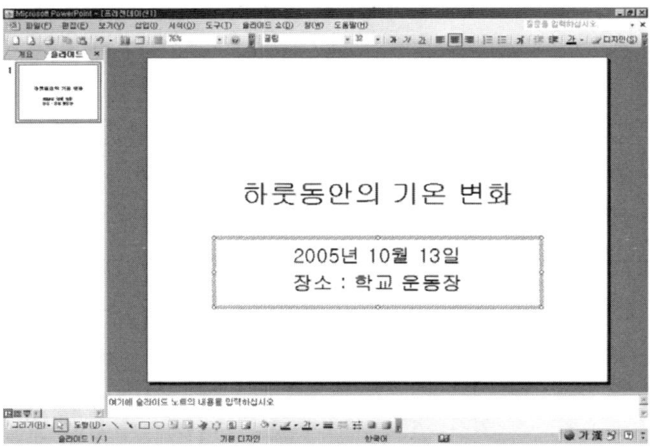


② 텍스트를 왼쪽과 같이 입력한다.

### 2) 표 만들기

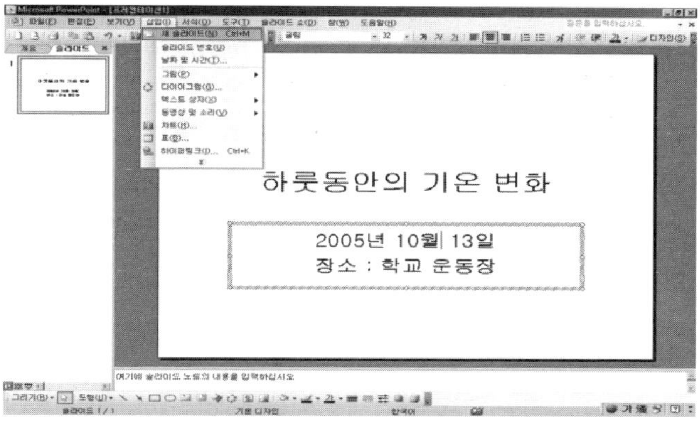


③ [삽입]-[새 슬라이드]를 클릭한다.

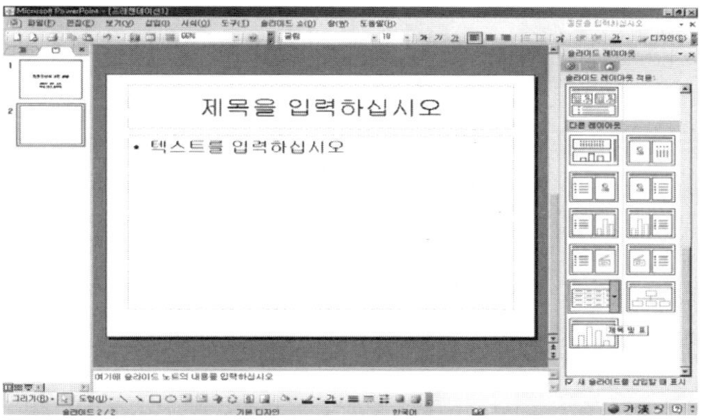


④ '슬라이드 레이아웃 적용'에서 '제목 및 표'를 선택한다.

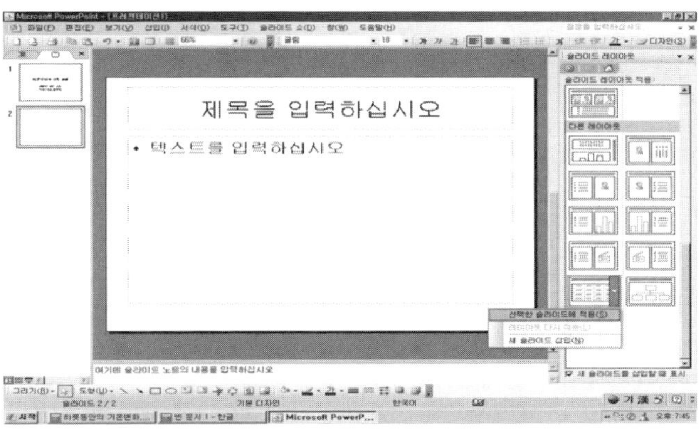


⑤ '선택한 슬라이드에 적용'을 클릭한다.

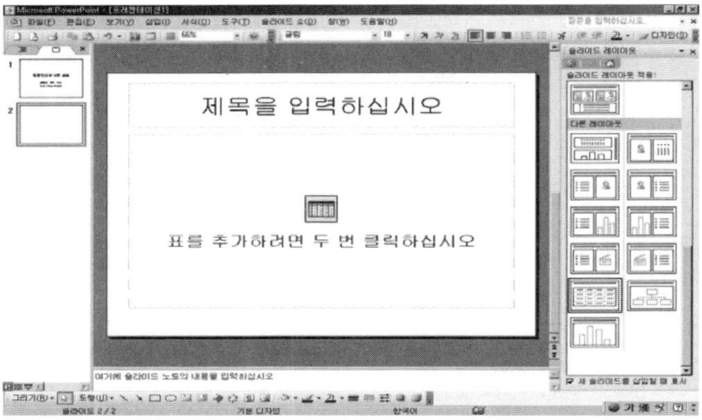


⑥ 화면 중앙에 아이콘이 생성된다.

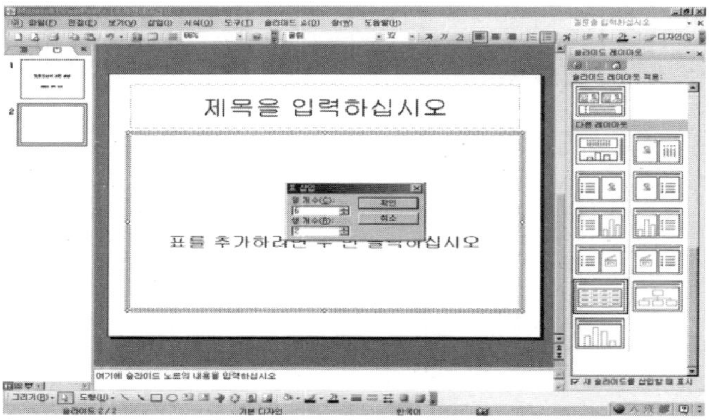


⑦ 아이콘을 더블 클릭하면 왼쪽과 같은 창이 생기면, 줄과 행의 개수를 입력하고 확인을 클릭한다.

⑧ 표가 만들어진다.

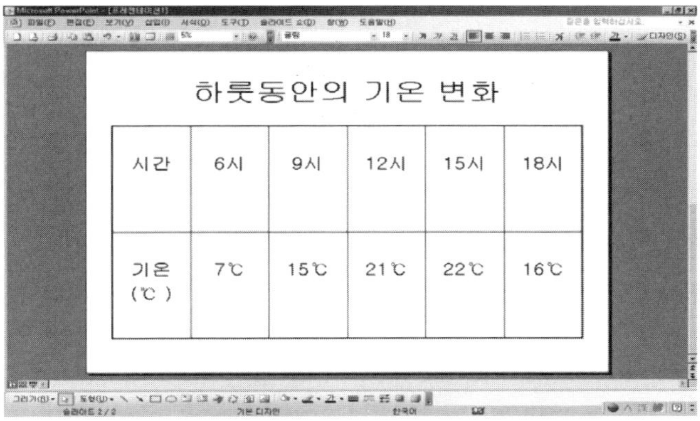


⑨ 필요한 텍스트를 입력한다.

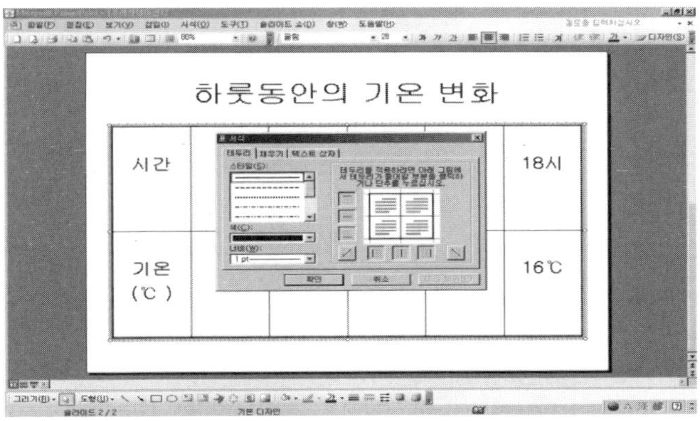


⑩ 표를 더블 클릭하면 왼쪽과 같이 '표서식' 창이 뜬다. 이곳에서 표 테두리, 맞춤설정, 선 종류, 셀 병합 등의 서식을 변경할 수 있다.

### 3) 차트 만들기

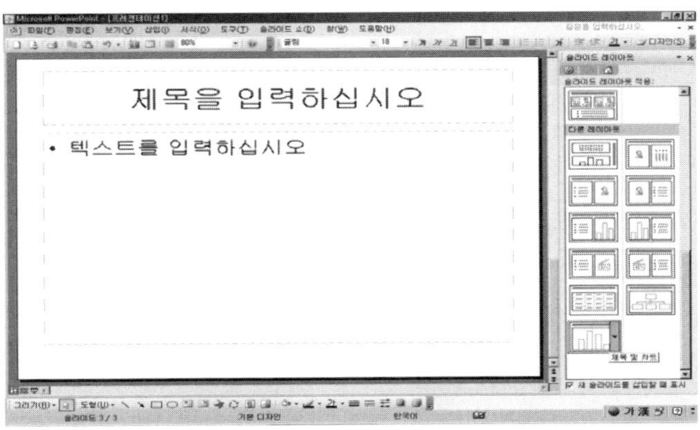


⑪ [삽입]–[새 슬라이드]를 클릭한 후, '제목 및 차트' 슬라이드를 선택한다.

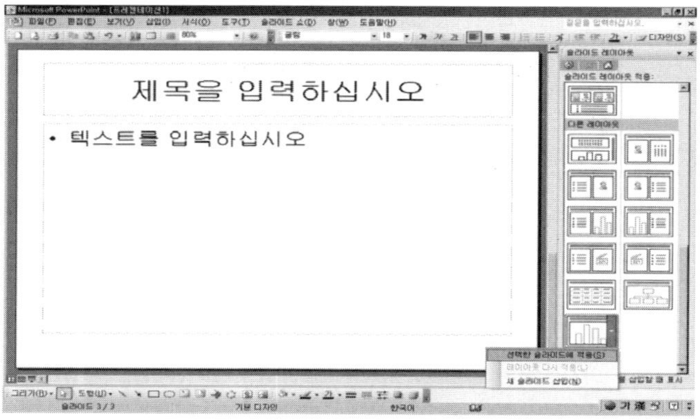


⑫ '선택한 슬라이드에 적용'을 클릭한다.

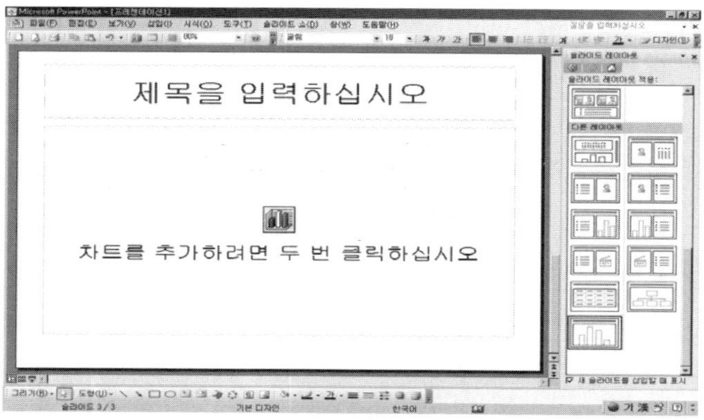


⑬ 화면 중앙에 '차트 아이콘' 이 만들어진다.

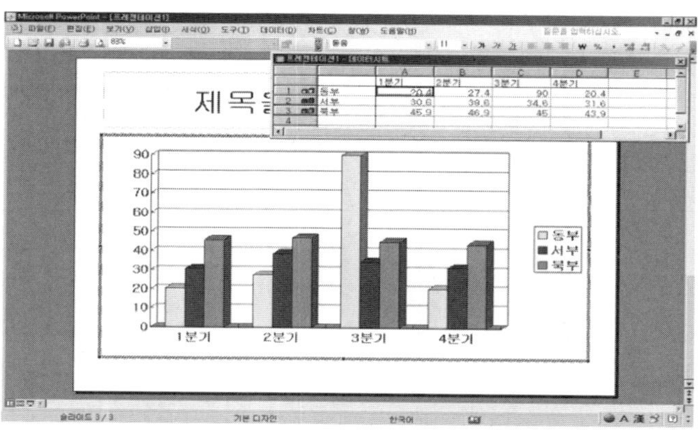


⑭ 아이콘을 더블 클릭하면 왼쪽과 같은 화면이 만들어진다.

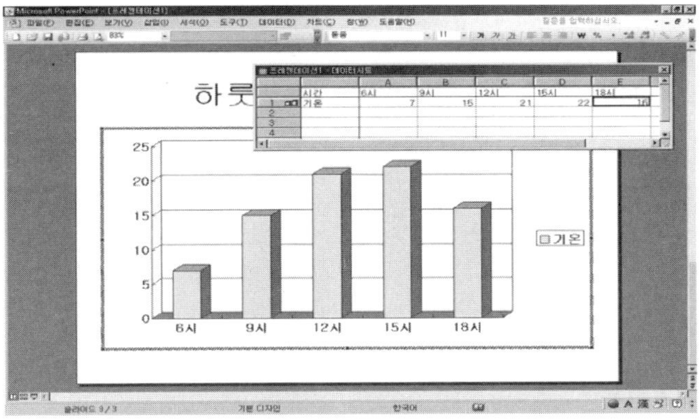


⑮ 데이터 시트 창에 시간과 기온을 입력한다.

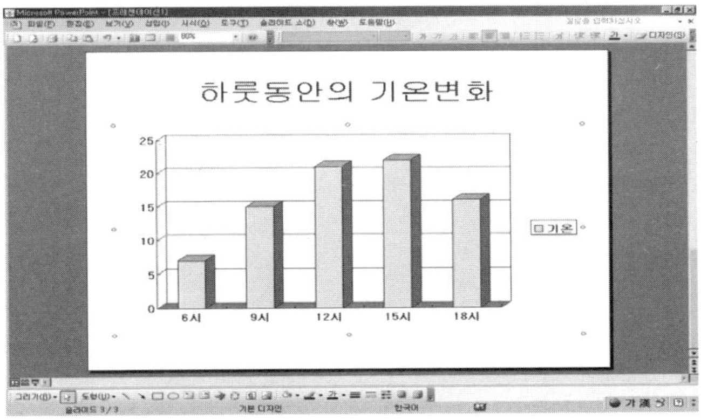


⑯ 자료를 다 입력하면 왼쪽과 같은 '세로막대형' 차트가 만들어진다.

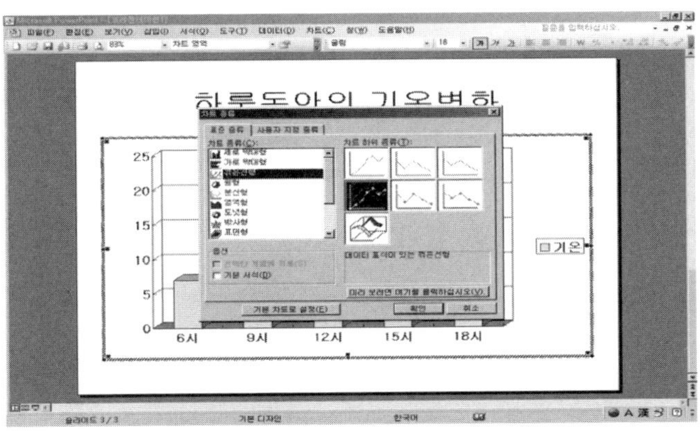


⑰ 차트를 더블 클릭하여 마우스 오른쪽을 눌러 왼쪽과 같이 '차트 종류'를 변경할 수 있다.

# 학급회의 진행 시나리오

▪ 조직도 및 순서도 만들기

## 01 무슨 일인가요?

4학년이 되어서 처음으로 학급회장을 맡게 되었다. 학급 자치 시간에 어린이 학급회의를 처음 진행하게 되어 많이 걱정이다. 우리 반 아이들이 학급회의의 전체적인 진행순서와 학급회의의 자치 조직에 대하여 빨리 파악할 수 있도록 학급회의 진행 시나리오를 파워포인트 프로그램으로 만들어 보기로 하였다.

## 02 이것만은 꼭!

◉ 시나리오의 구성요소를 이해할 수 있다.

◉ 조직도와 순서도를 만들어 활용할 수 있다.

# 03 미리 알아보아요

## 1) 시나리오란?

영화의 각본을 일컫는 말로 시나리오는 글자에 의하여 영화의 시청각적인 묘사를 구체적으로 표현하는 것을 목적으로 하고 있다. 영화는 연극에 비하여 장면의 수가 대단히 많아서 시나리오에서는 그 분할과 구성이 중요시되며, 또 장면을 묘사하는 설명문 역시 대사(臺詞)와 마찬가지로 중요시된다. 영화의 각본은 아직 희곡의 경우처럼 독립된 문학의 장르로써 인정받지 못하고 있으나, 영화제작에 있어 촬영 이전의 단계에서 가장 중요시되는 것으로 이것을 건축의 설계도나 청사진에 비유하는 경우도 많고, 음악의 악보와 비슷한 것으로 생각하는 사람도 있다. 또 소설 등의 원작에 의존하지 않은 창작 대본을, 특히 오리지널 시나리오라고 일컫는다.

## 2) 조직도

조직도는 조직의 부문 편성, 직위의 상호관계나 책임과 권한의 분담 계열, 지휘 · 명령의 계통 따위를 한눈에 볼 수 있게 나타내 보인 표이다. 구조의 내용을 어떻게 표시하느냐에 따라 기구도 · 기능도 · 지휘계통도로 나누어진다. 기구도는 부 · 과 · 계 등의 구성을 도시(圖示)한 것으로 가장 단순하며 또한 가장 오래 전부터 사용되어온 것이다. 기능도는 기구도에 각 부 · 과 · 계 등 조직기관의 분장사항도 함께 기입한 것이다. 지휘계통도는 모든 직위를 지휘계통관계로 나타낸 것으로 명령관계는 실선, 기능적인 지시 · 조언 관계는 점선 등으로 지휘계통의 내용에 따라 표시방법을 달리한다.

## 3) 순서도

작업의 순서를 구체적으로 상세하게 나타낸 순서도. 상세도에서는 일반적으로 프로그램의 각 단계나 컴퓨터의 조작을 기호로 나타낸다. 따라서 논리도보다 자세하며, 컴퓨터의 특성이나 명령어까지 반영하고 순서도를 작성한 프로그램 작성자가 의도한 대로 프로그램을 작성할 수 있을 정도로 상세히 기술한다.

# 04 무엇을 할까요?

Microsoft PowerPoint - [학급회의 진행 시나리오]
학급회의 진행 시나리오
4학년 1반
슬라이드 1 / 4
스트레스
한국어

# 05 함께 만들어 보아요

## 1) 제목 슬라이드 만들기

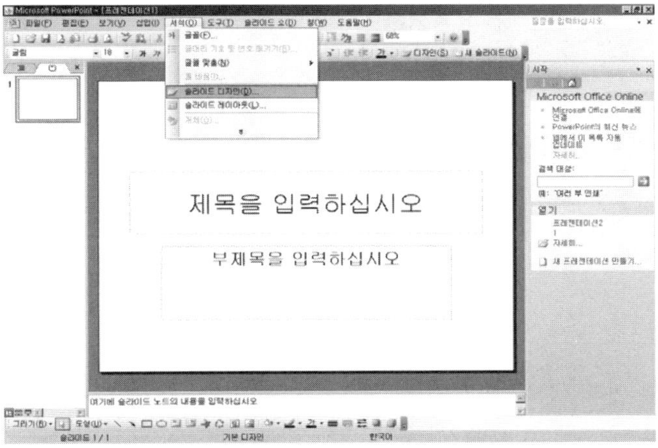


① [서식]-[슬라이드 디자인]을 클릭한다.

② 오른쪽 '디자인 서식파일 적용' 중 원하는 디자인 서식파일을 클릭하면 왼쪽과 같은 슬라이드가 만들어진다.

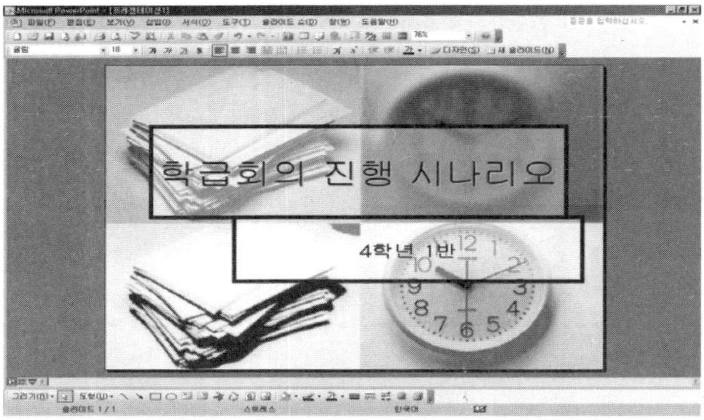


③ '학급회의 진행 시나리오'라는 텍스트를 상자에 입력한다.

## 2) 조직도 만들기

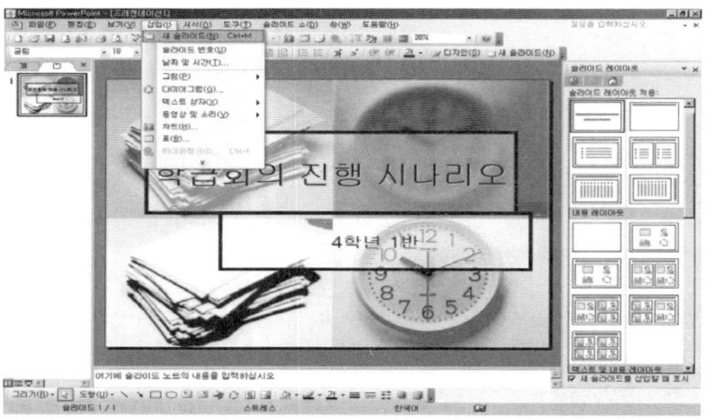


④ [삽입]–[새 슬라이드]를 선택하면 화면의 오른쪽과 같은 '슬라이드 레이아웃' 창이 생긴다.

⑤ 아래쪽의 '제목 및 다이어그램 또는 조직도' 슬라이드의 왼쪽 버튼을 눌러 '선택한 슬라이드에 적용'을 클릭하면 화면 중앙에 아이콘이 생긴다.

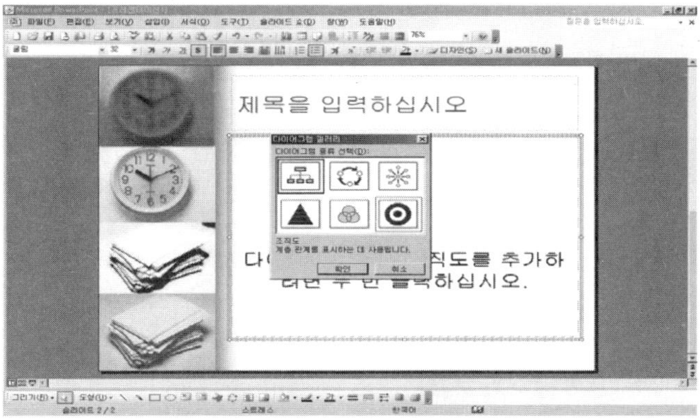


⑥ 중앙의 아이콘을 클릭하여 '다이어그램 갤러리' 중 '조직도'를 선택한 후 확인을 클릭한다.

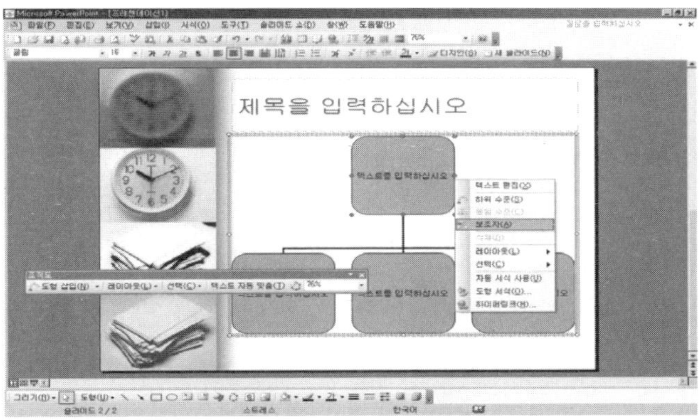


⑦ 가장 상위 수준의 텍스트 상자를 클릭한 후, 마우스 오른쪽 버튼을 눌러 '보조자'를 클릭한다.

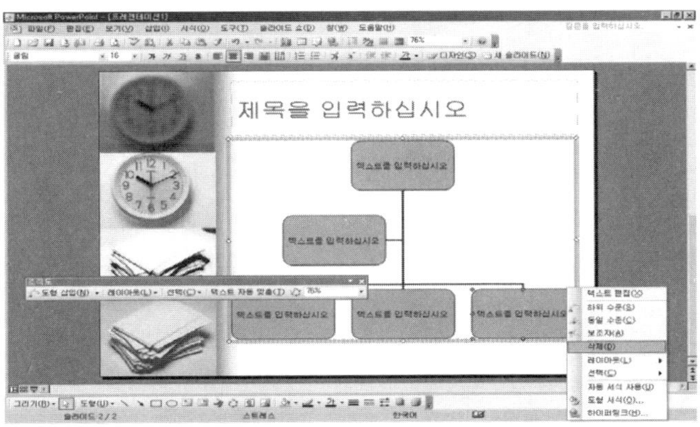


⑧ 가장 하위수준의 가장 자리 2개의 텍스트 상자를 클릭한 후, 마우스 오른쪽 버튼을 눌러 '삭제'를 클릭한다.

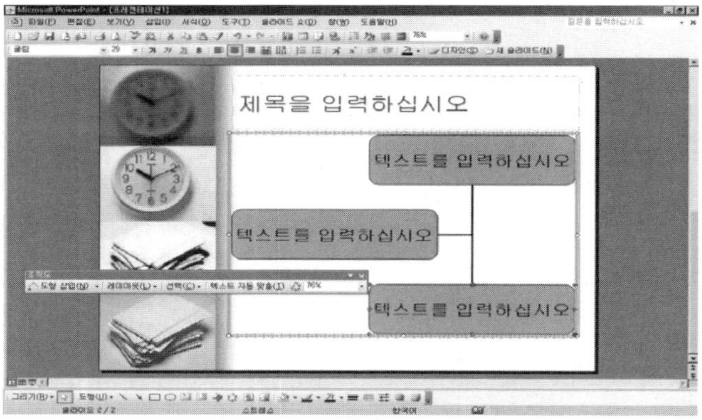


⑨ 왼쪽과 같은 화면이 만들어진다.

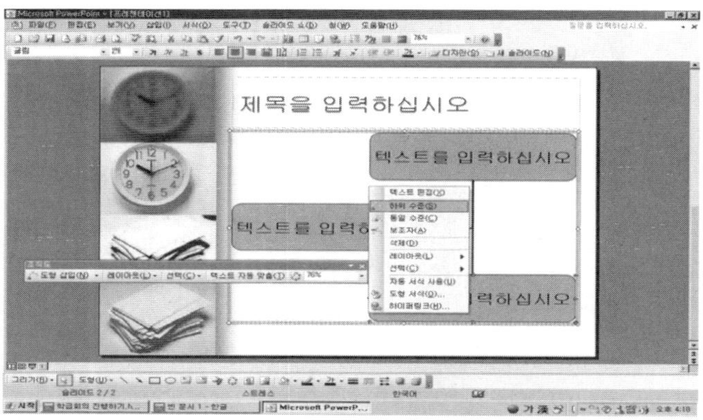


⑩ 가장 하위수준의 텍스트 상자를 클릭한 후, 마우스 오른쪽 버튼을 눌러 '하위 수준'을 클릭한다.

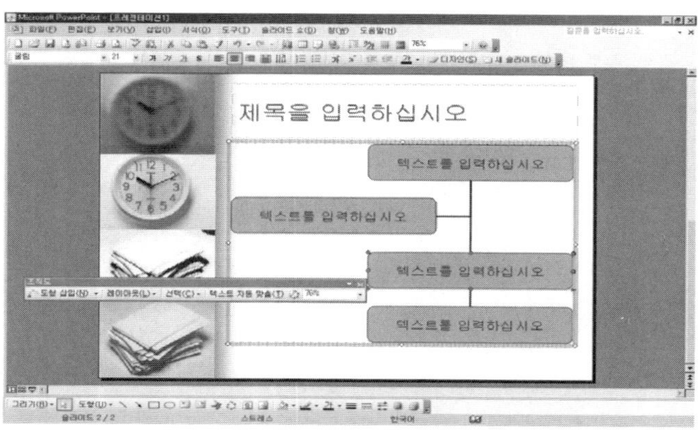


⑪ 왼쪽과 같은 슬라이드가 생성된다.

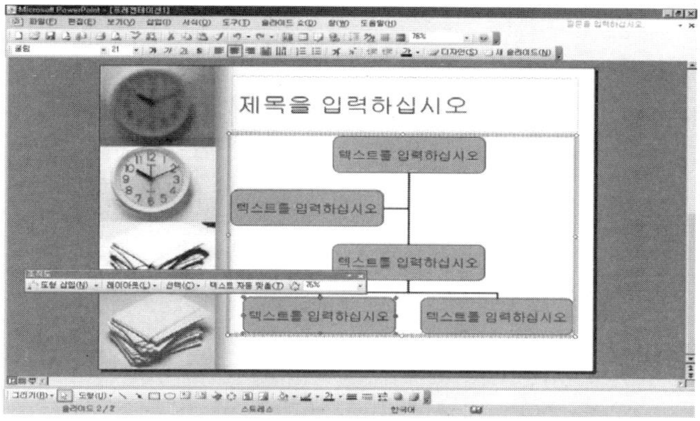


⑫ 가장 하위 수준의 텍스트 상자를 선택한 후, 마우스 오른쪽 버튼을 눌러 '동일 수준' 을 클릭한다.

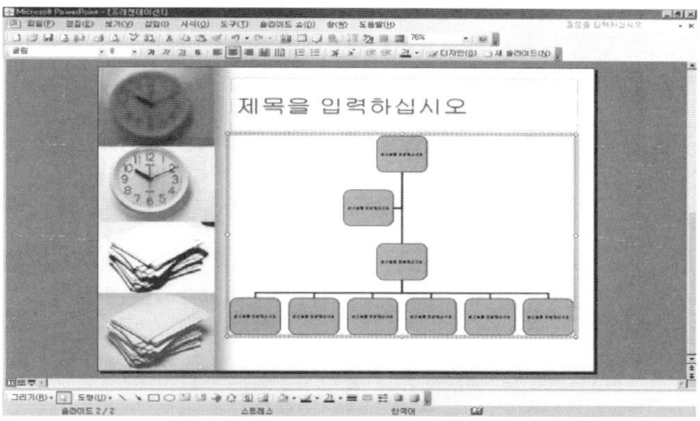


⑬ 부서의 개수에 맞게 작업을 반복하면 여러 개의 텍스트 상자가 만들어진다.

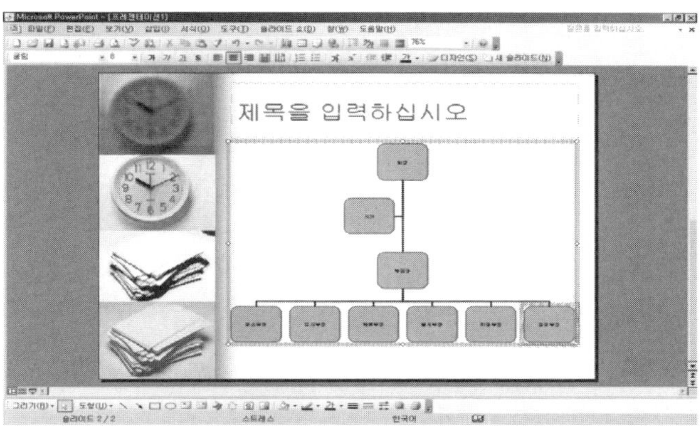


⑭ 텍스트 상자에 학급임원들의 명단을 입력한다.

### 3) 순서도 만들고 텍스트 삽입하기

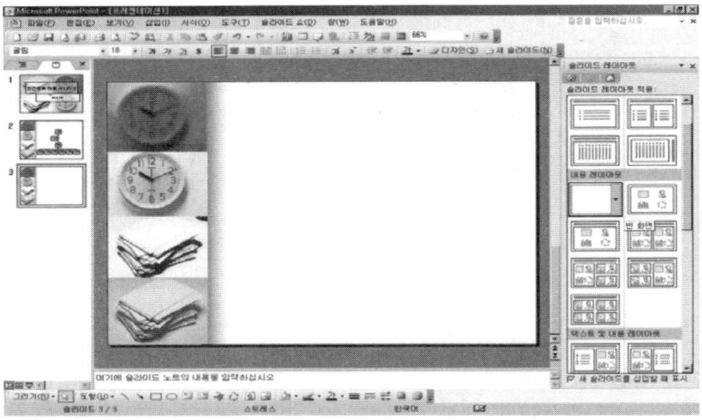

⑮ [삽입]-[새슬라이드]에서 '빈 화면'을 클릭한다.

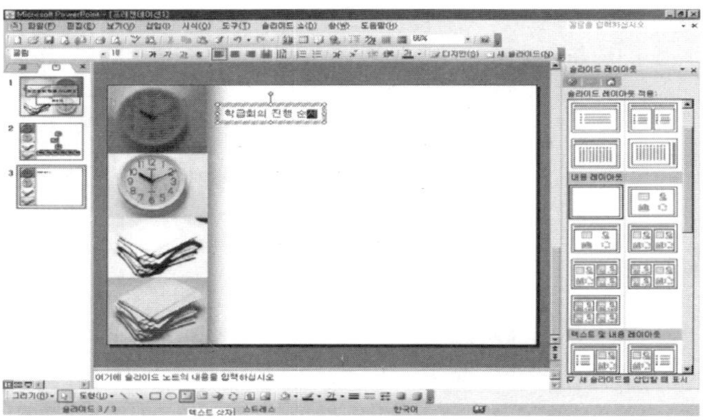

⑯ 아래쪽의 '텍스트 상자' 를 클릭한 후, '학급회의 진행 순서' 라고 입력한다.

⑰ [도형]-[순서도] '순서도 : 처리' 를 클릭한다.

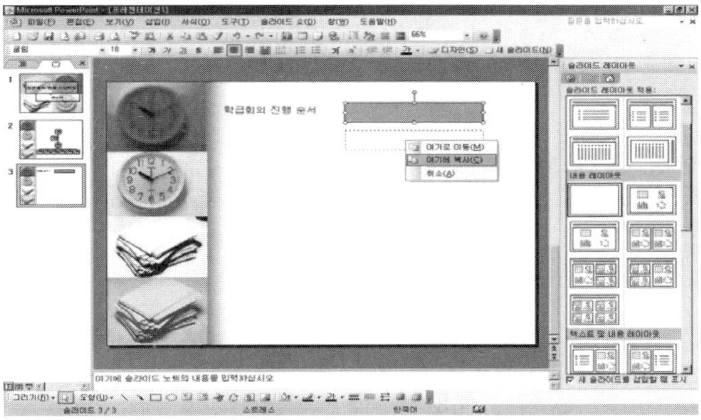

⑱ 똑같은 도형은 복사(Ctrl+ 마우스 오른쪽 버튼 클릭 상태에서 드래그)하여 '여기에 복사'를 선택하여 원하는 위치에 놓는다.

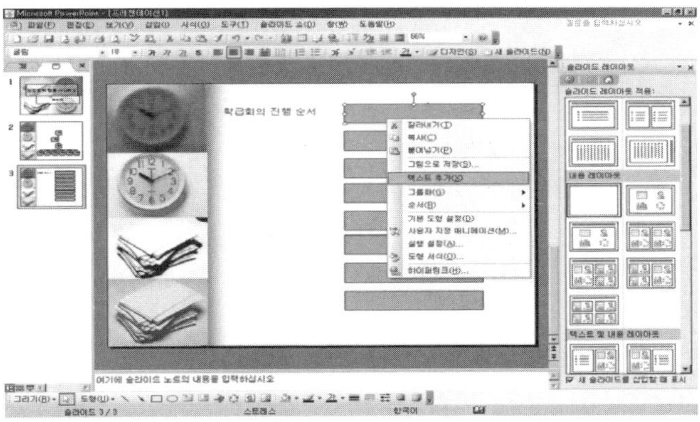

⑲ 도형을 선택한 후, 마우스 오른쪽 버튼을 눌러 '텍스트 추가'를 클릭하고 회의 진행순서 요령을 입력한다.

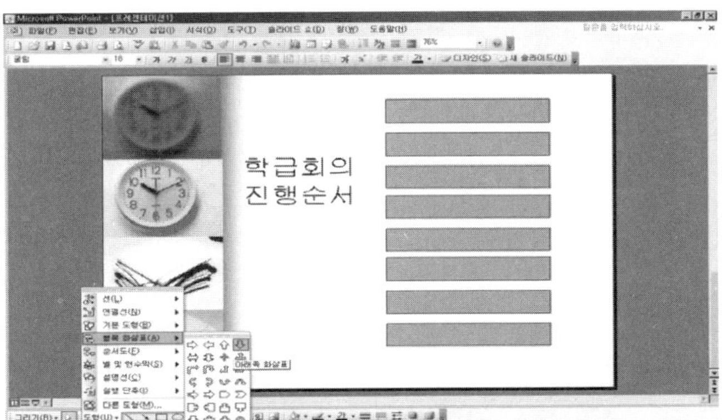


⑳ [도형]-[블록 화살표]를 클릭하고 '아래쪽 화살표'를 선택한다.

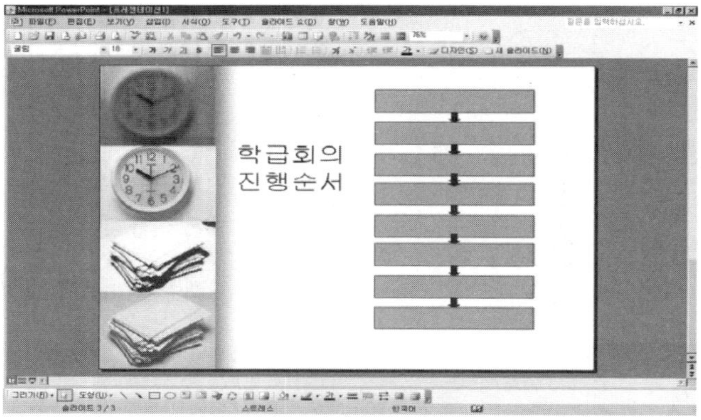


㉑ 화살표를 적당한 위치에 넣고, 여러개 복사(Ctrl를 누른 채 마우스를 끌기)하여 붙인다.

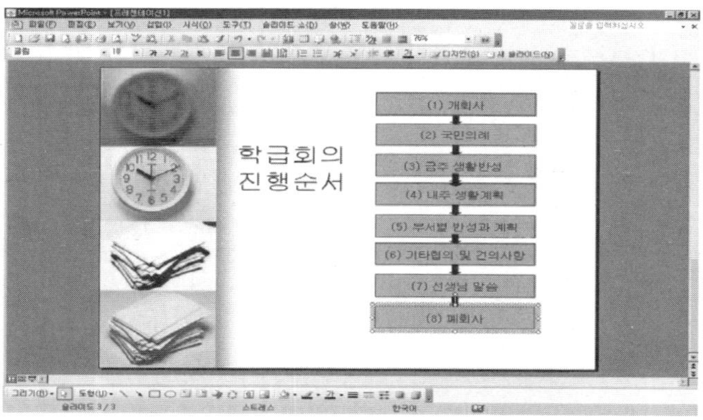


㉒ 도형을 선택한 후, 마우스 오른쪽 버튼을 눌러 '텍스트 추가'를 클릭하고 회의 진행순서 대로 내용을 입력한다.

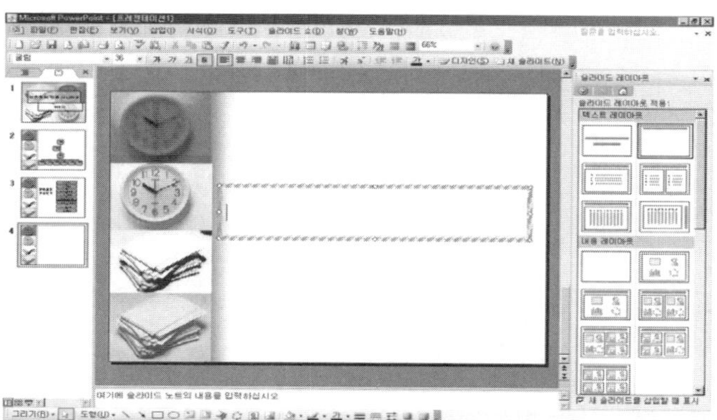

㉓ 제목만 입력하는 '빈 슬라이드' 화면을 선택한다.

㉔ '학급회의를 마치겠습니다.' 라는 텍스트를 입력한다.

메모

메 모

# 찾아보기

## ㄱ



## ㄴ



## ㄷ



## ㅁ



## ㅂ



## ㅅ



## ㅇ



## ㅈ



## ㅊ

ㅍ



ㅎ



ㅋ



E

# 저자소개

이태욱(李泰旭)

서울대학교를 졸업한 후 미국 플로리다 공대 대학원에서 컴퓨터 과학, 컴퓨터 교육학으로 석사 및 박사를 취득하였고, 미국 플로리다 공대에서 연구 교수를 역임하였다. 귀국 후 1985년부터 한국교원대학교 컴퓨터교육과 교수로 재직하면서 한국 컴퓨터 교육학 회장과 교육정책 심의회 위원, 한국교원대학교 교육연구원장을 역임하였고 ICCE(세계 컴퓨터교육협의회) 수석위원으로 활동 중이다.

컴퓨터 교육학 분야의 국내 제1호 박사이며 정보처리기술사로서 재미과학기술자협회와 미국 National Science Foundation에서 최우수 논문상 등을 수상하였고 약 150여 편의 국내외 학술, 기술 관련 논문과 40여 편의 책과 교과서를 집필하였다.

안성훈(安星勳)

청주교육대학교를 졸업하고, 한국교원대학교 대학원에서 초등컴퓨터교육 전공으로 석사와 박사 학위를 받았다. 청주 서원초등학교에서 초등 교사로서 근무하였으며, 현재는 한국교육개발원에서 부연구위원으로 재직하고 있다. 주요 경력으로는 교육인적자원부의 제1기 평생직업교육 정책자문위원, 제4기 사이버현장교원자문팀 자문위원, 교과서 집필위원, 한국교육학술정보원의 사이버교재 집필위원, 교육용 SW 평가위원, 한국직업능력개발원의 e-Training 심사위원, 한국콘텐츠학회의 학회지편집위원, 이러닝분과 부위원장 등을 역임하고 있다. 주요 저서로는 31편의 국내외 학술 논문과 12편의 보고서, 그리고 4편의 저서를 집필하였다.

박정호(朴正鎬)

서울교육대학교를 졸업하고, 아주대학교 교육대학원에서 컴퓨터교육 전공으로 석사 학위를 받았으며, 화성장안초등학교에서 초등 교사로서 근무 중이며, 현재 컴퓨터교육과 박사과정에 있다.

정보처리기사를 포함 다수의 컴퓨터과련 자격증을 보유하고 있으며 2005~2006년 서울시 영재교육자료 개발에 참여하였으며, 현재 한국교원대학교에서 컴퓨터 관련 과목의 강사로 재직 중이다.

배영권(裵永勸)

대구교육대학교를 졸업하고, 同 대학원에서 초등컴퓨터교육 전공으로 석사 학위를 받았으며, 대구 상인초등학교에서 초등 교사로서 근무중이며, 현재 컴퓨터교육과 박사학위를 취득하였다.

대구광역시교육청 특별연구교사, 대구에듀넷 교육용 소프트웨어 관리위원, 경상북도 교육용 소프트웨어 공모전 우수 입상자 일반화 운영 연구원, KERIS주관 멀티미디어 교육자료 설계 및 연구진으로 활동하였으며 저서로는 「교사를 위한 ICT활용 교육실무」등이 있으며 현재 미국 인디애나 대학교 post.DOC(포닥) 과정에 있다.

남승현(南承賢)

한국교원대학교를 졸업하고, 同 대학원에서 초등컴퓨터교육 전공으로 석사 학위를 받았으며, 서울 구의초등학교에서 초등 교사로서 근무하고 있다.

전국 교육용 소프트웨어 공모전과 교사 인터넷 경진대회 등에서 다수 입상하였으며 서울시교육과학교육원의 교육자료 연구원, 교육용소프트웨어 공모전 지원단, CP Agent의 Contents Provider, 서울특별시 교육청의 초등학교 정보통신 지도 교재와 한글과 컴퓨터 CQ 베이직 지도교재 집필에 참여하였으며 현재 에듀넷 사이버선생님과 KERIS 원격교육 평가단의 평가위원으로 활동하고 있다.

영재를 위한 오피스 교육론

2007년 2월 26일 초판 인쇄
2007년 3월 5일 초판 발행

지은이 | 이태욱/안성훈/박정호/배영권/남승현
펴낸이 | 오판근
펴낸곳 | 교우사

주　　소 | 서울시 동대문구 제기2동 148-19
대표전화 | 925-2861
팩　　스 | 925-2860
전자우편 | kw2861@chollian.net
홈페이지 | www.kyowoo.co.kr
출판등록 | 1994년 3월 24일(제 6-0256호)

ISBN 978-89-8172-671-3(93000)
값 15,000원